谨以此书纪念中国人民志愿军抗美援朝入朝作战70周年

暨长津湖战役70周年

围猎美军
"王牌师"
——抗美援朝长津湖战记

邵志勇　著

人民出版社

策划编辑：侯　春
责任编辑：侯　春
责任校对：吕　勇
封面设计：徐　晖
版式设计：庞亚如

图书在版编目（CIP）数据

围猎美军"王牌师"：抗美援朝长津湖战记／邵志勇　著．—北京：
人民出版社，2020.6（2022.11重印）
ISBN 978 - 7 - 01 - 021460 - 3

I.①围…　II.①邵…　III.①抗美援朝第二次战役（1950）- 史料　IV.① E297.5

中国版本图书馆 CIP 数据核字（2019）第 261520 号

围猎美军"王牌师"

WEILIE MEIJUN WANGPAISHI

——抗美援朝长津湖战记

邵志勇　著

人民出版社 出版发行
（100706　北京市东城区隆福寺街 99 号）

北京汇林印务有限公司印刷　新华书店经销

2020 年 6 月第 1 版　2022 年 11 月北京第 4 次印刷
开本：710 毫米 ×1000 毫米 1/16　印张：17.5　插页：1
字数：253 千字

ISBN 978 - 7 - 01 - 021460 - 3　定价：69.00 元

邮购地址 100706　北京市东城区隆福寺街 99 号
人民东方图书销售中心　电话（010）65250042　65289539

目　录

序 一

戴 旭

　　长津湖之战，中国人是按照西方列强的铁血法则，毫无争议地将横行世界300余年的所谓斯巴达武士的后裔，击倒于剑锋之下，并使之在谜一样的东方精神面前俯首称臣。此战也一举收复了中国陆军失落半个多世纪的尊严！

序 二

乔 良

一个承诺，
把一个壮士的四季，压缩成两个季节，
跳过春天，也跳过夏天，
从深秋跨进隆冬，
用一具肉身，去换一次壮烈！

序三　人民不会忘记

穆俊杰

　　40多年前，有一部历史读本在写到抗美援朝战争第二次战役东线战场的时候，只用了一行字，目的在于告知第二次战役不只是有西线战场，还有东线战场。这是其一。

　　其二，中国人民志愿军第9兵团第27军军长彭德清，改革开放之初任交通部部长时，率领代表团到美国访问。接待人员中，有一位当年美国海军陆战队第1师的老兵。时隔两天，双方交谈时都知道几十年前在朝鲜彼此交过手，是老相识了。美国老兵对彭德清说：军长，你当年再往前走一步，今天接待你的就不是我了。彭德清回答：老兵，由于作战地域气候恶劣，我们缺衣少食，部队冻伤、冻亡比例大，别说再往前迈一步，迈半步的可能都没有了。这是因为，作战半个多月，志愿军官兵的体能全都达到了生理极限。

　　20世纪80年代末，军事科学院副院长姜思毅（曾任总政治部文化部部长、解放军政治学院副院长），指导八一电影制片厂拍摄的文献纪录片《抗美援朝战争》，第一次公开了毛泽东对抗美援朝战争第二次战役东线作战历史定位的结论："九兵团此次在东线作战，在极困难条件之下，完成了巨大的战略任务。"这个结论，体现了毛泽东对于抗美援朝战争第二次战役东线战场的认知。还有一点，就是当年志愿军总部对于抗美援朝战争第二次战役东线战场的认知。志愿军司令部、政治部联合向第9兵团发出的贺电指出："你们在冰天雪地、粮弹运输极端困难情况下，与敌苦战半月有余，终于熬过困难，打败了美国侵略军陆战一师及第七师，收复许多重要城镇，取得了很大胜利。这种坚强的战斗意志与大无畏的精神，值得全军学习。正由于东西两线的伟大胜利，基本上改变了朝鲜的局势，迅速地转入对敌反攻。"从此，对于抗美援朝战争第二次战役东线战场的研究出现了热络的局面。

在抗美援朝作战过程中，彭德怀的一句名言是："38 军万岁！"而在毛泽东的评价里，分量最重的一句话是："九兵团此次在东线作战，在极困难条件之下，完成了巨大的战略任务。"这句话如何由来？

第 9 兵团原是第三野战军所属部队，入朝前正在进行水上训练，准备解放台湾。美军入侵朝鲜后，我军战略方向由南向北转移。毛泽东选择的第二批入朝部队就是第 9 兵团。为什么又是第 9 兵团？水上训练和山地作战差距较大，由华东调兵入朝也属劳师远征，第 9 兵团为什么成了毛泽东的首选呢？当年，第 9 兵团的老兵说了这样一句话：毛泽东是在用部队之长、指挥员之强。除此之外，劳师远征无法解释。老兵的想法不无道理。毛泽东当时对使用第 9 兵团就是这样考虑的。1950 年 10 月 27 日，毛泽东致电彭德怀、高岗指出：对第 9 兵团，"前线如有战略上急需可以调用，如无此种急需则不轻易调用"。毛泽东的用意十分明确：使用第 9 兵团必须是"战略上急需"。彭德怀调兵遣将，用兵自如，对毛泽东的用意心领神会。正是彭德怀与毛泽东心有灵犀，为第 9 兵团在抗美援朝战争第二次战役中屡屡创造世界战争史上的奇迹准备了充分的条件。

邵志勇同志的力作《围猎美军"王牌师"——抗美援朝长津湖战记》出版面世，可喜可贺。我读他的作品已不是第一次了，骨子里感觉是似曾相识。写作这本书时，邵志勇同志对历史文献阅读认真、理解透彻。《围猎美军"王牌师"——抗美援朝长津湖战记》一书，将对于宋时轮等志愿军高级指挥员的研究、对于长津湖战役的研究、对于开国之战——抗美援朝战争历史地位的研究紧紧地联系在一起。

最后，把我阅读此书的感受分享给大家：

第一，该书资料翔实、准确，真实、深刻地写出了志愿军第9兵团长津湖作战的客观存在，忠于历史。

第二，语言朴实自然、简洁精醇，文字清新、含蓄、凝练，传达出厚重的历史精神。

第三，邵志勇同志在高扬人生与时代主旋律的同时，也在与当年在长津湖作战的志愿军一同执着地追求光明。

开　篇
毛泽东的军事学说，外国人不懂

1946 年 6 月 29 日，驻青岛的美国海军陆战队第 6 师团师团长克莱门少将，到山东临沂会见新四军军长兼山东军区司令员陈毅。会谈中，克莱门以炫耀与威慑的口气对陈毅说，第二次世界大战中的北非登陆有他，法国诺曼底登陆也有他。克莱门要求陈毅到青岛，与国民党第二绥靖区司令长官兼山东省党政军统一指挥部主任王耀武见面。

对此，陈毅坚决拒绝。

克莱门说："那么，战争非打不可了！"

陈毅说："不是我们要打，而是国民党要打。假如国民党要打进来，我们一定要应战。如果你真有调解的诚意，就去跟国民党讲，只要国民党不打就行了。"

克莱门带着轻蔑的口气问陈毅："战争打起来，你们有没有把握取胜？"

陈毅肯定地说："初期，两淮、临沂要放弃，甚至张家口、延安也可能失守。"

克莱门困惑地问："为什么？"

陈毅回答说："国民党力量大，你们美国又帮助它。"

克莱门说："那你们何必打？讲和算了。"

陈毅断然地说："不然。半年以后，形势会完全变化，我们会打垮国民党。它进攻两淮可消灭它多少，进攻临沂可消灭它多少，进攻延安可消灭它多少。"

克莱门晃着肩膀说:"我不懂。你们既要丢地方,又要消灭敌人,中国的问题真复杂。"

陈毅说:"国民党占领临沂不容易,进来就退不出去。"

对毛泽东的军事学说,外国人是搞不懂的。

最后,陈毅又告诉克莱门:"你现在不懂,一年以后,你就懂了。日本人开始也是不懂,8 年以后懂了,无条件投降了。"

此后,中国历史的发展完全印证了陈毅的战略判断。

美国军人是否真正懂得了毛泽东的军事学说,理解了陈毅指挥的野战军的作战特点呢?

这次,历史给出了答案。

就在陈毅与克莱门针锋相对地谈话 4 年之后,在朝鲜战场,原在陈毅麾下的第三野战军第 9 兵团以气壮山河的勇气,同武装到牙齿的美国海军陆战队"王牌师"进行了震撼历史的较量!

第一章　猎物出现

1950 年 11 月 10 日，在蜿蜒崎岖、通向长津湖的山道上，美陆战第 1 师先头部队越过古土里，向寒冷的朝鲜北方继续前进。

昼间气温仅有零下 8 摄氏度，刺骨的风雪迎面扑来，风速达每小时 56 公里。夜晚，气温急剧下降到零下 25 摄氏度，寒冷开始超出美军陆战队队员的想象，医务队的帐篷内患者剧增。

这一天，是美国海军陆战队成立纪念日。按照传统，庆祝仪式上要用马木留克剑把蛋糕切成小块，由军衔最高者分给年龄最大和最小的陆战队队员。

美第 1 陆战团团长普勒，用战场上抢劫的朝鲜军刀切开了蛋糕。蛋糕上的蜡烛，用小萝卜及果冻点缀、代替。在庆祝仪式上，普勒满怀愤恨地说：

> 现在，你们要照我说的去做。我打算直言不讳地告诉你们一些事。就给我做一件事——给你们家里的人写信，告诉他们，这儿在打一场该死的战争；告诉他们说，那些屁股都被打烂的北朝鲜人已经使很多所谓精锐的美国军队乘船来到这里，而且，他们可能还会这样做；告诉他们，我们国家没有秘密武器，只能艰苦奋战，赶到那儿去打仗。①

---

① ［美］约瑟夫·格登：《朝鲜战争——未透露的内情》，解放军出版社 1990 年版，第 411 页。

普勒当然明白，如果打不赢朝鲜战争，整个海军陆战队将面临裁减的命运。

尽管在第二次世界大战中战功显赫，在战争结束后不久，美国海军陆战队却面临着生存危机。美国国会参议院认为，应重组美国的武装力量，大规模削减海军陆战队。时任美国海军陆战队司令克利夫顿·布莱德索·凯茨在国会参议院发表演讲：

> 我们为我们自己和我们的过去感到十分骄傲，但是我们并不居功自傲，认为祖国应该感谢我们。屈服一向不是我们队伍的传统。如果陆战队作为一支服役了170年的战斗队伍不能继续为自己留有一席之地的话，那么，它就该从历史上消失了。然而，它如今要背离自己的尊严和荣誉的原因却不是我们已无用武之地，而是对美国陆军部队的屈服。①

因此，朝鲜战争刚爆发，凯茨就嗅到了战争的气息，立即下令陆战第1师进行临战准备，主动向海军作战部部长谢尔曼请战。

只有赢得胜利，才有海军陆战队的生存空间。

1950年7月12日，美陆战第1暂编旅官兵在圣迭戈登船，赶往釜山。美陆战第1暂编旅由第5陆战团为骨干组成，于1950年8月2日在釜山登陆，作为美第8集团军的预备队，为防守洛东江防线立下汗马功劳。当第1、第7陆战团全部到达朝鲜后，美陆战第1师便作为"联合国军"总司令麦克阿瑟进行一场"豪赌"的最大筹码，担当了登陆仁川的重任。

1950年冬，美陆战第1师又作为麦克阿瑟的尖刀，在朝鲜东线战场出击。

---

① [美] B.L.克拉姆利：《由海制陆：美国海军陆战队作战全史》，海洋出版社2016年版，第52页。

比寒冷天气更让美国陆战队队员诅咒的，是前面的目标。

这次北上，道路虽有，目标却充满争议。

美陆战第 1 师，是一支美国人为之骄傲的"王牌师"。该师下辖第 1、第 5、第 7 陆战团，第 11 炮兵团，以及坦克营和工兵营等支援部队，总兵力约 2.5 万人。

作为美军精锐的陆战第 1 师，前身是组建于 1775 年的海军陆战队第 1 连，因而成为美国海军陆战队历史最为悠久的部队。其中，第 1 陆战团成立于 1846 年，是美国海军陆战队成立的第一个团级战斗部队，曾多次参加侵略扩张战争。美陆战第 1 师的第 5 陆战团和第 7 陆战团，分别成立于 1914 年与 1917 年。第 5 陆战团在第一次世界大战中因战功显赫，获得法国政府嘉奖。①

1941 年 2 月，以第 1、第 5、第 7 陆战团为基础，在美国北卡罗来纳州的勒热那基地组建了陆战第 1 师。该师在太平洋战争期间，多次与日军白刃相见、拼死血战，很有战斗力。躲在战壕里是永远无法获得紫心勋章荣誉的。在最残酷的瓜达尔卡纳尔岛争夺战中，美陆战第 1 师与顽抗不降的日军精锐杀得天昏地暗，曾有海军陆战队队员紧握手榴弹伸进日军地堡，显示出强烈的战斗意志。

随后，该师又先后参加新不列颠岛、贝里琉岛和冲绳岛登陆作战，磨砺成作风硬朗、意志顽强的"王牌师"。正是因其辉煌战绩与顽强斗志，美陆战第 1 师曾获得以美国总统名义颁发的"优异部队奖"。

军事史上，"王牌师"不仅有战胜攻取的业绩，更有实战中逐渐累积的思想底蕴、心灵自信、意志品质。这种在刀尖之路上积淀起来的精神厚度，正是克服危险、困难，赢得胜利的最好武器。

海军陆战队的作战任务通常是占领滩头阵地，并坚守到后续部队到达。从海到陆的阶段，涉及两个不同作战空间的转换，这也导致登陆作战行动的脆弱性、作战环境的残酷性。正如在太平洋战争中，美海军陆战队少将

———————————

① 光亭：《冰血长津湖》网络版。

朱利安·史密斯所说，海军陆战队队员就凭着刺刀冲过海滩，他们仅有的防护不过是一件卡其布衬衫。这就要求海军陆战队的战术素养、个人素质以及作战的顽强性、作战能力都强于一般部队，这样才能执行危险、艰巨的任务。

由于海军陆战队总是处于待机出动的状态，经常执行最为困难的两栖作战行动，在非常时刻"最先战斗"就成了海军陆战队的口号，这也可以说是海军陆战队的荣誉、责任感和斗志的源泉。①

影响战争胜败的因素包括指挥、计划、准备、装备、制空权和后勤补给等，对海军陆战队而言，尤其要强调精神制高点——"海军陆战队的传统和荣誉"。

在美军的招募广告中，陆军、海军、空军都在物质方面给予承诺：入伍者不仅可以在退出现役时获得数目可观的各种生活补贴，还有机会进入大学接受教育，为重返社会后的生活打下基础。但是，海军陆战队鲜有这些物质利益方面的诱惑，也不对未来的前途作任何承诺，只有一个刺目而且直击人心的问题横亘在入伍者面前：你具备成为一名海军陆战队队员的品质吗？海军陆战队的征兵口号是：有多少优秀的男子汉，去问问海军陆战队。在美军历史上，海军陆战队规模不大，但高度重视质量，因此，在征兵中强调"少数的最优秀的士兵组成"。它从建军开始，就要求"务必征召优秀的水手，以及其他熟悉海上业务的优秀人员，以此保证必要时在海上作战的优势地位"。显然，美国海军陆战队的大门，对于那些眼里只有物质利益的人是紧闭的。它只愿意挑选那些具有爱国情怀、敢于接受战场严酷考验、具备高度自我牺牲精神的青年。

战斗中永在最前、战场上患难与共、永远忠诚、永远相伴，是美国海军陆战队的传统。从新兵训练开始，就强调要培养彼此忠诚、相互信赖的理念。第一次世界大战时，著名作家恩斯特·海明威曾在美国海军陆战队服

---

① 日本陆战史研究普及会：《朝鲜战争》（中部），国防大学出版社1990年版，第371页。

役。他曾深有感触地说："只要世界上还有战乱，我宁愿让一个优秀的海军陆战队队员伴随我。即使是一个破产的陆战队队员，我也不会选择其他人。"战场上，美国海军陆战队有"一定收容伤员和阵亡者"的传统，失踪率和被俘率比其他部队低得多，这也说明其团结。在朝鲜战场，美国海军陆战第1师发挥"传统精神，始终保持旺盛的士气和坚强的团结进行战斗"，"特别是高级指挥官贯彻海军陆战队的精神，而对最坏的事态也不悲观失望，各级干部的传统总是率先行动"。①

在战场上，真正的知己是对手。

在抗美援朝战争中，根据中国人民志愿军的体验，美陆战第1师确实是美军中战斗力最强的部队。

抗美援朝战争结束后，在志愿军参战部队各种层次的检讨、总结、报告中，有不少对美陆战第1师的评价。这些评价不关涉情感态度、价值判断，而纯粹出自"战争科学"的视角。譬如：在阵地选择上，美陆战第1师把阵地选在公路两侧的山地，并注意正面防御。兵力布置在山腰、山脚的凹部，不易发觉。在公路两侧，筑有无掩盖的单人散兵坑。前沿阵地构筑有简单遮蔽物的四方形坑，容纳2—4人。在纵深地带，构筑有无遮蔽、深约50—60厘米的四方形坑。不在目标明显的地带构设阵地。副防御设施主要是铁丝网、地雷。突围时有计划、有部署，各兵种协同攻击，逐步夺取突围道路上的要点。空军与坦克协同。火器配备上，第一线是轻机枪、自动步枪，第二线是重机枪、火箭筒。特别注意对公路、山口的封锁，火力交叉形成扇面以消灭射击死角。沉着，射击纪律严格，开火突然，不乱打枪。由于朝鲜地区多系高大山地，美陆战第1师每进驻一地时，都选择公路沿线较平坦开阔的地区驻守，使得车辆容易运转，便于布防和火力配备，尽量避开公路两侧的高山峻岭。

从这些描述中可以看出，美陆战第1师是一个值得认真研究的对手。

① 日本陆战史研究普及会：《朝鲜战争》(中部)，国防大学出版社1990年版，第379页。

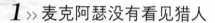

1 ›› 麦克阿瑟没有看见猎人

当美军进抵三八线时，麦克阿瑟获得的荣誉、赞美纷至沓来，一浪高过一浪。没有人能望见，这位"联合国军"统帅声望的顶点在什么地方。

"踩在脚底下的三八线，不应该成为羁绊。"麦克阿瑟已经准备饮马鸭绿江了。

此时，远在华盛顿的美国总统杜鲁门，仍然对朝鲜战争走向缺乏清晰、有力的认识，对中国人是否干预也存在疑义。1950 年 10 月 15 日，他专门飞抵威克岛与麦克阿瑟进行会谈。

麦克阿瑟的判断简洁、干脆：中苏干预朝鲜战争的可能性很小。中国有地面部队，但无空军，苏联则正好相反。中苏不可能在军事行动上密切配合。如果中国真要出兵，估计兵力也不会超过 6 万人。此外，中国在维持生计方面，就遇到了最大的困难，每年将有 500 万至 1000 万人死于饥饿或营养不足。

最后，麦克阿瑟以斩钉截铁的语气告诉杜鲁门："我们是最好的。""我相信，到感恩节的时候，朝鲜全境内的正式抵抗将会结束。"

麦克阿瑟不是轻视，而是完全忽略了中国这个可能的对手。当时，美联社自日本东京发布消息说："无论中共军队或苏联军队，现在如果参加朝鲜战争均不能有任何胜利的机会。上述人士说，中共军队在满洲（指中国东北地区——引者注）有约三十万人，但他们可以立即调往北朝鲜的最大数目，大约只有六万人。而且他们在进军时一定要遭到盟军天罗地网一般的空袭，这种空袭的结果——有位人士说——会造成历史上最大一次的战场上屠杀"。[1]

美国方面根本没有料到，中国会出兵入朝参战。这是战略上致命的失策。麦克阿瑟无疑赌输了。这就是"狂妄者的命运"。

---

[1] 姚旭：《从鸭绿江到板门店》，人民出版社 1985 年版，第 27 页。

战场上，将想象中的胜利当作立足点，是危险的。

李奇微——麦克阿瑟的继任者，以一种近乎常识而又困惑不解的语气说："至于中国人的干预，麦克阿瑟对他们的威胁简直是置若罔闻，而且，他显然忽略了中国军队已大批越过鸭绿江的最初的明显迹象，或者对这些迹象没有引起重视。他计划赶在季节的前面，在大雪降临之前打到鸭绿江边，结束战争。"①

由于冒险在仁川登陆成功，麦克阿瑟形成了对远东形势判断的"定式"，越来越局限在自己的天地里思考问题。麦克阿瑟动辄压制批评他的人，斥责他们根本"不懂得东方人的思想"。这也导致美军参谋们不愿意对麦克阿瑟的判断、做法提出疑问。

麦克阿瑟并非不研究对手。太平洋战场，无疑是他军事生涯中赢得经典胜利的最重要舞台。1904 年日俄战争期间，麦克阿瑟就以军事观察员身份，到战场现地研究明治时期最优秀的日军将领，如大山岩、乃木希典、东乡平八郎等人。随后，麦克阿瑟又用 9 个月时间，从日本广岛开始，先后考察香港、新加坡、仰光、加尔各答、白沙瓦、孟买、科伦坡，返回时又考察了爪哇、泰国、越南，最后到达上海，足迹遍及东亚、东南亚、南亚。此后，麦克阿瑟又长期对日本军人进行研究。因此，在太平洋战争期间，对日本作战，麦克阿瑟还是很有底气的。

流血的战争，最能体现一个民族的尚武精神。

对中国的忽视，根本上是在麦克阿瑟的思维中，中国人仅是懦弱的"洗衣匠"，而不是战士。

忽视对手的战争，离败亡不会太远。

对于麦克阿瑟这头"猎物"的缺点，"猎人"的眼睛是亮亮的。在作战会议上，中国人民志愿军司令员彭德怀说："麦克阿瑟不是很狂妄吗？不是瞧不起我们吗……我们就利用他这个判断的失误，示弱于敌，诱敌深入，然

---

① ［美］李奇微：《朝鲜战争》，军事科学出版社 1983 年版，第 61 页。

后寻机歼灭之。"①

在嘴头上，将军们喜欢创新，但在实践中，总容易受上一场战斗的影响，希望重复上一次的"荣誉"。在朝鲜西线仁川登陆获得成功之后，麦克阿瑟认定"红色中国"是只"纸老虎"，也想在东线再次进行一场"一比五千的赌博"式登陆作战，不过，这次的赌注下得更大一些，美陆战第 1 师仍担当重任。

1950 年 10 月 20 日，麦克阿瑟任命其参谋长兼第 10 军军长阿尔蒙德为东线总指挥，统一指挥美第 10 军（包括美陆战第 1 师）和南朝鲜第 1 军团。麦克阿瑟将美第 10 军与美第 8 集团军割裂开来的做法，始终被认为是导致美军后来战场失败的主要原因。

朝鲜北部由于纵贯南北的狼林山脉阻隔，被分割成天然的东西两部分。"联合国军"的总攻势计划便根据自然地形，兵分两路，从东西两翼实施钳形夹击。麦克阿瑟的设想是："第 8 集团军于 A 日（十月十七日的前三天）沿开城—沙里院—平壤轴线向西北方向发起进攻，总的矛头指向平壤。第 10 军第 1 陆战师定于 D 日以一次两栖突击夺占元山。尔后，两支部队沿东西轴线实施向心突击。一旦会合，就会封闭半岛，从而切断北朝鲜人民军的退路。于是，这两支部队便可以协调一致地向定州—宁远—兴南一线推进。"②

西线为主要攻击方向，"联合国军"投入美第 8 集团军的 3 个军（军团）11 个师（旅）又 1 个团，共约 24 万人，一线兵力约 13 万人。具体部署为：左翼的美第 1 军，向新义州、朔州推进；中路的美第 9 军，向碧潼、楚山攻击；右翼的南朝鲜第 2 军团，进攻熙川、江界。

东线"联合国军"的进攻部署是：分三路北犯，企图迂回江界，威胁志愿军西线战场翼侧。西路为美陆战第 1 师和南朝鲜军一部，自咸兴北上，越

---

① 洪学智：《抗美援朝战争回忆》，解放军文艺出版社 1990 年版，第 64 页。
② ［美］李奇微：《朝鲜战争》，军事科学出版社 1983 年版，第 62 页。

过黄草岭，进占下碣隅里、新兴里、内洞峙、柳潭里等地。中路为美第7师。东路为南朝鲜第1师及第3师。

当时，美军内部对麦克阿瑟下令开辟东线战场，始终充满质疑与指责，评价极低。对于麦克阿瑟的这个"宏伟"计划，美军高层一直抱有深刻的怀疑，认为在仁川登陆成功之后最靠谱的方案，应当是直接在西线战场追歼朝鲜人民军。而实施在朝鲜东部元山登陆的作战计划，直接影响了美第8集团军的后勤补给，也影响了北上的速度。

李奇微认为："麦克阿瑟原先那个利用仁川登陆的胜利、分兵两路越过三八线进军的计划倒是十分简单合理。但是，其效果却要取决于天候、地形和中国人的反应这三个未知因素。而且，后来还出现过一些其他的情况，促使总司令将基本计划修改得面目全非，最后使第10军分散地部署在朝鲜的整个崎岖地形上，造成部队无法相互支援甚至无法直接联络，而且极易遭受游击队的骚扰或被数量上占优势的敌军所包围。"①

美军远东司令部联合参谋人员在对陆战队进攻的专题研究报告中，曾提出过警告：美陆战第1师向长津湖地区挺进时，他们势必拉长战线。在该师的左翼，是构成朝鲜半岛分水岭的绵延起伏的山地。对于任务繁重的军事运输工作来说，这通常是不可逾越的障碍。此外，据中国人民志愿军战俘的口供透露：志愿军第42军第124师已经从满浦镇进入朝鲜，位于长津水库地区。如果美陆战第1师沿这条路线向北进攻，并超越美第8集团军，那么，它非常容易遭到从翼侧和后方发起的攻击。②

停留在纸面的作战计划，总是比现实完美得多。想象中的东线铁钳还没有完全展开，就遇到了不少麻烦。

东线部队的进展，远远落后于麦克阿瑟预想的速度，登陆的时间、地点不断调整。"直到（1950年）十月二十六日以后，海军才得以在元山港敌人

---

① [美]李奇微：《朝鲜战争》，军事科学出版社1983年版，第61页。

② [美]詹姆斯·F.施纳贝尔：《朝鲜战争中的美国陆军》第2卷，国防大学出版社1990年版，第286页。

布设的两千枚水雷中间开辟出一条通道。于是，第 1 陆战师实施了所谓'非战斗'登陆，亦即未遭抵抗的登陆。这样，南朝鲜第 1 军便可以脱身开赴北方，去夺取北朝鲜重要的工业区兴南、咸兴联合企业所在地。"①

"美第 7 师最初计划继陆战队之后在元山登陆，后来改为在元山以北约一百五十英里处的利原登陆。该师于十月二十九日在那里登陆后，继续向鸭绿江边的惠山推进。南朝鲜第 1 军预定沿海岸公路北上向苏联边境推进。海军陆战队打算沿仅有的一条狭窄道路越过中部高原进抵江界，尔后向鸭绿江边的满浦推进。第 3 师则留在后面守卫元山、兴南、咸兴地区"。②

麦克阿瑟没有看到，地形成了敌人，崎岖的地形使西线的美第 8 集团军和东线的美第 10 军很难维持脆弱的联络。地形的障碍、摩擦、阻力，在作战地图上无法标示出来。

识祸患于无形，是战场上最高的境界。

美国杜鲁门政府在朝鲜战争中的投机、冒险，无疑开启了麦克阿瑟失败的大门。如果美军止步于三八线，就根本不存在一连串载入史册的溃败。后来，麦克阿瑟竭力洗刷战败的责任时，总是直指杜鲁门，并非毫无道理。

麦克阿瑟忘记了，失败者永远孤独！

投机性的战争风险，始终伴随着越过三八线的美军。随着中国人民志愿军在朝鲜战场突然出现，美国最高决策当局内部，对中国军队介入的忧虑与困扰，终于从想象变为现实。胜利有时是块遮羞布，能盖住本应爆发的矛盾与分歧。美军与中国人民志愿军初次交战后的败退，一下子使美国高层的矛盾浮出水面。

中国人民志愿军出现在朝鲜战场，令美国当局的判断出现了混乱，譬如战争形势判断上的分歧、战略选择上的冲突、战局发展上的异见等。

在反思朝鲜战争留下的历史教训时，责难指向了杜鲁门。

---

① 〔美〕李奇微:《朝鲜战争》，军事科学出版社 1983 年版，第 63 页。

② 〔美〕李奇微:《朝鲜战争》，军事科学出版社 1983 年版，第 65 页。

杜鲁门难以辩解、推脱的责任在于，给予了麦克阿瑟过多的自由来影响美国的政策，似乎麦克阿瑟而非杜鲁门是美国政策的决策者，军事已经超越、驾驭了政治。在战争处在关键的十字路口时，杜鲁门没有表现出政治家应有的智慧与统帅的勇气，制止美军越过三八线。否则的话，美军完全有可能"体面"地离开朝鲜战场。

正如李奇微所说，麦克阿瑟与杜鲁门之间突出的问题，是打全面战争还是打有限战争。从某种意义上说，这只不过是把"胜利还是相持"的问题用更为明确的语言表达出来罢了。也就是说，美军是应该全力以赴、一劳永逸地击退"红色浪潮"，还是尽量克制自己的行动，把战争限制在朝鲜境内呢？

根据美国中央情报局的备忘录，美国国务院、陆军、海军和空军的情报官员，在分析中国方面对朝鲜战争的干涉手段时认为："中国人至少会以日益增大的规模采取未公开承认的行动，把联合国部队滞留在朝鲜，迫使他们延长消耗，保持存在一个北朝鲜国的假象。所掌握的情报中，没有充分的证据表明中国共产党人是否会投入全面进攻。最后，他们可能采取行动，实现让联合国军从朝鲜撤出。据估计，他们没有把联合国军赶出半岛的军事能力，但是他们有能力迫使联合国军退到防御状态，进行旷日持久的无确切结果的战斗，共产党人可能以为这样能使联合国军最终从朝鲜撤出。"[1]

摆在"联合国军"面前的三种行动方案是："(a) 被迫采取能在朝鲜取得成功的行动；(b) 在距朝鲜边界一定距离的防御线上继续行动；或者 (c) 撤出。即使中共的投入程度没有在数量上增加，第一个行动方案也可能需要在朝鲜加强军事实力。第二个行动方案显然在现在是可行的，它可以在澄清中国干涉引起的军事、政治问题之前作为权宜之计，这些问题至今还没有解决。至于撤出这第三个行动方案，如果自愿撤出会严重降低美国在全世界的声誉，那是完全不能接受的；而如果不自愿撤出，条件只能是把这种撤出作

---

[1]　陶文钊：《美国对华政策文件集(1949—1972)》第 1 卷(下册)，世界知识出版社 2003 年版，第 515 页。

为全球战争的前奏。"①

在战场上，美军非常注重作战程序、规则，将战争变成了一架按照程序严密、稳定运转的机器，个人才能发挥的空间实在有限。在这种体制下，只要按照程序实施，任何将领的战场表现得分都会在平均线以上。

美军把指挥权委托给战场最高指挥官麦克阿瑟，其指挥水平发挥得如何，直接关系到美军战场上的胜负。在美军名将行列中，麦克阿瑟绝对算得上"异类"，对战争的思考、指挥都完全不是美国式的，充满了个人英雄主义的色彩。他在朝鲜战场上起伏不定的表现，导致美军既有经典的仁川登陆之战，也有同中国人民志愿军交手后的连续失败。与中国人民志愿军的遭遇战，反映出麦克阿瑟不仅在战略形势判断上存在明显错误，在战役指挥上也有失策之处，表现为应变力不足。在仁川登陆后，美军对朝鲜人民军的进攻方案，就是兵分两路。在元山登陆，从东线追击朝鲜人民军，成为麦克阿瑟无法辩解的失策。

麦克阿瑟没有看到战场上看不见的对手。

在看似咄咄逼人的进攻态势中，已经隐藏着溃败的因子。

2 ›› 速度之争

美陆战第 1 师作为"联合国军""大包围作战北侧的铁锤"，向北推进的行动谨慎，速度缓慢，平均每天的推进速度不超过 2 公里。尽管北上进军途中偶有零星战斗发生，但中国人民志愿军的阻滞力度并不大。这对有着高度机械化能力的美军作战部队而言，基本上相当于放弃了机动性强这个优势。

对于美陆战第 1 师行动迟缓，阿尔蒙德强烈不满，不断督促师长史密斯

---

① 陶文钊：《美国对华政策文件集（1949—1972）》第 1 卷（下册），世界知识出版社 2003 年版，第 513 页。

加快行军节奏，尽快占领中朝边境。但是，史密斯仍然坚持自己对战场形势的判断，没有命令到达柳潭里地区的第5、第7陆战团仓促北上，而是采取慎重、稳妥的原则，步步为营，稳扎稳打，逐次向前推进。

史密斯解释说："美陆战第1师在到达柳潭里地区后，主要补给线有近50英里，其中14英里位于蜿蜒曲折的群山之间，随时都可能被恶劣天气切断。因此，在继续北上、深入长津湖地区之前，美陆战第1师必须花时间在位于长津湖南端的下碣隅里，建立能提供几天补给物资的后勤保障基地。"[1]

在接到阿尔蒙德关于西进的命令后，史密斯没有仓促冒进，而是迅速加强薄弱的补给线。这被认为是美陆战第1师最终能突破中国人民志愿军围追堵截的关键。史密斯从容不迫、少有慌乱，这些都是由丰富作战经验积淀形成的厚度。

脆弱的后勤保障也迫使美陆战第1师，不得不在行动上更为谨慎。开始的时候，位于朝鲜东海岸的美第10军的情况，比西线的美第8集团军要稍微乐观一些，后勤供应主要依靠元山、兴南和利原港来保证。1950年11月初，阿尔蒙德指挥的作战部队的位置都比较靠近港口。沿朝鲜东海岸推进的南朝鲜部队，则通过坦克登陆舰抢滩靠岸，获得所需供应品。然而，美第7师和美陆战第1师离开港口深入朝鲜腹地后，后勤供应就愈来愈困难了。

战场上，史密斯的判断来源于最基本的战争原则，譬如集中、安全、补给。他的战场指挥风格，非常符合军事家诺米尼的观点：只有一支不被分割的、沿一条保持得尽可能短和尽可能安全的作战路线行进的部队，才能够希望避免失败。要取得胜利，只有在敌军足够鲁莽、以致分割自己的兵力，并将其伸展在一条漫长和易受损伤的作战线上时，才有可能。

美陆战第1师孤军深入，补给线过度伸展，必然导致脆弱，这正是兵家大忌。显然，从真兴里北上长津湖，险恶的山地环境使美陆战第1师的作战

---

[1] www.chosinreservoir.com/. Extracts from a Letter of 16 December 1950 from the Commanding General, 1st Marine Division, to the Commandant of the Marine Corps.

充满危机，容易被志愿军分割、各个击破。

　　为了确保不间断的后勤供应，史密斯十分重视部队后方、翼侧和补给线的安全，以足够的兵力担任后方防卫。他决定利用第7陆战团占领下碣隅里、第5陆战团到达古土里的有利时机，命令师属工兵在下碣隅里抢建物资仓库、医院，以及可以起降C-47双引擎运输机的机场，确保正常的物资供应，也便于在危急时刻撤离伤员。

　　对于修建机场，阿尔蒙德表示难以接受，认为在冻土地带修建机场工程量大，条件艰苦，困难重重，几乎不可能完成。然而，史密斯坚持这样做。后来，正是由于下碣隅里机场的存在，关键时刻避免了美陆战第1师的崩溃。

　　志愿军在东线的"欺骗性"行动，确实给美军带来困惑和恐惧。志愿军在朝鲜战场上突然出现，无疑给美军以精神上的冲击，也对美军指挥官的心理造成影响。千钧一发之际，能否保持指挥链的稳定性，集中注意力应对危机，成为美军度过这场突如其来打击的关键。

　　在嗜血成性、充满杀气的美陆战第1师官兵眼中，师长史密斯似乎更像一名学者、一名极度冷酷的杀手，显示出独特而鲜明的个性。

　　史密斯的性格中缺乏浪漫主义色彩，少有情绪冲动，客观、理性、审慎、低调。这或许与他的人生经历有关。史密斯幼时丧父，随寡母迁居加利福尼亚州，在贫困中长大；从加州大学伯克利分校毕业后，进入海军陆战队，升迁之路走得并不顺利，在上尉军衔上停滞了很久。

　　危机带来的紧迫感与压力，从来没有影响史密斯心智的自由。他仍能准确地判断形势，没有在心理上陷入瘫痪状态、表现出惊慌失措，而是展示出一位良将的素质。

　　在战场上，史密斯的应对之策虽然中规中矩，但获得了高度评价。后来接替麦克阿瑟职务的李奇微就评价说："第1陆战师以及第7师两个营的经历要惨痛得多。但是，这一次还是由于史密斯将军的勇敢指挥和深谋远虑，他们'幸免于彻底瓦解'。我已说过，史密斯不顾第10军的压力，在率部进入长津水库附近的不毛高原的同时，从容不迫地设法保持了后撤路线的畅通与安全。他沿途贮备了弹药、油料和其他补给物资，控制了一切可以控制的高地，修建了后送伤员用的简易机场，并且在对远处的情况有一定把握时才向前推进。"①

美国战史学家马歇尔认为，史密斯的慎重堪称范例：志愿军的主要目的在于诱使美军攻击兵力作最大限度的延伸，然后切断主要补给线，当美军主力部队开始对其后方的压力作出反应的时候，再以包围的态势摧毁美军主力部队。美陆战第 1 师防止了这个事态的发生。美陆战第 1 师不论在攻击或是在防御的行动中，总是以最大的努力保持阵线的稳固。这包括了它最初北上长津湖地区与西向柳潭里的攻击，以及后来向南撤到真兴里的行动。

后来，日本战史学家对美陆战第 1 师的应对之策也相当赞许："武坪里位于柳潭里西面约 90 公里处，陆战第 1 师在这里踏上比较良好的道路后，先向北方的江界，然后向满浦推进。在这个命令中，师的后方分界线划到了下碣隅里南端，但是，史密斯向阿尔蒙德建议将真兴里也包含在他的责任地域之内，并接着决定在真兴里和古土里配置师的守备部队。这次作战的特点是补给特别重要，长途的补给线不是依靠他人，而要由自己来保障，这一点表现出了师长（史密斯）的智慧。"②

这些美国、日本战史学家的复盘式研究，毕竟是在战争已经结束、战争迷雾消散情况下的书斋式结论，多了几分合理性，而少了几分硝烟的气息。战争是敌对双方意志、心灵的博弈，能真正走进战场指挥官心灵、内心空间的不是己方，而是持枪相向的对手。

志愿军第 27 军军官宋铁铮当时就总结说：美军指挥官下命令，往往喜欢作细密、烦琐的规定，以致下级人员没有独断专行的余地。所以，美军高级指挥官如果不具备多方面的应变能力，一遇到战况发展的时候，美军的战术也就不能作适应情况的处置；并且，计划一经遭受挫折，就必须待其高级

---

① ［美］李奇微：《朝鲜战争》，军事科学出版社 1983 年版，第 83 页。
② 日本陆战史研究普及会：《朝鲜战争》（中部），国防大学出版社 1990 年版，第 237 页。

指挥官重加调整部署，始改变其呈现状态。

战争如同人类的其他活动，既有自己的科学，也有自己的艺术。所谓良将，就是在科学与艺术之中寻求平衡。

显然，对于史密斯的指挥特点，战场上的对手最清楚。

1950 年 11 月 15 日，长津湖地区的气温是零下 24 摄氏度。

麦克阿瑟决定东线的美第 10 军加紧向西北方向进攻，切断中国军队在满浦地区的主补给线，策应西线美第 8 集团军的攻势，从而威胁美第 8 集团军当面中国军队的后方，并迫使中国军队后撤，使美军免遭包围。

阿尔蒙德令美陆战第 1 师沿长津湖西岸大胆北进，迅速向江界、满浦地区推进。美陆战第 1 师作战处处长鲍泽看了地图后，对即将承担的任务感到不寒而栗。他认为，在冬季高寒山地采取这样的行动，成功的希望完全建立在侥幸基础上。史密斯对麦克阿瑟的部署并不了解。直到 1950 年 11 月 16 日，史密斯的一位老友访问美骑兵第 1 师，无意中给他带来西线美第 8 集团军的态势图后，史密斯才知道麦克阿瑟的作战动机。

美海军陆战队队员给麦克阿瑟起了个外号——"屎壳郎"，对他并不喜欢。史密斯给美海军陆战队司令凯茨写了一封长信，详细介绍了朝鲜战场的情况和自己"十分担忧"的原因。史密斯写道："我们是第 10 军的左翼，而我们的左翼却没有任何保护，我们的左翼至少八十英里内没有任何友军的存在……我十分担忧在冬季向山地中的部队提供补给的能力。雪融化再冻结会令山路更加难以通行，冬季进行空投不足以提供两个团的补给，由于气候和部队的分散以及海拔的高度，即使乘直升机视察部队也很困难……第 10 军的参谋们是在百万分之一的地图上拟订计划，我们是在五万分之一的地图上执行任务。兵力不断分散，这使他们处境危险。"在信中，史密斯还说："说实在的，我对第 10 军在战术上的判断力和他们制订计划的现实性没有什么把握，我在这方面的信心仍未恢复。"①

① 光亭:《冰血长津湖》网络版。

因此，史密斯认为，阿尔蒙德的北进计划是基于"我们正在追歼被打垮的北韩军队这一假设，没有考虑到中国共产党军队的介入。更合理的进攻路线应是沿东北部的海岸前进，陆战队在那里可以依赖海上支援，还可以使用两栖包围战术打击敌人据点"。如果执行阿尔蒙德的作战计划，东西两线"联合国军"之间的空隙将更大，更容易被志愿军穿插，彼此协同配合的难度也将陡然上升。

这种看法，显然与麦克阿瑟要形成两股老虎钳力量的进攻方案相差甚远。

在指挥上，阿尔蒙德也让史密斯始终难以接受。后来，李奇微接替沃克担任美第 8 集团军司令后，史密斯就请求不要把海军陆战队交给美第 10 军指挥。

3 ›› 战场上总是利弊相生

前线与后方的差异不是距离战火硝烟的远近，而是不同的时间感觉。时间背后隐藏着生与死、战胜与失败。

离战场越近，时间的压迫感自然也更为强烈。

在朝鲜战场，麦克阿瑟的时间节奏总是与华盛顿不同，似乎总是拿着鞭子在不停驱赶心中的焦虑——"胜利狂妄症"。

只有尽快结束战争、赢得胜利，才能摆脱"胜利狂妄症"的压迫。留给麦克阿瑟的最佳作战时机不多了。朝鲜的冬天带来的不仅有寒冷，还有灾难。

冬季，鸭绿江封冻，志愿军可以从冰冻的江面上轻易过江，这将使这场战争的终点线往后移动。

为此，麦克阿瑟下令美远东空军及远东海军所属舰载航空兵，集中力量轰炸鸭绿江上的国际桥梁，以及鸭绿江至清川江的公路、铁路。鸭绿江沿岸新义州、朔州、楚山、满浦、惠山等地的 6 座桥梁，更是此次轰炸的重点目标。

美空军加紧轰炸之时，东线美陆战第 1 师的前进速度却不能让麦克阿瑟

满意。

志愿军第 42 军奉命撤离黄草岭阵地，主力撤至柳潭里，仅留第 378 团在古土里以北继续阻击。在此期间，零星战斗偶有发生，但美军显得异常小心。

战场上总是利弊相生。美陆战第 1 师早期的审慎，无疑也使它失去了赢得战场主动权的机会。如果美陆战第 1 师加快行军速度，完全有可能抢在志愿军第 20 军之前占领长津湖地区。

美陆战第 1 师行军线的起点为兴南，行军道路与一条窄轨铁路并行北上。美军经过咸兴、麻田洞后，从真兴里附近进山，爬上陡坡，越过黄草岭山口和古土里，到达长津湖南端的下碣隅里。

在到达真兴里之前，布满碎石的双车道伸向坡度较小的高地。可是，由真兴里变成了凸凹不平的单车道。越过黄草岭山口后，铁路也变成了单线窄轨铁路，与公路和长津江并行通向长津湖。在下碣隅里，道路分为沿长津湖东岸北上的道路，以及向西至柳潭里的道路。

向西的道路，从下碣隅里越过德洞山后，可通到长津湖西南端的柳潭里。在此处，道路又分别向北、向西延伸。在这附近的道路两侧，散布着落叶林和疏散的松林，但视野良好。

主要城镇间的道路距离如下：兴南至咸兴为 13 公里，咸兴至真兴里为 56 公里，真兴里至古土里为 16 公里，古土里至下碣隅里为 18 公里，下碣隅里至柳潭里为 22 公里。

这就是美陆战第 1 师进入长津湖的唯一道路。

由于真兴里以北的道路狭窄，一旦被堵塞，陆路的补给和后送将会完全断绝。特别是真兴里以北至古土里以南黄草岭山口的坡道更为关键。那是为人工水库长津湖利用这两个区间的落差发电而建造的水坝，由此可以推测其坡度的陡峭程度。①

---

① 日本陆战史研究普及会：《朝鲜战争》（中部），国防大学出版社 1990 年版，第 218 页。

1950 年 11 月 7 日，美第 7 陆战团第 3 营前出到堡后庄和第一发电站。11 月 8 日，美陆战第 1 师占领黄草岭后，以少部分兵力试探性地攻击前进。美第 7 陆战团前出至堡后庄附近集结。11 月 9 日，美第 7 陆战团从堡后庄和第一发电站开拔，越过黄草岭向古土里前进。美海军陆战队舰载机对黄草岭进行猛烈轰炸。11 月 10 日，美第 7 陆战团先头部队进至古土里，而后继续前进到下碣隅里以南 11 公里处。11 月 11 日，美第 7 陆战团继续在古土里整顿队伍，准备向长津湖南侧的下碣隅里挺进。11 月 13 日，美第 7 陆战团开始从古土里行军。该团先遣队前出至古土里西北侦察情况，未发现异常，随即前出到长津湖以南 6 公里处，逼近下碣隅里。

11 月 16 日，美陆战第 1 师第 7 陆战团占领长津湖南侧的下碣隅里后，又沿长津湖西南向北挺进。

当时，"联合国军"的整条战线从平壤以北开始，沿清川江向东北横越山岳地带，经长津发电站南侧，直到东北部的清津。

南朝鲜第 3 师第 26 团为掩护美陆战第 1 师西南翼侧，占领兴峰里、马登岭、中仓岭。

"第 7 团战斗群的前进速度，在到古土里这一段，日平均为 1.6 公里，从古土里到下碣隅里日平均为 3.6 公里。该团派出强有力的战斗侦察分队搜索着慎重地前进。尽管如此，因为第 10 军属下的其他师，一面排除北朝鲜军队的抵抗，一面以最快的速度前进，所以，阿尔蒙德军长对第 7 团战斗群的前进速度稍有不满之意。"[①]

在和平时期，犯错误最少的指挥官，通常被认为是最优秀的；而在战争时期，迫使敌人犯错误最多的指挥官通常会取胜。一个不愿冒险的指挥官想象不出敌军指挥官的冒险行动。冒险是战争固有的特性，对冒险因素的合理运用往往能获得战场上的主动权。相反，如果过分谨慎，往往会失去冒险行动中蕴藏的战场机遇。

① 日本陆战史研究普及会：《朝鲜战争》（中部），国防大学出版社 1990 年版，第 221 页。

第二章 剑指"王牌师"

当猎物正在朝鲜北部的崇山峻岭中沿着曲折的山道穿行时，猎人，正从遥远的中国赶来。

机不可失，一切都匆匆忙忙。

时任志愿军第 20 军第 58 师第 174 团政委项远，清晰地记得入朝时的情形：我们是戴着中国人民解放军的胸章和穿着南方的棉衣到达辑安（今集安）火车站的。师指挥所命令两个小时过鸭绿江，按指定路线同前方部队会合；补充粮食，每人一斤馒头；清理一切带有解放军标志的物品、文件，交给师、团留守处。

这就叫入朝参战。

4 >> 抓住这个主要的精锐，就可以争得主动

没有重点、没有中心，就没有策略。

突出复杂的战争链条的中心环节，就是要赢得战争主动，走向胜利。

美陆战第 1 师就是改变朝鲜东线战场态势的中心环节。

在美国人眼里，美陆战第 1 师不可战胜。当时，美国记者密勒在新闻报道中写道："美陆战第 1 师有着典型的美国军队最好的品质，它们的

装备是在朝鲜战争中所见到的最好的，它们的训练是派遣到这里来的军队中最坚韧的……能打败这支军队，那么就已赢得朝鲜的战争甚至也许全世界的战争，因为这是我们军队中最精锐的和最优秀的。这些海军陆战队队员承认，他们也许有一天会被打败，是的，如果那一天太阳从西边升起的话。"

世界上还是有敢打老虎的人。

1950 年 10 月 24 日，毛泽东在接见宋时轮时，明确地赋予第 9 兵团入朝作战的具体目标——打掉美陆战第 1 师："我们要争取战略主动，扭转战局。我们一定要争取主动，夺取战略上的胜利。长津湖地区位于西线志愿军侧后，要在这里划一条线，绝不能让'联合国军'跨过这条线。你兵团的任务就是占领有利地区，割裂敌东、西联系，以消灭美军两个团为主要目标，特别是以打美陆战第 1 师为主。美国人是最怕死的，只要美陆战第 1 师顶不住，抓住这个主要的精锐，就可以化解矛盾、争得主动。战役要立足于你兵团的独立作用，不要寄希望于增援，彭德怀同志也没有兵力支援东线；战役部署和指挥由你全权承担，我们不遥制；战役目标是让敌人从何而来再从何而退，之后稳定战局，这是最理想的方案。"①

敢打强敌，既是毛泽东内在性格的写照，也是他解决朝鲜问题的策略。例如，在志愿军尚未入朝前，毛泽东就明确指出："只要我军能在朝境内歼灭美国军队，主要地是歼灭其第八军（美国的一个有战斗力的老军），则第二个问题（美国和中国宣战）的严重性虽然依然存在，但是，那时的形势就变为于革命阵线和中国都是有利的了。"②

近年来，在对志愿军第二次战役作战方案的研究过程中，有一种看法认为，志愿军应该将第 9 兵团加强西线战场，或许可以获得更有决定性的战果。其实，增加西线志愿军作战部队的数量，在当时就已经考虑过，但是，

---

① 《宋时轮传》，军事科学出版社 2007 年版，第 262 页。

② 逄先知、金冲及主编：《毛泽东传》（1949—1976）上，中央文献出版社 2003 年版，第 115 页。

由于战场地理因素的影响放弃了。主要原因在于，朝鲜半岛狭长，又为山地，故而，可容纳的兵力是有限度的。"将第 38 军、第 42 军调至德川、宁远以北地区（原定将第 40 军也调过去，因中部山区狭窄，集中与展开不了 3 个军，故第 40 军只进至球场东北地区），集中指向美第 8 集团军右翼的薄弱而又暴露的部位，待我军引诱敌军进至我预定歼敌地区。"① 显然，使用第 9 兵团于朝鲜西线战场不具有可行性。

5 ›› 原计划部署在二线

朝鲜战争爆发后不久，为应对可能出现的战略威胁，中央决定组建东北边防军。

在东北边防军组建过程中，规模、数量是不得不考虑的问题。这既取决于对手的作战实力强弱、作战规模大小，也取决于对战争持续时间的预判。东北边防军开始集结后，中央军委根据形势、任务，全面调整了国防部署。

当时，全军部队"有 15 个兵团，57 个军，可是由于分布广、装备差和缺乏输送工具，加之许多部队还担负剿匪和生产任务，因而可机动的部队并不多"。② 但是，为了保持充足的入朝作战后劲，东北边防军还是陆续增配力量，部署了二线、三线部队。

时任东北军区司令员高岗、副司令员贺晋年致电中央军委，请求给东北军区增加 1 个军。代总参谋长聂荣臻认为，东北军区的请求很有道理，但仅仅在东北地区增加 1 个军不够，东北边防军的兵力配备应当有更大的纵深，必须配置二线兵团。中央军委作战室主任李涛在与聂荣臻商讨时也发表了看法，认为东北边防军的火力与机动能力都不够强，仅在东北地区增加 1 个军

---

① 杨迪：《在志愿军司令部的岁月里》，解放军出版社 2008 年版，第 416 页。

② 徐焰：《第一次较量》，中国广播电视出版社 1998 年版，第 15 页。

难以应对突发情况，应在山海关内便于机动的地区集结足够兵力作为二线兵团。对于二线兵团的组成，李涛提出："关内部队大都分得很散，有些部队剿匪任务还比较重。现在比较机动的兵力，是华东的宋时轮兵团（第九兵团）。解放台湾的任务向后推了，可将这个兵团用于支援东北边防。这个兵团的4个军——二十军、二十三军、二十六军、二十七军现在都部署在交通线附近。除需考虑留下个把军的兵力驻防上海等地区外，其他3个军可以随时投入新的方向。"

同时，李涛还提议将驻防陕西的杨得志兵团（第19兵团）作为机动兵团，"这个兵团的3个军——六十三军、六十四军、六十五军分别驻扎在三原、宝鸡、灵武地区。可以考虑在下月秋收后，把十九兵团调到济南或者郑州、洛阳地区整训，作为另一个机动兵团"。以郑州、洛阳作为集结地域，是因为"郑州、洛阳交通条件不困难，有事可以迅速出动。在这里集结部队，营房与训练条件都还好。如果嫌摆在河南靠后，也可以考虑摆在津浦路附近，比如徐州、济南等地"。①

在起草的总参谋部关于抽调第9兵团、第19兵团作为二线兵团的请示中，李涛说："东北高（岗）、贺（晋年）来电要求给东北军区拨1个军。我们联想到今天我军的整个部署，似有加以考虑之必要。如美帝国主义对朝鲜的战争继续打下去，虽然我们已经有第一步的部署，已将十三兵团调至辽东，但恐不足以应付事变。因此建议：应于关内机动地区，再行配备第二线兵力，以为未雨绸缪之计。""我们觉得……上海区有九兵团4个军可以集结"，此外，"应再有1个兵团集结起来，作为战略机动兵力，以策安全。这个兵团以十九兵团最合适"。②

聂荣臻在给毛泽东的请示中，正式提出部署二线兵团的问题："如美帝的侵略战争继续打下去，虽然我们有了第一步的部署，仍恐不足以应付事

---

① 刘庆方：《开国上将李涛》，解放军文艺出版社2006年版，第293页。

② 刘庆方：《开国上将李涛》，解放军文艺出版社2006年版，第294页。

变，应于关内机动地区再行配备第二线兵力。建议于九月秋收后将西北军区第十九兵团三个军集结起来，移至济南或郑州洛阳地区休整，作为机动。"毛泽东批示："德怀同志：兹将聂荣臻建议一件发给你。十九兵团是否可以照聂建议部署，请加考虑，电复为盼。"①

1950年8月31日，周恩来于北京中南海居仁堂再次主持召开了东北边防军建设计划会议，作出全面部署。会议决定：以11个军（36个师）共70万人的兵力，作三线配置。

第一线，以第13兵团的4个军（第38军、第39军、第40军、第42军），部署于中朝边境地区；

第二线，以第9兵团的3个军（第20军、第26军、第27军），部署于泰安、兖州地区，并令驻防天津的第66军待命；

第三线，以第19兵团的3个军（第63军、第64军、第65军）在陕西原地待命，必要时调至津浦线机动地区。

在充实后续力量过程中，毛泽东还致电彭德怀："为了应付时局，现须集中十二个军以便机动（已经集中了四个军），但此事可于九月底再作决定，那时请你来京面商。"②

根据中央军委的命令，迅即将第9兵团所辖第20军、第26军、第27军由淞沪地区，北移至山东兖州地区津浦路两侧集结整训，作为东北边防军的二线部队。同时，还决定以第19兵团所辖第63军、第64军、第65军位于陕西境内陇海铁路两侧地区整训，作为三线部队。预定待第13兵团等东北边防军各部出动后，即令第9兵团北上原东北边防军部队驻地，第19兵团东移至山东境内原第9兵团驻地，边继续整训，边准备入朝参战。

此外，中央军委还决定，从西南军区抽调3个军组成1个兵团，北上河

---

① 中共中央文献研究室编：《毛泽东年谱（1949—1976）》第1卷，中央文献出版社2013年版，第175页。

② 中共中央文献研究室编：《毛泽东年谱（1949—1976）》第1卷，中央文献出版社2013年版，第180页。

北境内北宁线两侧地区集结，再从中南军区抽调 2 个军进行整训，作为新的后备力量。

中南军区首长建议中央军委，调第 50 军北上。

军委并林（彪）：

四十八军自去年（1949 年）南下后，即留置于赣南分散担任剿匪等任务，如再他调，则既影响剿匪作战，又影响赣南地方工作，因此如抽调该军，则中南必进行较大调整，挤出别的部队去接替赣南任务，而新去的部队，其短时间因情况不熟，很难担负起全部地方工作，故对赣南工作影响较大。为此，我们建议不调四十八军，而调第五十军北上。

五十军现有 35000 人，经过近两年的整训加上新成分的补入，特别是去冬入川过程中，该部在作战方面是积极的，政策纪律方面也是表现好的，再说该军战斗力不弱于四十八军。现该军较集中，未担任剿匪及地方工作任务，可立即出动，是否可以，请考虑赐覆！

邓（子恢）、谭（政）、赵（尔陆）[①]

中央军委决定，从中南军区抽调第 50 军开赴东北，编入东北边防军序列。1950 年 9 月 13 日，中央军委电令第 50 军于 10 月 2 日开始乘火车北上。第 50 军直属队由沙市船运至汉口乘火车北上。第 148 师、第 149 师、第 167 师分别由钟祥、天门等地，沿汉宜公路徒步行军至湖北孝感乘火车北上。第 150 师由河南确山、驻马店、汝南、沙河等地乘火车北上。10 月上旬，"五十军到达吉林后，分别集结于西丰、辽源、海龙、磐石地区待命。不久，

---

① 王顺才、申春：《汉江血痕：解放军第五十军征战纪实》，云南人民出版社 2005 年版，第 126—127 页。

撤销了步兵第一六七师及军属炮兵团，新组建了各师属炮兵营"。①

在加强后续力量过程中，现代化军兵种作战力量的建设也是重要内容。1950 年 8 月 26 日，周恩来主持召开检查和讨论东北边防军准备工作会议，确定各部门、各军兵种立即拟订 3 年建设计划，并要求：空军要加紧训练已编成的 7 个团，争取在 1950 年年底至 1951 年年初有 5 个团可以参加实战；装甲兵准备向苏联购置 3 个坦克旅，计 6 个中型坦克团、3 个重型坦克团、3 个自行火炮团和 3 个摩托化步兵团的装备，到 1950 年年底完成训练；炮兵准备向苏联购置 18 个高炮团的高射炮并配齐 10 个军的苏式火炮，也在 1950 年年底训练完毕。②

调整军事工作重点、集中做好战争准备，使新中国在朝鲜战争形势变得复杂时，能应对自如，立于主动。

抗美援朝战争一开始，志愿军的兵力就处于优势，但火力处于劣势，而且差距极大。1956 年 9 月 23 日，毛泽东在同苏共中央代表团谈话时说："（朝鲜）战争开始后，我们先调去三个军，后来又增加了两个军，总共有五个军，摆在鸭绿江边。所以，到后来当帝国主义过三八线后，我们才有可能出兵。否则，毫无准备，敌人很快就要过来了。"③1970 年 10 月 10 日，毛泽东在同金日成谈话时又说："可惜那时候只有五个军，那五个军火力也不强，应该有七个军就好了。"④

① 王顺才、申春：《汉江血痕：解放军第五十军征战纪实》，云南人民出版社 2005 年版，第 128 页。

② 军事科学院军事历史研究部：《抗美援朝战争运动战若干问题研究》，军事科学出版社 1994 年版，第 22 页。

③ 逄先知、金冲及主编：《毛泽东传》（1949—1976）上，中央文献出版社 2003 年版，第 108—109 页。

④ 逄先知、金冲及主编：《毛泽东传》（1949—1976）上，中央文献出版社 2003 年版，第 109 页。

6 ›› 中南海居仁堂作战室

"战略大脑"——统帅部是赢得战争胜利的关键。有一些统帅,他们不需要任何建议,而是自己审慎权衡,自己定下决心,幕僚只负责将其决心付诸实施。但这只是对伟人、巨将而言,这种人几乎数百年才出现一个。

现代战争,离不开高效的指挥决策机构。

抗美援朝战争的战略指挥体制,仍然延续了解放战争时期的模式。重大战略方案在充分征求、尊重前线指挥员意见基础上,由中央军委决定。只有在这种方式中,战区指挥员的战场现实感、作战方案构思、战局控制能力、作战指挥,才能与中央军委对全局形势的掌控比较好地衔接。志愿军对战场形势的判断、对作战时机的把握明显强于美军。

抗美援朝战争期间,在重大战略决策、关键性作战方案的决断上,毛泽东、中央军委拥有最高决策权。作为中央军委及总参谋部的核心参谋机构,中央军委作战室、总参作战室发挥了重要作用。

1949 年 10 月 19 日,中央人民政府人民革命军事委员会正式成立。毛泽东任主席,朱德、刘少奇、周恩来、彭德怀、程潜任副主席,贺龙等人为委员,由周恩来主持中央军委日常工作。

作战室是中央军委作战部的枢纽,也是中央军委、人民解放军总部机关的枢纽,由时任中央军委作战部部长李涛领导。中央军委作战室形成于解放战争时期。1948 年 5 月,中共中央、中共中央军委领导人从陕北迁至西柏坡后,为便于及时掌握作战状况、高效指挥重大军事行动并处理重大军事问题,中共中央军委副主席兼代总参谋长周恩来命中共中央军委作战部一局驻西柏坡,二局、三局驻附近村落。

中共中央军委作战部部长李涛"带领军委一局一室—— 一个只有 10 多人的小工作班子,驻在中共中央、中央军委领导人的驻地西柏坡村。在毛泽东、朱德、刘少奇、周恩来、任弼时 5 位(中共中央书记处)书记住处附近,设置了军委一局的办公室，即作战室"。①

1949年6月初，作战室随中共中央军委首长迁入北平（今北京）中南海，先在春藕斋办公，后迁至居仁堂。居仁堂位于中海西侧，是中南海院内少有的具有西洋建筑风格的两层楼房。1949年10月20日，中央人民政府人民革命军事委员会第一次会议就是在居仁堂举行的。直到1956年1月，居仁堂一直是中央军委的议事地点和指挥中心。中央军委议事和实施作战指挥，在居仁堂的一层。这一层隔成三个部分：中间是中央军委会议室，东侧是徐向前总参谋长和聂荣臻副总参谋长（后任代总参谋长）的办公室，西侧是作战室和李涛的办公室。李涛的卧室在楼上。

中央军委作战室成员，有"成普、刘长明、王亚志、陈保田、王连明、龚杰、徐亩元、王甲一，日常具体工作由成普（作战科科长）负责。作战室当时的主要任务是：遵照军委首长的指示，承办解放战争战略追击阶段的作战业务。军委、总部首长经常莅临作战室了解战况，研究处置作战指挥中的重大事宜"。②

从1942年11月到1952年4月，李涛任中央军委作战部部长，是战争年代领导作战部门时间最长的高级将领，经历了抗日战争的战略相持阶段、战略反攻阶段以及解放战争全过程和抗美援朝作战的关键时期。1950年5月1日，中央军委任命李涛兼任中央军委办公厅主任。

中国人民志愿军出国作战前夕，李涛根据中央军委首长指示，从中央军委作战部作战局抽调参谋人员，在中南海作战室的基础上，组成了总参谋部作战室，列入中央军委作战部编制序列，办公地点设在中南海居仁堂。该室的工作重心主要在抗美援朝方向，同时，继续承担国内战场进军、剿匪作战中的参谋工作任务。"总参谋部作战室有参谋人员12人，包括作战局副局长张清化，处长张一民、江右书，参谋刘长明、王亚志、陈保田、巫志远、

---

① 刘庆方：《开国上将李涛》，解放军文艺出版社2006年版，第223页。
② 刘庆方：《开国上将李涛》，解放军文艺出版社2006年版，第248页。

刘克宽、孙精言、张松生、刘承烈、邓汀等"。①1950 年 12 月，经毛泽东、刘少奇、周恩来审阅同意，中央军委任命张清化为作战部作战局副局长兼总参谋部作战室主任、张明任作战部作战局第二副局长兼作战部办公室主任。1951 年 1 月 31 日，中央军委又任命雷英夫为中央军委作战部作战局副局长；1951 年 12 月，任命雷英夫兼任总参谋部作战室主任。总参作战室的日常业务工作由张清化组织实施，重要事宜均经李涛把关。

7 ›› 战略方向调整

在接到任务调整的命令时，第 9 兵团第 20 军第 58 师师长黄朝天，正一肚子火，憋着气要骂人。他看着师党委秘书上课用的记录本，左认右认都认不出，最后还是骂了出来："他娘的，你这个洋学生画的什么符？念的什么咒？一本'天书'！存心整土包子！"②

黄朝天参加的是第 9 兵团举办的陆海空三军联合作战学习班，做攻打台湾的准备。授课的有地理气象专家、国际问题专家、原国民党军海空军技术军官。黄朝天从小参加红军，知识基础差，学习很吃力，但是上课非常认真，课后不散步，星期天不休息，还找来师党委秘书的记录本仔细阅读。

黄朝天当红小鬼时，就练习单臂举枪，最后，竟然右手和右臂比左手与左臂要壮实。

第 9 兵团司令员宋时轮虽已久经战阵，但也没想到形势、任务变化之剧。

在第二野战军、第三野战军、第四野战军加紧南下，围歼国民党军残余的脚步声中，毛泽东没有为捷报频传的前方胜利所陶醉，而是极富远见地将

---

① 刘庆方：《开国上将李涛》，解放军文艺出版社 2006 年版，第 305 页。

② 《党的英雄儿子》，2001 年自印本，第 258 页。

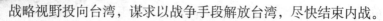

战略视野投向台湾，谋求以战争手段解放台湾，尽快结束内战。

随着国民党军队在大陆的溃败，解放台湾已成为统一中国之路上最为关键的考验与挑战。

1949年5月27日，人民解放军解放上海。6月14日、21日，毛泽东连续两次给华东军区发电报，就解放台湾的重大战略问题进行谋划，"提出要'开始注意研究夺取台湾的问题'……研究'台湾是否有可能在较快的时间内夺取？用什么方法夺取？有何办法分化台湾敌军'……还指出：不占领台湾，则国民党海、空军基地不能拔除，时时威胁上海及沿海各地；不占领台湾，则数十万吨船只不能取得，沿海沿江贸易受制于外航商业界。因此，无论从军事上，还是从政治经济上看，都必须把解放台湾的问题摆到重要的日程……希望我们能于1949年夏秋两季完成各项准备，冬季攻占台湾"。①

上述毛泽东对于台湾地位、作用的认识，以及解放台湾的战略思考，成为中国共产党人解决台湾问题的历史起点。显然，解放台湾是国共内战的自然逻辑延续与题中应有之义。解放台湾，将为求得持久的、和平稳定的国内环境，尽快医治多年战争创伤，恢复和发展国民经济创造条件。

毛泽东设想的1949年冬季解放台湾作战，由于条件还不成熟，被推迟至1951年。1950年3月上旬，时任华东军政委员会副主席粟裕谈了中央对推迟解放台湾的考虑："鉴于准备工作需要的时间相当长，各种作战装备及物资需要量也很大，所以将攻台作战时间推迟到1951年。尽管国家经济情况还很困难，但为了解放台湾，准备拿出60亿至70亿斤粮食充作战费，另以1亿美元作军事借款，来购置装备。"②

尽管作战发起之期后延，但攻台决心毫无动摇，解放台湾之战仍以只争朝夕的精神加紧准备。周恩来后来曾说："中央人民政府成立以来，解放了

---

① 《张震回忆录》，解放军出版社2003年版，第382页。

② 转引自《张震回忆录》，解放军出版社2003年版，第391页。

华南、西南广大地区和海南岛、舟山群岛等。这期间重要的是建设，大家忙于政府工作，部分力量搞军事。今年（1950 年）对军队提出了生产任务和考虑复员一部分，只用部分部队进行解放海岛和准备进军西藏，而在生产和复员上却用了很大力量"。①

根据中央的战略部署，第三野战军承担解放台湾的重任。1950 年 5 月，在张震赴北京出席全军参谋会议期间，粟裕指示他"把攻台准备情况再向中央军委作个汇报，并提出希望能增加第四野战军的 3 至 4 个军参加攻台作战"。②

在解放台湾战役的指挥员人选上，粟裕被赋予重托。考虑到攻台作战是全国和全军的重大战略行动，战役规模空前，需要陆、海、空三军协同，在党的七届三中全会上，粟裕"建议中央派刘伯承或林彪组织指挥台湾战役，

◎ 1949 年 9 月，第三野战军第 20 军第 58 师召开英模大会。全师士气高昂，表示要练好本领，打到台湾，解放全中国。

---

① 力平、彭红：《周恩来军事生涯》，解放军出版社 1997 年版，第 372—373 页。

② 《张震回忆录》，解放军出版社 2003 年版，第 392 页。

他本人作为华东地区的军政领导，全力协助"。① 但是，毛泽东明确指出：
"解放台湾之战仍由粟裕指挥。"

1949 年 6 月，中央军委赋予华东军区解放台湾的战略任务以后，从当年 7 月中旬开始，华东军区即调整作战部署，组建部队，进行攻台作战的准备，将"9 兵团的 20、26、27 军，再加 23 军集中整训，作为陆军渡海登陆作战的突击力量"。②

第 9 兵团时任司令员兼政委宋时轮，副司令员陶勇，参谋长覃健，政治部主任谢有法，副参谋长王彬，下辖 3 个军——第 20 军、第 26 军和第 27 军。

1950 年 6 月 25 日朝鲜战争爆发后，美国总统杜鲁门在 6 月 27 日发表声明宣称："对朝鲜的攻击已无可怀疑地说明，共产主义已不限于使用颠覆手段来征服独立国家，现在要使用武装的侵犯与战争……在这种情况下，共产党部队占领台湾，将直接威胁太平洋地区的安全，及在该地区执行合法与必要任务的美国部队"。③

杜鲁门态度的转变，结束了美国高层在对华政策上的分歧。早在 1949 年 12 月 29 日，以艾奇逊为代表的国务院及以布雷德利为代表的参谋长联席会议之间，曾经围绕对华政策选择和台湾地位问题进行过激烈辩论。布雷德利等人认为："国民党在台湾的地位比过去稳固，因此只需要相对低廉的费用，台湾便可以支撑得比美国预想的要久。这样，美国就可以对中国加强其自身政权的努力施加影响，因为只要共产党仍须与台湾抗争或解放台湾，就不会向东南亚实行扩张。"参谋长联席会议主张，按需要增加对台湾的军事援助并派遣军事顾问驻台。

时任美国国务卿艾奇逊强烈反对这些意见，他认为：(1) 必须承认，"共产党人事实上已控制了中国，中国被共产党人征服的原因主要不是在于武力，而是在于国民党自身的崩溃和共产党利用了中国长期孕育的土地革命。

---

① 《张震回忆录》，解放军出版社 2003 年版，第 394 页。

② 《张震回忆录》，解放军出版社 2003 年版，第 393 页。

③ 《杜鲁门回忆录》第 2 卷，世界知识出版社 1965 年版，第 395 页。

我们必须面对这一现实，即中国并没有抵抗共产主义的基础"。（2）防止共产主义蔓延到东南亚国家的方法是帮助该地区的国家建立内部安全局面，帮助它们发展经济和哪怕只是有限地提高人民的生活水平，这是"第四点计划"的基本精神。（3）即使按照参谋长联席会议的建议，增加对国民党的军事援助，也无非是使台湾推迟一年陷落，但为此付出的代价是美国的威信在公开失败中再次丧失，同时还会激起中国人民的仇恨情绪，并使苏联有借口在联合国控告美国与腐败的国民党沆瀣一气。而台湾对于美国的安全防务并无战略意义，因而，不值得付出这样的代价。（4）中国不受苏联支配是美国"在华的一项重要资产"，美国不应"以自己代替苏联作为中国的帝国主义威胁"。中国共产党人确实是马克思主义者，他们把苏联当作唯一的伟大盟友。但是，"我们的眼光要放远些，要从 6 年到 12 年而不要从 6 个月到 12 个月来看问题"。①

美国国家安全委员会第 48/2 号文件《美国在亚洲的地位》规定："美国应当通过适当的政治、心理和经济手段利用中共和苏联之间，以及中国斯大林主义者和其他分子之间的分歧，同时谨慎地避免给人以干涉的印象"。至于台湾，其"重要性并不足以采取军事行动"。"美国应尽一切努力以加强美国在菲律宾、琉球群岛和日本的总体地位"。② 可是，美国军方与国务院之间的争论并没有因为杜鲁门的态度而平息下来。在朝鲜战争爆发前，双方的争执越发激烈。1950 年 4 月 27 日，中国人民解放军攻克海南岛；5 月，败局之下的国民党军队又被迫从东南沿海的舟山群岛撤离。面对气数已尽的国民党，美国国务院驻台湾官员报告说，台湾的命运已经注定，中国共产党可能在 6 月 15 日至 7 月底之间发动进攻。美国国务院的态度很明确，就是放弃台湾，因而在给驻台湾总领事馆代办斯特朗的回电中，同意采取有关措施，以便为撤离台湾做好准备。

---

① 《美国对外关系》1949 年第 9 卷，第 463—467 页。

② 华庆昭：《从雅尔塔到板门店——美国与中、苏、英：1945—1953》，中国社会科学出版社 1992 年版，第 183 页。

美国军方在对台政策上的态度相当明确，就是长久地占领台湾，加强对台军援，用"援华法案"的余款为国民党台湾当局购置舰只和军火。

美国国防部部长路易斯·约翰逊建议：美国应不惜动用军队拒共产党于台湾之外。①

1950 年 5 月 29 日和 6 月 14 日，远东美军总司令麦克阿瑟先后向参谋长联席会议和陆军部递交备忘录，首次提出台湾在战时是"不沉的航空母舰这一说法"。麦克阿瑟认为：如果失去台湾，美国前沿阵地的中部及南翼在战略上将失去作用，或者是相形见绌，因为台湾在美国环形防线的正中心构成个突出部。如果守住这条防线，就可能赢得和平；失去这条防线，战争就非打不可。

麦克阿瑟对台湾战略地位的重视，源自他的欧亚大战略观。麦克阿瑟曾以基督启示性的语调说："欧洲的体制处于垂死阶段，正在日趋衰亡，终将为苏联的经济和工业霸权所统治……濒临太平洋并拥有亿万居民的地区，在今后一万年内，必将决定历史的进程。"

当时，美国国内的一些著名战略家认为，美国失去中国这个盟友的现实，决定了需要调整策略。这是一次陆海战略选择的转换。大陆上失去的利益，需要通过海上来弥补、平衡。在现代地缘战略家看来，中国位于欧亚大陆的边缘地带。美国著名战略家斯皮克曼就认为，谁支配着边缘地区，谁就控制了欧亚大陆；谁支配着欧亚大陆，谁就掌握了世界的命运。美国应加强与欧亚大陆边缘地区各国的联系，以增强自己的影响力和控制力。美国不能让任何一个国家控制欧亚大陆边缘地区，因而，控制台湾就成为争夺欧亚大陆边缘地带的重要棋子。

朝鲜战争的爆发，只是使美国当局在游移不定的战略抉择中，作出最后的决断。

美国全球战略是在第一次世界大战、第二次世界大战中逐步形成的。孕

---

① 资中筠：《历史的考验》，《人民日报》1982 年 7 月 13 日。

育这一战略的历史背景，赋予美国全球战略深刻的战争色彩。主动出击、运用战争手段解决利益分歧，成为这个新生帝国踏上历史舞台的标志。

美国在不断寻找对新中国进行控制的办法。破坏中国的统一，是美国对华战略棋盘上的重要手段。美国以朝鲜战争为借口，直接阻止中国实现统一的历史进程，将台海两岸的分裂国际化。

在采用战争工具来试探新中国反应与底线的策略上，美国最高决策层没有原则性的分歧，有的只是冒险程度的差异。

毛泽东赋予中国新生政权的精神底蕴不是软弱、退让、无能，而是血战到底的气概。

在战略上来说，毛泽东绝不容许悲观失望。强硬的对手，只能使他激发出更激昂的斗志。跨越浪漫主义与现实主义两极的性格，鲜明地体现在毛泽东波澜壮阔的革命岁月中。中国革命的性质是靠对手来衡量的。

铁血时代的思想家们早已总结出国势兴衰的法则：一个国家如果觉得自己在世界上强大、文明的各国中有资格占有一个地位，那么，遇到任何牺牲时就不可退缩。只有这样，才能为自己守住这些资产。

美国方面完全忽视了美军向鸭绿江挺进时，毛泽东感受到的威胁程度。1950 年 6 月 28 日，毛泽东在中央人民政府委员会第八次会议上说："杜鲁门在今年一月五日还声明说美国不干涉台湾，现在他自己证明了那是假的，并且同时撕毁了美国关于不干涉中国内政的一切国际协议。"①"台湾地位未定论"意味着，在法律上剥夺了中国实现统一的合法性。美国在台湾的行动，等于对中国宣战。

朝鲜战争的爆发，迫使台湾问题的解决不得不搁置起来，抗击美国的侵略不得不作为头等重大问题加以考虑。中央军委迅速决定改变战略部署。周恩来于 1950 年 6 月 30 日正式提出："陆军继续复员，加强海军、空军建设，

① 中共中央文献研究室编：《毛泽东年谱（1949—1976）》第 1 卷，中央文献出版社 2013 年版，第 159 页。

打台湾的时间向后推延。"①1950 年 8 月 11 日，毛泽东为中央军委起草致陈毅并告饶漱石电："台湾决定一九五一年不打，待一九五二年看情况再作决定。金门岛可决定在一九五一年四月以前不打，四月以后待命再打。"②9 月 29 日，毛泽东批示胡乔木："以后请注意，只说要打台湾、西藏，不说任何时间。各党派贺词中一九五一年任务我已全部删去，因其中有打台湾、西藏一项。"③

在对待美国阻挠中国解放台湾、实现统一，干涉中国内政，以及派兵介入朝鲜内战问题上，中国领导人没有局限于一时一地的得失，表现出苟且求安、懦弱怕事的心态，相反，体现出立国者富有远见的战略视野与充满智慧的策略。

如果缺乏眼力和魄力，对大局的认识就显得局促。每个时代都有自己独特的生活方式和精神气质。开国领袖们的心胸、气质是刀尖上滚出来的。

新中国之新，需要重建民族精神，必须改变中国人那种遇事圆滑、通融、敷衍的劣根性。一个民族如果没有昂扬的精神和向上的风气，只喜欢窝里斗，在存亡面前袖手旁观，就会走向亡国灭种的深渊。

血性，代表着一个民族良知的觉醒。抗美援朝战争，是中国人重塑血性的一次历史性机遇。

物质可以计算，但尊严与精神无价。物欲过度的社会往往缺乏远见。

新中国领导人之所以调整战略方向，暂时将解放台湾的作战行动搁置，就是基于对战略全局的判断。

战略是一种取舍的艺术。正确国家目标的确定，在于平衡多种利益。这要求精准确立国家的根本目标，防止目标的过度伸展，使之具有明智、合理

① 转引自《肖劲光回忆录》（续集），解放军出版社 1988 年版，第 26 页。

② 中共中央文献研究室编：《毛泽东年谱（1949—1976）》第 1 卷，中央文献出版社 2013 年版，第 172 页。

③ 中共中央文献研究室编：《毛泽东年谱（1949—1976）》第 1 卷，中央文献出版社 2013 年版，第 198 页。

的特性而不走极端。

这意味着在可行的限度内，必须区分紧迫的眼前挑战与真正战略性的长期挑战，避免一心关注前者而忽视或轻视后者。不能眼光短浅，只注意一时一地的事态和得失。

台湾与大陆的统一由于朝鲜战争爆发不仅变得异常复杂，而且使中国的分裂局面得以延续下去。在被迫推迟解放台湾的同时，东北地区的安全形势随着朝鲜战争爆发恶化起来。

朝鲜半岛纠集着中国国势盛衰的因子。甲午战争的导火索在朝鲜半岛，抗美援朝战争的触发点也在朝鲜半岛。

1950年夏，原本是中国大后方、重要建设基地的东北地区，突然成为迎战强敌的前沿。

1950年8月26日，周恩来在主持检查和讨论东北边防军准备工作会议时说："朝鲜战争爆发后，给了我们新的课题。美帝国主义企图在朝鲜打开一个缺口，准备作为世界大战的东方基地。它的总企图是不断地由一个一个战争推动为世界大战。在我们方面，就要将它发起的战争，一个一个地打下去，使它不能发展为大规模的战争。它如果压服朝鲜后，下一步必然进攻中国"。①

如果美军完全占领朝鲜半岛，中国的安全环境将发生根本性变化。东北地区的工业半数位于南部，距离朝鲜很近，在美军的轰炸范围内，发展生产、建设新中国的愿望肯定会落空。

东北地区是中国经济恢复和建设的重点地区，新中国的重工业半数在东北，"当时苏联在华专家一百二十人中，东北就有九十二人"。②当时，我国的重工业集中在东北，而东北的工业又集中在南部地区。鞍山、沈阳、抚顺、本溪离鸭绿江都不足200公里。鞍山以"钢都"著称，钢产量占1950

① 力平、彭红：《周恩来军事生涯》，解放军出版社1997年版，第372—373页。
② 房维中、金冲及主编：《李富春传》，中央文献出版社2001年版，第388页。

年全国钢产量的一半以上。抚顺以"煤都"著称，是当时全国最大的煤矿。本溪当时既出煤，又出合金钢，以"煤铁之城"著称；本溪钢铁厂是仅次于鞍钢的钢铁联合企业。鞍山和本溪的钢铁产量在1950年占全国的80%。沈阳当时是全国机械工业中心，有2000多家工厂、200多种工业。鸭绿江上的大型水力发电站，是当时亚洲最大的水力发电站，年发电量为70万度，供应着东北地区南部工业的电力。而吉林的丰满水电站的8台机组，在日本投降后被苏军拆走6台，只剩下2台，不能解决电力供应问题。如果美军占领了鸭绿江水电站，东北地区南部的大批工厂就要停工。

在美军入朝参战后，妥善解决东北地区的安全问题，就成为新中国领导人反复思考的重大问题。1950年7月20日，毛泽东致信斯大林说："在研究了我们出动到中朝边界上的部队之空中掩护问题，以及我国空军转入使用喷气式飞机并接收两个苏联空军师的一切器材的问题之后，我们欢迎您的提议，并对您及苏联政府给我们的帮助致特别感谢之意。我们拟将您派来掩护我们部队的喷气式空军师，驻扎在沈阳附近，两个团驻鞍山，一个团驻辽阳。这样驻扎，在与驻在安东（今丹东——引者注）附近我国空军混成旅所属驱逐团协同动作之下，可以解决掩护部队以及保护沈阳、安东、抚顺工业区的问题。"①

朝鲜战争爆发后，高岗曾提出迁移东北地区工业设备的建议。1950年9月3日，周恩来在致毛泽东、刘少奇的信中说："经与陈云、（薄）一波、（李）富春、（聂）荣臻面谈，均认为从目前形势看来，以加强积极防御较消极迁移为好；从迁移本身看来，大搬（鞍山、抚顺、本溪等）不可能，小搬可根据实际可能，分别现在就搬、布置好了再搬、等到非搬不可时再搬三类以及搬往北满或搬一部到关内两方面着手。"②

美军进入朝鲜参加地面作战后，中共中央立即研究了中国的周边环境，

---

① 中共中央文献研究室编：《毛泽东年谱（1949—1976）》第1卷，中央文献出版社2013年版，第165—166页。

② 房维中、金冲及主编：《李富春传》，中央文献出版社2001年版，第393页。

认为除朝鲜、中国台湾外，中国南方边境也出现了现实威胁。美国除大力加强对侵越法军的援助外，还有直接介入的迹象。因此，中共中央设想，同美国可能进行武装较量的战场有三处：中国台湾、朝鲜和越南，但对中国最有利的地点是朝鲜。对此，周恩来在中国人民志愿军干部大会上精辟地总结说：中美之间"较量是不可避免的，问题就看是选择在什么地方。这个当然是决定于帝国主义，但同时也决定于我们。帝国主义决定在朝鲜战场，这个对我们是有利的，我们也决定来抗美援朝。现在我们想一想三个战场，大家会懂，不论从哪条来说，如果在越南作战，更不要说是在沿海岛屿的作战了，那就比这里困难的多了。所以比较起来，最有利的地形，最便利的交通，最便利的物质支援，最便利的人力支援，最便利的政治动员，还有最便利于我们取得苏联间接的帮助，这不论从哪个条件上看，这三个战场来比，我看你们大家今天会同意最好的战场还是在这儿。这个地方较量了，那是最有益、最有价值、最值得、也最有利"。①

在越南，中国人民解放军可以出兵援助胡志明领导的越南独立同盟会，打击美国支持的法国殖民军。但是，入越作战的后勤供应极为困难，难以对法国军队形成有力打击。而选择在朝鲜作战，中国军队与朝鲜人民军一起打击美军，最有利于发挥中国方面的优势。美国如果在朝鲜得逞，还将逼使中国在另一个战场上跟它较量。它就要公开出兵越南，对中国形成南北夹击的态势。法新社透露，美军占领全朝鲜以后，将把朝鲜北部交给"联合国军司令部指挥下的国际军队占领，这支军队中，美国人尽可能少"，此外"建立一支包括六个师以上的朝鲜陆军"，把中国军队大量吸引在东北地区。周恩来说："鸭绿江一千多里防线，需要多少部队，而且年复一年，不知它哪一天打进来。"②

战争的目标无疑是政治性的，因而，拿起战争这把利刃的不是将军与士

---

① 《周恩来选集》下卷，人民出版社 1981 年版，第 302 页。

② 《周恩来选集》下卷，人民出版社 1981 年版，第 51 页。

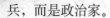

兵，而是政治家。

面对美国强大的经济和军事优势，抗美援朝战争究竟有无取胜的把握，不少人心存怀疑。

1950年10月27日，毛泽东在北京中南海接见王季范和周世钊时说："不错，我们急切需要和平建设，如果要我写出和平建设的理由，可以写有百条千条，但这百条千条的理由不能抵住六个大字，就是'不能置之不理'。现在美帝的侵略矛头直指我国的东北，假如它真的把朝鲜搞垮了，纵不过鸭绿江，我们的东北也时常在它的威胁中过日子，要进行和平建设也会有困难。所以，我们对朝鲜问题如果置之不理，美帝必然得寸进尺，走日本侵略中国的老路，甚至比日本搞得更凶。它要把三把尖刀插在我们的身上，从朝鲜一把刀插在我们的头上，以台湾一把刀插在我们的腰上，把越南一把刀插在我们的脚上。天下有变，它就从三方面向我们进攻，那我们就被动了。我们抗美援朝就是不许它的如意算盘得逞。打得一拳开，免得百拳来，我们抗美援朝，就是保家卫国。"①

对于出兵援朝是否有胜利的把握，毛泽东说："你们都知道，我是不打无把握之仗的。这次派志愿军出国，是有人不同意的，他们认为没有必胜的把握。我们中央一些同志经过周详的考虑研究，制定了持久战的战略，胜利是有把握的。我们估计，美帝的军队有一长三短。它的钢铁多、飞机大炮多，是它唯一的优势。但它在世界上的军事基地多，到处树敌，到处设防，兵源不足，是一短；远隔重洋，是它的第二短；为侵略而战，师出无名，士气十分低落是它的致命伤。虽有一长，不能敌这三短。我们要进行持久战，一步一步消灭它的有生力量。使它每天都有伤亡，它一天不撤退，我们就打它一天，一年不撤退，就打它一年，十年不撤退，就打它十年，这样一来，它就伤亡多，受不了，到那时，它就只好心甘情愿地进行和平解决。只要它

---

① 《百年潮》2009年第9期，第17页。

愿意和平解决，我们就可以结束战争，我们原来是要和平的。"①

战争的细节在历史学家笔下总是处在情理之中，而对当事人来说，一切都在迷惘之中，远超过正常的理智与情感所能接受的范围，往往需要超常的意志与勇气。戴高乐在1927年对法国陆军军官们所作关于领袖问题的一次演讲中说："领袖要具有强有力的人格，面对冲突、危机、重大事件时……往往是直来直去、不屈不挠，不顾社交风度……而且到达顶峰的路并非一帆风顺。"

作为领袖，意味着压力与考验。

美国方面认为，解放台湾是新生的"红色中国"政权的当务之急；但是没有预料到，毛泽东有气魄与胆量，主动调整战略方向。

没有束缚，就没有创造。充裕的物质手段，往往只能造就平庸的战略家。历史上，处于上升期或下降期的国家更容易产生大战略家。譬如，在新中国初升的朝阳中，毛泽东脱颖而出。又如，在大英帝国的一抹夕阳中走来了丘吉尔。

毛泽东重塑了现代中国刚健、昂扬的精神。抗美援朝战争是一道过去与未来、沉沦与崛起、衰败与复兴的分界线，也是衡量现实中国的历史尺度。

美国决策者曾经估计，中美之间最有可能在台湾海峡迎头相撞。麦克阿瑟调动远东地区的美军在仁川登陆时，也担心中国人民解放军乘机解放台湾。时任美国陆军副参谋长李奇微回忆，麦克阿瑟"特别关心台湾问题，他发誓说：如果赤色中国愚蠢地去进攻那个岛屿，他将火速赶去负责指挥"。

大战略家往往在未来世界蒙昧难辨之时作出重大决定。未来世界的复杂性，决定了这种决策具有很大的风险性与冒险性。稳健的策略可以降低风险的程度，但也会丧失更多的机遇。

看准了再下注，当然是最理想的状态，但赌场上下注在很多时候是看不准的。所谓战略家、军事家，与常人相比，就是在事情萌而未明、发而未显之时能准确判定走向的人。

当时，作为中国主要盟友的苏联，也感到中国调整战略方向、出兵朝鲜

① 《百年潮》2009年第9期，第17页。

的前景暗淡。斯大林对朝鲜战局，由盲目轻敌转向悲观。朝鲜战争爆发时，他没有估计到美国会出兵。美军在仁川登陆后，朝鲜处在危急关头，斯大林又通知中国方面："金日成同志到中国东北组织流亡政府。"

斯大林的性格中充满了投机色彩，从来不在乎道德的审判，利益永远是他居于第一位的追求。在朝鲜战场，只有当尘埃落地，输赢双方的局势已渐趋明朗时，斯大林才会坚定地伸出下注的手。

美国方面在战略判断上的失误，也为中国人民志愿军兵出朝鲜的突然性创造了条件。

20世纪50年代初，这两个国家，一个是刚刚新生，另一个是初握全球霸权，以战争的方式在历史转折关头相遇了。中美两个不同民族的理想、性格、力量，都在刀尖的碰撞中得到完美的解释。

自朝鲜战争结束以来，美军从未停止过总结战争经验、寻找失败的原因。在朝鲜战场，中国人民志愿军突然"逆袭"导致形势"翻盘"，是美军最大的战略困惑。

8 >> 能同美国鬼子面对面较量，实属难得

1950年9月初，陈毅进京领受任务。9月7日，陈毅返回上海后，在位于四川北路东江湾路的第9兵团司令部大楼，紧急召开该兵团军政干部会议，传达中央军委最新指示：解除第9兵团渡海作战的训练任务，于10月底开到徐济线附近，11月中旬开始整训。随后，华东军区制定了第9兵团北调山东的计划，拟采取分批开进的方式，于10月底前全部到达山东。

在这次会上，陈毅还特别强调：第9兵团随时应对帝国主义挑衅、准备与"天字第一号"的美国军队作战，这是很艰苦的任务，一定要完成好任务。[①]

① 参见陈毅在第9兵团军政干部会议上的报告（1950年9月7日）。

大战当前，第 9 兵团司令员宋时轮笑着说：打了一辈子仗，能同美国鬼子面对面较量，在战场上一决高低，实属难得之事。此行堂堂正正，师出有名啊！

毛泽东善用将，对宋时轮是欣赏的；在宋时轮入朝参战前，又专门接见。毛泽东说："时轮同志，为何劳师远征把你的兵团调入朝鲜，而不就近调动其他部队，这一点不用说，你是清楚的。中央军委要用人所长，要用部队所长。解放战争中，你兵团练就了一身的硬骨头，是善打阻击、勇战恶敌的部队之一。现在用你兵团，目的就在于此。"[1]

在华东军区上报的关于第 9 兵团北调执行办法的报告上，毛泽东批示："九兵团全部可以统于十月底开到徐济线，十一月中旬开始整训。该兵团在徐济线整训期间仍归华东（军区）建制，惟装备及整训方针计划受军委直接指挥为适宜。"[2]

在接到新的任务后，第 9 兵团加紧进行各项准备工作，但是，"由于任务变化很大而且突然：军事上，要由已经进行了将近 1 年的渡海登陆作战准备转变为在异国山地作战；思想上，要在很短的时间内做好对具有高度现代化装备之敌作战的准备；加以兵团进入江南后，抽调了大批干部和骨干去建设特种兵，补充了大批刚解放入伍的战士，所以，各项准备工作进行起来无不困难重重"。[3]

华东军区将第 30 军第 88 师、第 89 师和第 32 军第 94 师分别调入第 9 兵团所属 3 个军，使各军均下辖 4 个师，并将在苏南、上海等地招收的数百名青年学生，以及在四川起义的原国民党军第 16 兵团董宋珩部约 1.5 万人，分别补入第 9 兵团各军，基本达到了每师 1 万人、每军 5 万人的标准。当时，第 9 兵团共 12 师约 16 万人。

第 9 兵团召开军事教育会议，宋时轮主要讲了 4 个方面的问题。

第一，部队为何转入军事练兵。最近，帝国主义冒用联合国的名义侵略

① 《宋时轮传》，军事科学出版社 2007 年版，第 262 页。

② 《建国以来毛泽东文稿》第一册，中央文献出版社 1987 年版，第 498 页。

③ 《武功文事，彪炳青史——缅怀宋时轮将军》，军事科学出版社 1997 年版，第 427 页。

朝鲜和中国的台湾，我们应该在政治上、思想上、物质上做好反对帝国主义侵略的准备。美帝国主义侵占台湾、派飞机扫射安东，已经表明中国受到帝国主义侵略的威胁。为了保卫国防、保卫中央人民政府，按照上级要求，第9兵团北移山东机动位置，开展军事大练兵，准备随时执行作战任务。敌人从哪里来，我们就到哪里去打，要坚决执行上级的命令。能否完成任务则是我们考虑的问题，必须充分准备，加紧练兵。

第二，美帝国主义战术的基本特点。战术思想上强调钢铁的作用，步兵的战斗顽强性较弱；强调各兵种协同动作，认为单一兵种不能完成战斗任务；善于从困难的地形进行奇袭；提倡集结兵力积极进攻，防御能力差；步兵多采用疏散队形；部队在运动中与火力配合紧密；注重对指挥位置的选择；重视对指挥员的选择；强调各兵种与勤务保障部队的协同动作。因此，我们必须以作战对手的战术思想及装备为对象，来组织部队的军事教育训练，研究战法和对策，绝不可闭门造车。

第三，与美军作战的基本打法。制海、制空权在对方手中，我们必须出奇制胜，战场选择要力争减弱敌海军的作用；时间选择在夜间，减弱敌空军的作用；部队要精干，利于机动，战术动作应割裂对手、各个歼灭；以运动战为主、阵地战为辅；正规战与游击战相结合，从敌侧后出击。军事训练必须依照上述情况，学以致用。

第四，军事教育诸问题。方针：以美帝国主义为作战对象，开展有重点的战时教育训练。原则：少而精，3个月练兵计划的内容不要太多，要着眼效果，学一点，精一点；战术与技术结合，动作要熟练。教育内容：步兵以单个战士教练为主，再到班的战斗教练和技术教育；炮兵以技术教育为主、战术为辅，军以野炮为主，师以山炮为主，团以步兵炮、火箭筒为主；工兵的教育重点为架桥、开辟道路、土工作业、野战筑城等；通信兵着重技术教育。教育计划预定在1950年11月开始实施。①

①《宋时轮传》，军事科学出版社2007年版，第257—259页。

1950 年 11 月 13 日，毛泽东在周恩来给斯大林的电报稿中加写了一段文字："据我的观察，朝鲜的战局，是可以转变的。现在我志愿军十六个师在朝鲜西北战线方面，已给了敌人第一个打击，已经初步地立稳了脚跟，只要能再给该线敌人（八个师）以一个至二个较大的打击，就能将该线的防御局面改变为进攻局面，而这是有可能的。东北战线方面，我志愿军仅有两个师，敌人（五个师）还很猖獗，现正增派八个师去，准备给敌人一个打击，转变该线的战局。"①

第 9 兵团，被赋予扭转朝鲜东线战局的重任！

9›› 形势决定出征时机

1950 年 9 月 20 日，第 9 兵团在上海召开干部会议，宋时轮就部队北移山东及整训问题进行了部署。

（1）兵团全部北调：3 个军 12 个师（每师 1 万余人）、3 个军部和 1 个兵团部 3 万余人，共 15 万人。（2）北调部队分批出动：第 27 军于 9 月 25 日起程，北运泰安至大汶口一线；第 20 军在 10 月 3 日出发，北运大汶口至兖州一线；兵团部于 10 月 10 日起运，至兖州；第 26 军在 10 月 17 日出发，北运至滕县地区。（3）各部队到达目的地后，自行投入整训。军事上，干部着重研究美军战术、人民军队联合作战指挥（步炮协同、步兵与战车协同）；战士则以射击、投弹、爆破、土工作业四大技术，以及反战车、防空、侦察及夜间动作等训练为主。政治上，要在部队中广泛进行国际主义教育，树立保卫世界和平的思想，并结合形势开展思想政治工作。②

由于"南京下关轮渡损坏和铁路运力不足"③，原定 9 月 25 日开始的北

① 《建国以来毛泽东文稿》第一册，中央文献出版社 1987 年版，第 658 页。

② 《宋时轮传》，军事科学出版社 2007 年版，第 259 页。

③ 《武功文事，彪炳青史——缅怀宋时轮将军》，军事科学出版社 1997 年版，第 426 页。

上计划不得不推迟到 10 月初。"当时，全国正处于解放之初，铁路交通恢复运行不久，缺乏大兵团车运的经验，因此，对铁路运输部门和军队的指挥机关，组织大兵团的车运，都是一件不容易的事"。① 第 9 兵团第 20 军、第 26 军、第 27 军 3 个军全部由上海等地机动时，装运列车数量达到了 129 列。

10 月 2 日，毛泽东在致斯大林的电报手稿中写道："我们还正在从长江以南及陕甘区域调动二十四个师位于陇海、津浦、北宁诸线，作为援助朝鲜的第二批及第三批兵力，预计在明年的春季及夏季，按照当时的情况逐步使用上去。"②"中央军委原先准备在开战第二年春天再使用第 9 兵团"。③

如果按照中央军委对第 9 兵团的使用计划，宋时轮进行作战准备的时间还是较宽裕的。虽然出征重任在肩，但也并非箭在弦上之势，还有一个比较从容的作战任务调整、准备期。

当时，毛泽东对朝鲜战场形势的发展变化比较乐观，认为志愿军入朝作战存在一个先防御、后进攻的阶段，"位于北朝鲜的适当地区（不一定到三八线），一面和敢于进攻三八线以北的敌人作战，第一个时期只打防御战，歼灭小股敌人，弄清各方面情况；一面等候苏联武器到达，并将我军装备起来，然后配合朝鲜同志举行反攻，歼灭美国侵略军"。④

著名战略家基辛格也认为："在联合国军抵达平壤之后、北上云山之前，美国丧失了最后一次机会，从而使朝鲜半岛的战事升级为一场与中国之间的大规模战争。"⑤ 这应该说是当年美国最佳的战略选择，与毛泽东在战前的推断不谋而合。

---

① 金冶：《在统帅部的日子里》，华艺出版社 1994 年版，第 238 页。

② 逄先知、金冲及主编：《毛泽东传》（1949—1976）上，中央文献出版社 2003 年版，第 116 页。

③ 徐焰：《毛泽东与抗美援朝战争》，解放军出版社 2003 年版，第 156 页。

④ 逄先知、金冲及主编：《毛泽东传》（1949—1976）上，中央文献出版社 2003 年版，第 115 页。

⑤ 转引自〔美〕大卫·哈伯斯塔姆：《最寒冷的冬天：美国人眼中的朝鲜战争》，重庆出版社 2013 年版，第 5 页。

但是，麦克阿瑟偏偏选择了最坏的道路。

麦克阿瑟认为，要想有效地控制从中国东北到朝鲜之间的广大地区，美军就不能停留在鸭绿江以南的高地上。从朝鲜西部的洼地到中部、东部的丘陵，不利于防御。在整个朝鲜境内，找不出其他的防线比鸭绿江本身更适于防御的了。他断定："无论是出于军事上或者是政治上对防御的要求，都不能放弃这道可维护朝鲜领土完整的天然屏障。"①

麦克阿瑟强调，在横贯朝鲜半岛蜂腰部设置一条防线是根本无法实现的。"这样一条毫无纵深配置可言的防线是没有什么力量的，作为一种防御的方针，这样做必将招致敌军渗透，进而自己被包围，最后会被各个击破。"②

1950 年 10 月 7 日，美军在开城地区越过三八线，向北推进。③

关于抗美援朝出兵的时机问题，邓华、洪学智、解方等人曾从军事角度提出过建议："我入朝参战时机以敌人进到三八线以北地区为好，不仅更有政治资本，军事上也是有利的。"④后来，毛泽东在同苏共中央代表团谈话时，说到了抗美援朝的出兵底线："美帝国主义如果干涉，不过三八线，我们不管，如果过三八线，我们一定过去打。"⑤

美军越过三八线，使得中国方面无路可退，在战场上兵戎相见成为最后的选择。毛泽东在审阅修改中共中央关于目前时事宣传指示稿时，加写了一段话："美国如果竟敢在此时爆发世界战争，则其失败将更彻底，因为现在

① [美]詹姆斯·F.施纳贝尔：《朝鲜战争中的美国陆军》第 2 卷，国防大学出版社 1990 年版，第 298 页。

② [美]詹姆斯·F.施纳贝尔：《朝鲜战争中的美国陆军》第 2 卷，国防大学出版社 1990 年版，第 313 页。

③ [美]詹姆斯·F.施纳贝尔：《朝鲜战争中的美国陆军》第 2 卷，国防大学出版社 1990 年版，第 218 页。

④ 杜平：《在志愿军总部》，解放军出版社 1989 年版，第 21 页。

⑤ 逄先知、金冲及主编：《毛泽东传》（1949—1976）上，中央文献出版社 2003 年版，第 110 页。

美国的军事准备尚未完成，而和平阵营势力则大于美英势力。我们要和平，不要战争，但不能听任美国侵入中朝边界而置之不理。"①

形势的变化，迫使战争准备的节奏必须加快。

1950年10月7日，奉第9兵团的命令，第27军官兵自浙江平湖一带登车，于10月12日全部到达山东泰安附近地区待命，随时准备执行抗美援朝的作战任务。第20军由昆山、南翔、黄渡等站登车，在10月14日进入山东兖州地区，分驻于津浦铁路两侧。第26军官兵移交上海防务后，从市区及浦东撤出，也登车北上。

抵达山东后，宋时轮遵照华东军区的部署，与陶勇、覃健、王彬签署命令，将原国民党军第16兵团起义部队与第9兵团合编，第47军编入第26军，第41军（欠第124师）编入第27军，第79军及第124师、独立纵队、警卫团编入第20军，第16兵团兵团部的技术人员等调到第9兵团兵团部统一分配。②

就在第9兵团从上海、江浙机动至山东地区，准备进行以抗美援朝战争为中心的整训时，中央军委对第9兵团北上的时间又有了新的考虑。

毛泽东致电陈毅："请令宋时轮兵团提前北上，直开东北，何日能开动请告。"③

随即，陈毅复电毛泽东提出，第9兵团提前开东北一事，有以下建议请考虑："宋时轮部尚未进行动员，尤其装备尚待调整，冬衣未发，成都战役国民党起义的董宋珩兵团编入部队正待动员中。为使部队较为充实，准备较为充分，第九兵团向东北开动时间要求到十一月十五日以后。如即行出动则以现在上海与常熟地区之兵团部和第二十六军与董兵团直开东北，已到山东

① 中共中央文献研究室编：《毛泽东年谱（1949—1976）》第1卷，中央文献出版社2013年版，第229页。

② 《宋时轮传》，军事科学出版社2007年版，第260页。

③ 中共中央文献研究室编：《毛泽东年谱（1949—1976）》第1卷，中央文献出版社2013年版，第210页。

部队即尾兵团部开进（因尚需交涉车辆）。如此，我参战部队只能以现姿态参战，不能取得补充。我们考虑，如情况容许时，使宋（时轮）部取得稍时整理动员，时间以十一月中旬直开东北为好。为缩短到达东北时间，请令铁道部增拨车辆（现在每天五列车约七天运一个军），如能增加一倍，时间可更缩短。究应如何执行，请考虑示遵。"①

正所谓急流滩头慢行船。在急迫的形势之下，陈毅认为该慢则慢，所提建议也具有充分的合理性，在回复毛泽东的电报中所述皆是实情，都为后来第9兵团在朝鲜战场的作战经历所证明。

就在国内加紧准备之时，在苏联，周恩来与斯大林会谈后联名致电毛泽东："苏联可以完全满足中国提出的飞机、大炮、坦克等军事装备，但苏联空军尚未准备好，须待两个月或两个半月后才能出动支援志愿军的作战"。毛泽东收到电报后，决定召开中共中央政治局会议讨论此事。② 按照毛泽东与斯大林原先商定的，苏联派出空军进行支援，是中国方面援朝的重要前提条件。10月初，毛泽东在致斯大林的电报中说："既然中国军队在朝鲜境内和美国军队打起来（虽然我们用的是志愿军名义），就要准备美国宣布和中国进入战争状态，就要准备美国至少可能使用其空军轰炸中国许多大城市及工业基地，使用其海军攻击沿海地带。"③ 当时，斯大林曾经许诺，援助空军为中国的主要目标提供空中保护。

因此，斯大林突然提出"苏联空军尚未准备好"，需要延期支援中国人民志愿军作战后，毛泽东当然会慎重地对出兵援朝进行重新定夺。

在这种情况下，毛泽东致电彭德怀、高岗、邓华、洪学智、韩先楚、解方："（一）十月九日命令暂不实行，十三兵团各部仍就原地进行训练，不要

51

---

① 《宋时轮传》，军事科学出版社 2007 年版，第 261 页。

② 中共中央文献研究室编：《毛泽东年谱(1949—1976)》第 1 卷，中央文献出版社 2013 年版，第 211 页。

③ 逄先知、金冲及主编：《毛泽东传》(1949—1976)上，中央文献出版社 2003 年版，第 115 页。

出动。(二)请高岗、德怀二同志明日或后日来京一谈。"同时,毛泽东为中共中央起草了致饶漱石、陈毅电:"(一)十月九日命令暂不实行,东北各部队仍就原地进行整训,暂不出动。(二)宋时轮兵团亦仍在原地整训。"①

既然出兵援朝的大政方针尚待抉择,第9兵团北上之期也就从急迫变得缓和了。

突然间,准备出征的节奏似乎又可以缓一下。

毛泽东在中南海颐年堂,主持召开中共中央政治局会议,再次讨论中国出兵援朝问题。与会者一致认为,即使苏联不出动空军支援,在美军越过三八线、大举北进的情况下,我们仍应出兵援朝不变。当晚10时,毛泽东把这个决定电告在苏联莫斯科的周恩来:"与高岗、彭德怀二同志及其他政治局同志商量结果,一致认为我军还是出动到朝鲜为有利。在第一时期可以专打伪军,我军对付伪军是有把握的,可以在元山、平壤线以北大块山区打开朝鲜的根据地,可以振奋朝鲜人民重组人民军。两个月后,苏联志愿空军就可以到达。六个月后可以收到苏联给我们的火炮及坦克装备,训练完毕即可攻击美军。在第一时期,只要能歼灭几个伪军的师团,朝鲜局势即可起一个对我们有利的变化。""我们采取上述积极政策,对中国,对朝鲜,对东方,对世界都极为有利;而我们不出兵让敌人压至鸭绿江边,国内国际反动气焰增高,则对各方都不利,首先是对东北更不利,整个东北边防军将被吸住,南满电力将被控制。""只要苏联能于两个月或两个半月内除出动志愿空军帮助我们在朝鲜作战外,又能出动掩护空军到京、津、沈、沪、宁、青等地,则我们也不怕整个的空袭,只是在两个月或两个半月内如遇美军空袭则要忍受一些损失。""我们认为应当参战,必须参战。参战利益极大,不参战损害极大。"②

---

① 中共中央文献研究室编:《毛泽东年谱(1949—1976)》第1卷,中央文献出版社2013年版,第211页。

② 中共中央文献研究室编:《毛泽东年谱(1949—1976)》第1卷,中央文献出版社2013年版,第211—212页。

中央军委对第 9 兵团进退时机的选择，必须考虑朝鲜战场形势的发展变化，以及出兵援朝的作战目标、作战方案制定等因素。

1950 年 10 月 14 日凌晨 1 时，毛泽东致电陈毅："（一）宋兵团后尾部队酉俭全部离开上海、常熟地区是可以的，宋兵团仍照前定计划在泰安、曲阜区域集结整训一时期待命开东北；（二）高射炮团仍须即开东北"。[①]

毛泽东就第 9 兵团推迟开赴东北的原因，在 10 月 14 日凌晨 3 时致电周恩来，比较明确地进行了说明："美是否进攻平壤及何时进攻平壤，似乎尚未作最后决定。""金日成指挥的朝鲜各个尚能战斗的部队在三八线坚决对敌，南部人民军撤至三八线以北有五万余人，大部留在南朝鲜"。"彭德怀同志在安东研究情况后，认为如果我军能以一个军进至平壤东北方面约二百公里之德川县山岳地区，而以其余三个军及三个炮兵师位于德川以北之熙川、前川、江界地区，则第一，可能使美伪军有所顾虑而停止继续前进，保持平壤、元山线以北地区至少是山岳地区不被敌占。如此，则我军可以不打仗，而争取时间装备训练。第二，如元山、平壤两敌向北进攻德川等处山岳地带，则我军可以必要兵力钳制平壤之敌而集中主力歼灭由元山方向来攻之伪军，只要歼灭一二个或二三个完整的伪军师，局势就大为松动了。彭及高岗同志均认为打伪军有把握，他们和我一样，都认为参战为必需和有利。"[②] 总之，考虑到朝鲜战场上美军是否进攻平壤的情况不明，在这种情况下，东北边防军的 4 个军大体上可以应对局面。

10 月 14 日 21 时，毛泽东又致电周恩来，通报中国人民志愿军入朝作战的方针和部署："美军现尚停留在三八线，它进攻到平壤需要时间，由平壤再向德川进攻又需要时间。如平壤美军不向德川进攻，元山的伪军估计也难于单独进攻，这样就给我军的开进及修筑布防的时间。""我军决于十月

---

① 中共中央文献研究室编：《毛泽东年谱（1949—1976）》第 1 卷，中央文献出版社 2013 年版，第 212 页。

② 中共中央文献研究室编：《毛泽东年谱（1949—1976）》第 1 卷，中央文献出版社 2013 年版，第 213 页。

十九日开动，先头军步行二百公里至德川需七天，休息一二天，可于十月二十八日在德川、宁远线以南地区开始构筑工事。全军二十六万人渡过鸭绿江需要十天时间，即要到十月二十八日才可以渡江完毕。""为着准备在十一月内在敌进攻德川区域时打一个胜仗，我们决定还是出发二十六万人（十二个步兵师、三个炮兵师）均开进为好。在工事已经修好，敌又固守平壤、元山不敢来攻的情况下，再将军队的一半左右开回中国境内练兵就粮，打大仗时再去。""在我军开进半数修筑工事期间，朝鲜人民军方面还是继续抵抗，尽可能迟滞美伪两军前进为有利。"①"如时间许可，则将工事继续增强。在六个月内，如敌人固守平壤、元山不出，则我军亦不去打平壤、元山。在我军装备训练完毕，空中和地上均对敌军具有压倒的优势条件之后，再去攻击平壤、元山等处，即在六个月以后再谈攻击问题。我们这样做是有把握的和很有利益的。"②

总之，在对形势的判断上，毛泽东认为，志愿军入朝后不会立即与美军作战，而是先有一个相对稳定的防御期。因此，在初期的作战计划中，没有立即使用第9兵团、第19兵团的安排。

但是，美国方面对形势的判断完全相反。美国中央情报局在对中国干预朝鲜战争可能性的判断上认为，中国陆军部队虽然具有干预的能力，但从军事角度看，进行干预的最佳时机已经过去了。

10月15日，杜鲁门与麦克阿瑟在威克岛会谈以后，侵朝美军加快了战争升级的步伐。朝鲜临时首都平壤市，以及阳德、元山、咸兴等地相继沦陷。

战场形势瞬息万变。美军越过三八线，加速向中朝边境鸭绿江方向推进。毛泽东先前考虑的美军可能有所顾忌、知难而退等情况，都没有出现。

---

① 中共中央文献研究室编：《毛泽东年谱（1949—1976）》第1卷，中央文献出版社2013年版，第214页。

② 中共中央文献研究室编：《毛泽东年谱（1949—1976）》第1卷，中央文献出版社2013年版，第213—214页。

中美两军迎面相撞、直接交火的时间无疑提前了。

孙子说："先为不可胜而待敌之可胜。"战场上立于不败之地，比争得胜利更为稳妥。

在充满不确定性与风险的战场上，只要脚步没有到达终点，就永远不知道会在什么地方倒下。将者，国之辅也！辅周则国必强。麦克阿瑟背离了为将之道，焉能不败！

1950年10月15日凌晨1时，毛泽东致电高岗并邓华、洪学智、韩先楚、解方："（一）我人民志愿军决于十月十八日至迟十九日开始渡江前进，粮食等项则应立即前运勿延为要。（二）彭德怀同志本日或明日返安东。"[1]

10月17日17时，毛泽东就中国人民志愿军先头部队的出动时间，致电彭德怀、高岗并告邓华、洪学智、韩先楚、解方："（一）先头两个军请准备于十九日出动，明（十八）日当再有正式命令；（二）请彭、高二同志于明（十八）日乘飞机来京一谈。"[2]

10月18日，毛泽东主持召开中共中央政治局会议，再次研究中国出兵援朝问题。毛泽东听取大家的意见后说：现在，敌人已围攻平壤。再过几天，敌人就进到鸭绿江了。我们不论有天大的困难，志愿军渡江援朝不能再变，时间也不能再推迟，仍按原计划渡江。会议决定：中国人民志愿军按预定计划，于1950年10月19日跨过鸭绿江入朝作战。[3]

10月22日晨7时，毛泽东致电彭德怀、邓华："据伪一军团长二十日十时称，美十军团长命令该军团之首都师，即由咸兴向北青、城津推进，第三师集结咸兴。并谓美十军团部正向咸兴移动，其任务为指挥伪一军团作战（按美十军团由原在汉城［今首尔］之美陆战第一师及原在大邱之美第七

---

① 中共中央文献研究室编：《毛泽东年谱(1949—1976)》第1卷，中央文献出版社2013年版，第214页。

② 中共中央文献研究室编：《毛泽东年谱(1949—1976)》第1卷，中央文献出版社2013年版，第215页。

③ 中共中央文献研究室编：《毛泽东年谱(1949—1976)》第1卷，中央文献出版社2013年版，第216页。

师组成,海运元山登陆)。据此,似敌暂不去长津,于我有利。但彭(德怀)电派一个师占领长津及派必要兵力控制妙香山、杏川洞,仍甚必要,请速实行。还有小白山,也应派兵控制,确实隔断东西两敌。因我军在西面发起战斗后,东面伪军可能回援。"①

战场形势突变,迫使中央军委不得不临时紧急调遣华北军区第3兵团第66军入朝参战。

同日,天津警备区司令员杨成武接到通知,匆匆地从天津赶到北京,才得知中央军委的命令:"已决定将第六十六军编入志愿军序列,于十月二十三日上午离开天津,车运到安东。"②第66军的前身是晋察冀军区冀晋兵团,后改为华北军区第3兵团第1纵队,在解放战争中攻打太原时曾荣获"登城先锋"荣誉称号。战争结束后,第66军从1950年3月起便转入开荒生产,种植水稻2.7万多亩,种植大麦、高粱、玉米、花生等旱田作物近3.5万亩,并先后承包了天津9项水利工程。

第66军在10月22日接到命令时,"已是下午五六点钟,按要求第二天八点以前全部开出,只有十几个小时,而各部队的指战员们都在稻田收割打场,按照登车时间、地点,有的单位连回营房也来不及,要直接奔赴车站,动员工作都得在列车行进中进行。当时各师按口径调整枪支弹药的工作还正在进行,有的单位枪支还未发到战士手中"。③ 在军长肖新槐、政委王紫峰、副军长陈坊仁、副政委兼政治部主任张连奎、参谋长刘苏带领下,第66军按时出动。10月23日7时,毛泽东致电彭德怀、邓华并告高岗:"已令杨成武抽调六十六军开安东,先头师今日从天津出发,主力明日出发。到后,一个师担任维持新义州、定州线交通,主力在安东为彭、邓的预备队,该军到

---

① 中共中央文献研究室编:《毛泽东年谱(1949—1976)》第1卷,中央文献出版社2013年版,第219—220页。

② 《杨成武回忆录》下卷,解放军出版社1990年版,第340页。

③ 《杨成武回忆录》下卷,解放军出版社1990年版,第341页。

后受彭、邓指挥，请邓留人指示该军"。[1]10月25日14时，第66军就开始入朝。当晚，部队全部渡过鸭绿江。

形势紧迫，几支待命入朝作战的部队都提前行动。

譬如，按照1950年10月5日杨得志收到的毛泽东签发的绝密电报中的安排，"限你部十二月五日前赶到津浦铁路山东兖州、泰安、滕县一线集结待命"[2]，第19兵团还有足够时间进行临战准备。10月22日，毛泽东为中央军委起草致西北野战军暨西北军区代司令员张宗逊电："战事紧急，十九兵团部及主力两个军，须于接电后一个月内即十一月二十四日以前，完成一切出发准备工作，待命开东北，另一个军则可于十二月内出发。"[3]此时，第19兵团正在西安地区"一边整训一边开荒生产，同时准备抽调部分兵力，参加陇海铁路天水宝鸡段的工程建设"。[4]

瞬息万变的战场态势，也使第9兵团不得不调整备战计划，提前北上。

10月23日，毛泽东致电陈毅、张震："（一）请令宋时轮同志即来北京。（二）宋（时轮）兵团须从速进行政治动员和军事训练，并准备先开一个军去东北。"[5]毛泽东要直接了解第9兵团的情况。第9兵团准备在山东整训3个月的计划，也将发生变化。10月24日，毛泽东、周恩来接见了宋时轮。毛泽东作了两个决定：一是，第9兵团全部运到东北地区整训，并让代总参谋长聂荣臻和宋时轮具体商定第9兵团北运的详细计划，以及防寒装备问题的解决办法；二是，让朱德总司令亲自赴兖州，慰问第9兵团并进行战前动

---

① 中共中央文献研究室编：《毛泽东年谱（1949—1976）》第1卷，中央文献出版社2013年版，第223页。

② 《杨得志回忆录》，解放军出版社1993年版，第503页。

③ 中共中央文献研究室编：《毛泽东年谱（1949—1976）》第1卷，中央文献出版社2013年版，第220页。

④ 《杨得志回忆录》，解放军出版社1993年版，第490页。

⑤ 中共中央文献研究室编：《毛泽东年谱（1949—1976）》第1卷，中央文献出版社2013年版，第224页。

员。由此，足以看出毛泽东对第 9 兵团行动和实际困难的高度重视。①

10 月 27 日，聂荣臻向毛泽东报告：为增强志愿军的兵力，拟组织第 9 兵团入朝，干粮、棉衣等军需品正紧急补充，铁路运输计划也已经与铁道部部长滕代远商妥。毛泽东当天就批准了这个报告。②

虽已确定第 9 兵团前出至东北边境，但参战时机的选择仍然很重要，一切都取决于战场情况。毛泽东曾电告彭德怀、高岗，专门对第 9 兵团的使用问题给予指示："宋时轮已来京面谈，九兵团定十一月一日起车运梅河口地区整训，前线如有战略上急需可以调用，如无此种急需则不轻易调用。"③

此时，朝鲜战场东线美军的动向尚不能确定。

10 月 29 日，中央军委又下达新的指示，要求第 9 兵团速由泰安派一个军直接上朝鲜前线。此后，由于朝鲜战场东线的敌情发生变化，毛泽东在给彭德怀的电报中指出："东面伪首、伪三及美七师共三个师由咸兴向北进攻的可能性极大，必须使用宋时轮主力于该方面方有把握，否则全局不利。请你们考虑第二十七军十一月一日由泰安直开辑安或满浦直上前线外，余两个军是否接着开通化、辑安地区休整待命，以备必要时使用，盼复。"④

10 月 31 日 10 时，毛泽东致电宋时轮、陶勇、陈毅、饶漱石、张震、彭德怀、邓华、高岗、贺晋年，最后明确了第 9 兵团的作战任务：

（一）九兵团全部着于十一月一日开始先开一个军，其余两个军接着开动，不要间断。

（二）该兵团到后受志司指挥，以寻机各个歼灭南朝鲜首都师、第三师、美军第七师及陆战第一师等四个师为目标。该敌现位于

---

① 《宋时轮传》，军事科学出版社 2007 年版，第 262 页。
② 《聂荣臻传》，当代中国出版社 1994 年版，第 504 页。
③ 《毛泽东军事文集》第 6 卷，军事科学出版社、中央文献出版社 1993 年版，第 169 页。
④ 《毛泽东军事文集》第 6 卷，军事科学出版社、中央文献出版社 1993 年版，第 179 页。

城津、咸兴、元山及以北一带地区，有分路向临江、辑安方向进攻模样。

（三）兵站事务须自设机构办理。[①]

彭德怀在关于战役作战方案的设想中，考虑仍需集中兵力，准备由第38军、第42军甚至加上第40军由德川打出去。这样，朝鲜东线战场就必须完全由第9兵团负责。[②]

宋时轮回到兖州后，召开第9兵团军以上干部会议，传达毛泽东、中央军委的指示精神：（1）第9兵团结束在山东的整训，11月1日起出发，车运东北梅河口地区整训，前线如有急需就立即入朝；（2）第27军在11月1日出动，11月3日出动完毕，第20军11月7日出发，第26军11月10日出发，兵团直属部队11月13日出发，预计11月16日全部集结于梅河口地区；（3）第9兵团的防寒装备（主要指冬装）问题，由总参谋部协调解决（后经聂荣臻与华东军区联系，由华东军区解决；并限定华东军区在11月1日前，把第9兵团15万部队所需冬装全部发到指战员手中）。

10月29日，朱德受毛泽东之托到曲阜慰问第9兵团，并在该兵团团以上干部会议上作了抗美援朝的动员报告。全场气氛热烈，纷纷要求赴朝参战。朱德向中央军委报告说，第9兵团"士气甚高"。尽管第9兵团求战之心甚强，但是，战前有针对性的教育训练欠缺，后勤补给上的不足确实难以克服。后来，第9兵团在总结入朝参战经验时就认为：从思想上看，难以对部队进行充分的思想动员工作，并在短期内做好与拥有高度现代化装备的美军作战，树立敢于战斗、敢于胜利思想的工作。从军事上看，全兵团接受渡海作战训练任务后，部队进行了近一年的渡海登陆作战训练。这与执行异国山地作战任务完全是两码事，技术与战术要重新学习、训练和掌握。加之部

---

① 《建国以来毛泽东文稿》第一册，中央文献出版社1987年版，第634页。
② 《彭德怀军事文选》，中央文献出版社1988年版，第341页。

队进入江南地区后，补充了大批解放战士，又先后从部队调走了大批干部和连队骨干建设特种兵，造成部队中新提拔的干部多，指挥和管理经验均显不足。从组织编制上看，要吸纳国民党军起义部队，需用大量时间对其进行改造。从后勤保障上看，武器装备要重新调整，尤其是赶制御寒装备的问题迫在眉睫。

部队入朝作战、由和平状态转入战争状态，是180度的大转弯。时任总政治部副主任萧华在同第9兵团政治部主任谢有法谈话时说：要反复做很多的工作，克服和平享乐的情绪、"革命无头、战争无底"的疲沓情绪、要求复员等不良情绪。这不是讲两课就可以解决的。离开本国作战，在人民解放军的历史上空前未有，增加了发扬国际主义精神的问题。这就要看国际主义教育是否深入、有效了。过去是同蒋介石作战，今天是打洋兵，完全是现代化的战争、诸兵种联合作战。我们不仅要保持与发扬过去的经验，而且必须充实新的内容、学习新的经验。国外作战比国内作战的困难更多，要有足够的认识和足够的准备。①

自11月1日起，第9兵团第27军按照第79师、军部、第80师、第81师的序列，分头自泰安、大汶口一线火车站登车，由铁路向东北地区梯次开进。

11月2日，"高岗建议中央军委，尽速调第九兵团赴朝参战。李涛立即把高岗的建议报告了毛泽东，并谈了作战部的意见，同时报送了作战部起草的中央军委关于调第九兵团开赴东北集结待命的指示稿：第九兵团第二十七军由山东泰安地区调到中朝边境地区，主力在吉林辑安地区集结，先头师经长甸河口渡江入朝，在朔州以南地区阻敌北进，掩护后方基地安全；第二十军、二十六军调到梅河口、抚顺地区集结待命。毛泽东审阅后，立即签发了这个指示"。②

---

① 《谢有法将军文辑》，国防大学出版社2000年版，第210页。
② 刘庆方：《开国上将李涛》，解放军文艺出版社2006年版，第309页。

◎ 1950 年 10 月 29 日，志愿军第 9 兵团入朝参战前，宋时轮（右）在山东曲阜与
　 朱德合影

11 月 2 日 19 时，毛泽东致电彭德怀、邓华并告高岗："宋（时轮）、陶（勇）先头二十七军主力（两个师及军部）照你们意见开辑安，其一个师则依高岗同志建议迅开朔州从正面对付大安洞之敌，保障后方交通线，俟任务完成后再开辑安归队。"①

11 月 3 日 15 时，毛泽东致电彭德怀、高岗并告宋时轮、陶勇："（一）同意彭建议二十七军使用于新义州东北方向；（二）九兵团其余两个军应位于沈阳附近休整待机。"②

此时，第 27 军第一梯队第 79 师正进入吉林省通化地区。该师奉命改变原行军路线，不再到辑安集结，而是取近路，径直由安东入朝，参加西线作战。

第 27 军同时命令第 80 师、第 81 师于 11 月 4 日出安东先行入朝，准备加入第一次战役西线作战，和兄弟部队一起歼灭英军第 27 旅。

第 27 军先头部队到达沈阳后，改用汽车运凤城，转灌水，经宽甸至长甸河口渡鸭绿江，进至朔州以南，朝大安洞方向警戒，构筑阵地，阻击北进之敌，以掩护志愿军朔州兵站基地及后方联络线的安全。

11 月 4 日中午，第 27 军第 80 师、第 81 师部队抵达安东。为保守军事机密，遵照中央军委及东北军区的指示，官兵们取下了人民解放军的帽徽、胸章等各种标记，并收缴了原有的印信和文件。从这时起，第 27 军正式编入中国人民志愿军战斗序列，番号为中国人民志愿军第 27 军，归志愿军第 9 兵团指挥。

夜晚，第 27 军指挥所率第 80 师、第 81 师乘列车进入朝鲜境内。

21 时 20 分，第 27 军先头部队抵达白马一线；至 11 月 5 日黎明前，第 27 军指挥所进抵西上里，第 80 师位于南市洞、第 81 师位于枇枧集结。此

---

① 中共中央文献研究室编：《毛泽东年谱(1949—1976)》第 1 卷，中央文献出版社 2013 年版，第 236 页。

② 中共中央文献研究室编：《毛泽东年谱(1949—1976)》第 1 卷，中央文献出版社 2013 年版，第 236—237 页。

时，经过第一次战役的打击，朝鲜西线战场上的英军第 27 旅南撤，预期的威胁已经解除。因此，毛泽东令"第 27 军的先头两个师，到灌水后停止前进，待命归建"，北返辑安。随后，志愿军总部又令第 27 军已入朝部队撤回安东，准备改从临江入朝，投入东线战场，为改变朝鲜战局增添新的力量。

11 月 5 日 22 时，毛泽东致电彭德怀、高岗、邓华、宋时轮、陶勇，提醒他们注意：如果东线打得不好或打得不及时，江界有可能失守，美军将从东面威胁志愿军在西线的部队。西线的志愿军完全可能处于东西两线美军的合围之中，造成在全局上的不利态势。毛泽东指示："江界、长津方面应确定由宋（时轮）兵团全力担任，以诱敌深入寻机各个歼敌为方针。尔后该兵团即由你处直接指挥，我们不遥制。"①

中央军委决定，第 9 兵团第 20 军、第 26 军立即入朝，担负江界、长津方向的作战任务，以转变朝鲜战局。

第 9 兵团重任在肩。

11 月 5 日零时，奉第 9 兵团命令，第 20 军进抵梅河口集结，进行短期整补后准备入朝作战。第 20 军各师自山东的吴村、姚村、邹县、兖州等火车站登车，按第 59 师、第 58 师、第 60 师、军部直属部队、第 89 师的序列北进。车运时间 3 天，先后经过德县、沧县、天津、唐山、山海关、绥中、锦州、沟帮子、沈阳等地。

部队从山东出发时，一面上火车，一面补充新兵。例如，第 20 军第 58 师补充了国民党军起义部队和济宁地方武装第 17 团的 5000 多名士兵，但还来不及整训。

北上的列车中有 40% 是高边车，还有部分是闷罐车，车厢里铺着麦草，官兵们吃喝拉撒睡全在车厢里。第 59 师由山东吴村出发，"军列中有 2 节客厢，一节是司令部，另一节是政治部及文工队"。② 新华社第三野战军总分

① 《毛泽东军事文集》第 6 卷，军事科学出版社、中央文献出版社 1993 年版，第 197 页。

② 石晓华主编：《永恒的纪念》，上海三联书店 2010 年版，第 166 页。

◎ 1950 年 11 月 12 日，志愿军第 26 军在辽宁抚顺召开出
国作战动员大会

社记者李耐因回忆说："兵团部登上火车前进。野战部队坐的是闷罐车——货车。我们则享受优待，坐三等客车"。①

由于是突然北上，铁路运输能力不够的问题暴露出来。当时，周恩来致函毛泽东、刘少奇、朱德、聂荣臻："目前关内外运输极端拥挤，北上的部队和后勤物资赶着出关，关系国计民生的生产和生活物资也需要运输方能控制物价，故连日开会，规定运输计划，保证军事第一，贸易第二。"②

美军在元山登陆后，朝鲜战场东线的形势逐渐变得严峻。

11 月 5 日 22 时，毛泽东指示："九兵团之一个军应直开江界并速去长津。"③此外，在给中央军委作战部部长李涛的批示中，毛泽东就第 9 兵团的行动方向问题指出："即以二十军开辑安、江界待命。宋时轮应去江界指挥。二十七军暂在现地待命（南市洞、安东一带）。二十六军及兵团部在抚顺一带休整。"④

宋时轮立即命令，第 20 军直接开赴辑安入朝作战，第 27 军迅速从安东

---

① 薛群主编：《在血与火的战场上》，新华出版社 1999 年版，第 2 页。
② 《周恩来军事活动纪事》下卷，中央文献出版社 2000 年版，第 160 页。
③ 《毛泽东军事文集》第 6 卷，军事科学出版社、中央文献出版社 1993 年版，第 197 页。
④ 中共中央文献研究室编：《毛泽东年谱(1949—1976)》第 1 卷，中央文献出版社 2013 年版，第 238 页。

转运临江入朝作战。此时，第9兵团各部队在不同位置同时接到紧急向朝鲜出动的命令。第20军、第26军和第9兵团机关，大多还在南起山东、北至东北沈阳的千里铁道线上，第27军正在从朝鲜北返辑安的途中。为了坚决执行中央军委的命令，陶勇率领的第9兵团后方指挥所，在沈阳火车站直接向路过的列车下达开进命令；宋时轮带领前进指挥所，在辑安组织、协调、指挥全兵团各部队渡过鸭绿江。

宋时轮的部署是：

第20军经江界、中城干、尖洞、云松洞、平南镇、南尖镇，进至柳潭里地区隐蔽集结；

第26军到抚顺地区集结待命；

第27军由新义州以南至安东，乘火车进到通化、辑安、临江、八道沟地区，并由临江、慈城江口渡江参战。

陶勇、覃健、王彬到达沈阳后，抓紧时间，对部队突击进行入朝作战动员教育，并根据部队行动进展情况，随时补充和调整部署。

1950年11月6日清晨，"第20军前卫团第59师第176团所乘列车刚驶到皇姑屯火车站，铁道通信工区电台就向团长朱全林传达军委紧急命令：据可靠情报，麦克阿瑟计划使用空降第187团空降江界，提前封口，占领朝鲜全境。由于第9兵团前卫部队第27军已开向安东，一时来不及调转，兵团便急令第20军火速由辑安、临江等地入朝"。① 当列车到达梅河口时，由于辑安一线坡度较大，列车必须拆散编组后逐次通过，以致第20军入朝时建制被打乱。

装载部队时，是按列车长度和车皮容积进行的，因而，部队建制被分割，途中又遇到紧急情况，指挥系统被打乱。到了鸭绿江边，指挥员找不到自己的部队，部队也寻不着指挥机关。

时任第20军副军长廖政国后来谈到入朝情况时说："我们从兖州出发，

① 陆州：《铁血争锋》，解放军文艺出版社2009年版，第337页。

列车是按旅次行军编组的。在天津车站、山海关，总参谋部下达紧急命令，因为朝鲜战局急剧变化，20军立即入朝。这样一来，就没有了梅河口地区的一个星期休整，部队来不及补充，战前的一切准备都落了空。战前动员是在列车上进行的。至于针对美军

◎ 1950 年 11 月，志愿军第 20 军出国前在鸭绿江边举行誓师大会

作战特点进行战前训练，也没有时间进行。可以说，当时部队上下士气十分高涨，但对美军了解不多，广大指战员是带着美帝国主义是'纸老虎'的概念入朝的"。① 在表现出高涨的政治热情、强烈的战斗决心的同时，部队也产生了骄傲轻敌和速胜回国的思想，不少战士都认为"打一仗就回国"。

廖政国的看法非常能反映志愿军第9兵团的情况，尤其是"准备不足、仓促上阵"，极具普遍性。后来，第9兵团各军在总结入朝参战教训时，都提到战前准备不足的问题。第27军认为，部队无充分的战术训练准备，思想上、组织上的准备亦极为不足。连原定于1950年12月完成的整编计划，也不得不在临江仓促地进行各师炮兵团的编组、担架运输队的调整。物质保障工作的准备尤差。

第27军在解放战争期间以打大仗、恶仗、硬仗而闻名，能攻善守，是华东野战军的主力部队。每次战前，时任军长聂凤智都会根据对手的作战特点、阵地配备、防御设施等，命令修筑练兵场进行演练，并对战术指挥、战斗配合、火力协同等进行研究，这对夺取战斗主动权发挥了重要作用。但是这一次，部队从正式接到入朝参战命令到踏上朝鲜国土，仅有一周左右时间。

在临江期间，第27军司令部下发了对美军的初步研究成果，并颁布了

① 《铁军骁将》，1992 年自印本，第 226 页。

战术指示。由于缺乏实战检验，这些战术指示带有相当的假设成分。只是到长津湖之战结束后，在军事练兵中通过检讨总结战术指挥、战术动作，才使符合实际的战术思想逐步确立起来。在第 27 军政治部胜利报社编印的战地刊物《胜利》中，刊载有诸如《对美军战术特点的体会》《美伪军战术特点》等文章。

时间的紧迫，导致志愿军第 9 兵团缺乏针对美陆战第 1 师的战前训练，直接影响了战绩。

10 ›› 后勤先行，急如星火

聂荣臻曾经很有感慨地表示："严格地说，我们是从抗美援朝战争中，才充分认识到后勤工作在现代战争中的重要性的。打一场现代战争，在很大程度上是人力物力的竞赛。尤其对具有高度技术装备的美军作战，如果没有最低限度的物资保障，要战胜敌人是不可能的。"[1]

中国人民解放军历史上，没有哪场战争比抗美援朝战争更让人们深刻地认识到后勤在战场上具有的决定性意义。志愿军后勤体系的致命性弱点，使得战场优势难以转化为战场胜势。

志愿军在为基本的生存必需品绞尽脑汁，而美军后勤保障的重点却是装备。当时，被美军列为严重短缺的军械装备和物资包括：弹药、零件、直升机、推土机、牵引车、重型卡车、拖船和车胎垫补片。紧缺的工程机械包括：起重车、泵、发电机、碎石机、充气筏、突击艇，以及各种零件。在军需品中持续短缺的有：作战靴、打字机、叉车、降落伞、浴室设备、洗衣设备，以及各种零件。被列为紧缺品的通信设备有：野战被复线，以及甚高频中继设备和终端设备。

---

[1] 《聂荣臻回忆录》，解放军出版社 1986 年版，第 751 页。

在筹建东北边防军期间，中央军委就已经作出一系列重要决策，全面加强后勤建设。

1950 年 7 月 22 日，周恩来、聂荣臻在写给毛泽东的报告中提出：东北边防军的供应需要强有力的后勤组织方能胜任。东北军区后勤力量太弱，不能胜目前的大任。①7 月 26 日，中央军委决定："东北军区成立后勤部，以统一东北队及边防军的后勤工作"，"边防军即不单独成立后勤部"。②8 月上旬，东北军区后勤部正式成立，"下设后勤本部、政治部、财务部（负责财务和军需工作）以及军械、运输、卫生、营房等部，并编配了安东办事处、辑安办事处和兵站、医院、仓库、修理厂以及汽车、辎重等部队。任命李聚奎为部长，并陆续任命张明远（中共中央东北局秘书长）兼任政治委员，张明远（中南军区后勤部军械部部长）为副部长，苏焕清为副部长兼财务部部长，张济民为副政治委员兼财务部政治委员"。③

8 月 31 日，第 13 兵团司令员邓华、副司令员洪学智、参谋长解方，就赴朝鲜作战的后勤保障问题向中央军委报告："由于朝鲜国土狭小，且已经两月来作战的消耗与敌之轰炸破坏，朝鲜人民军的供应运输已很感困难。我军入朝作战的物资供应，主要部分必须由国内运去。问题的关键是如何及时送到前线去。朝鲜有两条主要铁路，东面的离海太近，受敌威胁太大；西面的桥梁较多。如我无对空、对海防卫保证，则两条运输线均有被敌打断之可能。公路上的桥梁也不少。桥梁的抢修，远不如敌机炸毁的快。同时，组织运输亦是一件艰巨的工作"。这份报告建议："要加强后勤机构，准备物资和足够的运输工具，同时派得力干部到朝鲜了解当地情况，吸收朝鲜人民军供应运输的经验"。④中央军委鉴于东北军区后勤部的任务日益繁重，决定"成立 3 个后勤分部，除东北自行组成 1 个外，由中南军区组成 1 个调东北，华

---

① 周中：《抗美援朝战争后勤史简编》，金盾出版社 1993 年版，第 10 页。

② 周中：《抗美援朝战争后勤史简编》，金盾出版社 1993 年版，第 10 页。

③ 周中：《抗美援朝战争后勤史简编》，金盾出版社 1993 年版，第 10 页。

④ 周中：《抗美援朝战争后勤史简编》，金盾出版社 1993 年版，第 13 页。

北军区组成 1 个待命。每个分部编制 2600 人，在东后领导下负责直接供应部队"。①

在加紧逐步完善后勤组织机构的同时，后勤部门还先期赴朝，考察后勤保障的条件、环境。1950 年 9 月 25 日，中央军委指派东北军区后勤部副部长"张明远和第 13 兵团司令部、第 39 军司令部、第 118 师、炮兵第 8 师的有关人员共 5 人，组成赴朝先遣组，以中国驻朝使馆武官名义前往平壤，经金日成首相批准，赴朝鲜有关地区勘察地形，了解与作战有关的情况"。②

10 月 8 日，毛泽东以中国人民革命军事委员会主席名义签署的关于组成中国人民志愿军的命令规定：中国人民志愿军以东北行政区为总后方基地，所有一切后方工作供应事宜，以及有关援助朝鲜同志的事务，统由东北军区司令员兼政委高岗调度指挥并负责保证之。10 月，李富春重返东北，"以东北局副书记、东北人民政府副主席、东北军区副政委的三重身份，全面领导东北地区的后勤供应工作"。③

根据毛泽东关于志愿军出国后，先在平壤、元山铁路线以北，德川、宁远公路以南地区构筑防御阵地，在阵地前分割歼灭"联合国军"的指示，李富春"将后勤组织分为东、西两个前方指挥部，分头负责东、西两线各部队的供应工作"。④西线安东方向，以 2 个分站在灌水和永甸河口、1 个分站在安东负责接收物资，另以 2 个分站进到新义州以南的马山布设供应站。东线辑安方向，以 1 个大站到武坪里布设供应站。这两个方向均由第 1 后勤分部负责，分部机关驻辑安。

根据战局的发展，东北军区后勤部从 10 月 9 日起，部署通往朝鲜战区的兵站线。刚开始的时候，由于第 2、第 3 后勤分部尚未组成，第 1 后勤分部力量有限，确定主要兵站线为辑安到江界一线。第 1 后勤分部留 1 个分站、

---

① 周中：《抗美援朝战争后勤史简编》，金盾出版社 1993 年版，第 11 页。

② 周中：《抗美援朝战争后勤史简编》，金盾出版社 1993 年版，第 13 页。

③ 房维中、金冲及主编：《李富春传》，中央文献出版社 2001 年版，第 394 页。

④ 房维中、金冲及主编：《李富春传》，中央文献出版社 2001 年版，第 396 页。

1 所医院分院在安东分别接收物资、伤员，必要时转移到安东以东的永甸河口；其余的全部在 10 月 11 日、12 日过鸭绿江，到江界以南的别河里、武坪里地区，准备执行对出国志愿军部队的保障任务。

　　1950 年 10 月 18 日，志愿军首批作战部队即将从安东、长甸河口、辑安先后过江，第 2、第 3 后勤分部也即将组成，东北军区后勤部确定部署 3 条兵站线。第 1 条为长甸河口、新仓、北镇线，由第 3 后勤分部负责。分部机关带 1 个大站驻新仓、北镇（第 3 后勤分部机关过鸭绿江后，因为战况变化，改驻朔州以北的金五洞），另 1 个大站驻长甸河口。志愿军部队前伸时，由分部派出随军兵站实行跟进保障。为弥补该线保障力量的不足，第 3 后勤分部另派 1 个大站在安东、龟城之间设辅助兵站线。第 2 条为辑安、别河里、武坪里线，由第 1 后勤分部负责。分部机关带 2 个大站驻别河里、武坪里一带，另派 1 个大站驻辑安。第 3 条为临江、周波、长津线，由第 2 后勤分部负责。分部机关带 2 个大站驻周波、长津一带，另派 1 个大站驻临江。①10 月 31 日，东北军区后勤部根据作战要求，对各后勤分部的位置和保障任务重新进行了部署，初步划定由第 2、第 1、第 3 后勤分部分别担负对东、中、西线作战部队的保障任务。

　　第二次战役进行过程中，由于志愿军部队进展迅速，后勤部署又作了部分调整，各条兵站线都向前延伸，随部队实施跟进保障。为了适应军事上东西两线作战的需要，东北军区后勤部组织了两个前方后勤指挥所。西线指挥所由张明远负责，组织指挥第 3、第 1 后勤分部对所供部队的保障工作；东线指挥所在第 9 兵团后勤部基础上，由部长官宗礼、政委黎同新、副部长刘凯夫负责，组织指挥第 2、第 4 后勤分部对所供部队的保障工作。②

　　在一般情况下，后勤分部跟进到军，将物资送到军后勤兵站仓库；军以下，按建制逐级跟进。遇有特殊情况，后勤分部直供到师，军后勤直供到

---

① 周中：《抗美援朝战争后勤史简编》，金盾出版社 1993 年版，第 17—18 页。

② 周中：《抗美援朝战争后勤史简编》，金盾出版社 1993 年版，第 31 页。

团。在战斗激烈、部队急需作战物资时，后勤分部和军后勤有时甚至直接将物资送到一线阵地。当部队急速运动时，师、团后勤部门组织精干的运输力量，携运急需物资，紧跟部队进退，实行伴随保障。

当时，由于缺乏现代战争经验，后勤组织体系的运转与理论上的方案之间存在不小差距。后方机关从理论计算上认为组织调整得当，就可以保证粮弹供应的看法，在实践中往往有不少差距。譬如根据保障计划，东北军区后勤部组织的第2后勤分部以及第9兵团新组建的第4后勤分部负责供应补给，但据第20军后勤工作总结摘要记载，第9兵团到辑安后，兵团后勤部无机关所在地，是直接和第1后勤分部接洽的。结果，部队在1950年11月12日入朝，到11月18日，运送50万公斤粮食的第一列火车才出发，造成赶不上部队的严重后果。

在理论上，战时后勤工作很简单。在实践中，战争摩擦的存在，使后勤工作的复杂性超出想象。志愿军第9兵团与美军鏖战于长津湖畔时，东北军区后勤部密切关注着前线的供应困难，其中，后勤体系运转不畅的问题比较突出。1950年12月10日，李聚奎、张明远在给中央军委并第2、第4后勤分部等部门的电报中说："如组织调整得好，保证三个军的粮弹供应，还是可以解决的。""在运输工作中究竟存在一些什么问题，你们的意见怎样解决？根据我们了解，已运到二、四分部的粮弹，根据你们的统计报告是很多的，被服也都送到分部，你们已实际发给各军多少？实存多少？从军到师的运输是怎样解决的？"同日，李聚奎、张明远又在给第2、第4后勤分部，以及第9兵团后勤部等单位的电报中说："九兵团各军粮食与被服虽均已运到铁路终点，由于未能全数补送给各军，冻饿现象已形成极严重的问题"，"关于运输力的组织管理及如何解决军、师的运输问题，必须立即加以检查解决"。

才刚刚开始在一场全新的战争中探索现代后勤的特点，志愿军必然会遇到保障方面的困难。

对志愿军后勤准备中遇到的众多困难，毛泽东曾批示："此事急如星火"。

根据朝鲜战场上的情况，为了确保志愿军部队在朝鲜作战期间能有稳定的后勤补给，后勤部门曾考虑将物资提前运到朝鲜。1950年8月21日，杨立三向中央军委并政务院总理周恩来，副总理兼财政经济委员会主任陈云，财政经济委员会副主任李先念、薄一波报告说："朝鲜北部缺乏粮食、油、菜，其他如汽油等均依靠苏联输入，勉强能筹措者只是烧柴、稻草（马草）、部分食盐及咸鱼。需由东北运去的物资为数甚大，而运输甚感困难。辑安通朝方铁道每列车只能拖载九个车皮。安东通朝鲜铁道不久前曾被炸断，修好后现又被炸断。如不早为筹谋，则将来有供不上的危险。故拟按照部队现在人数，筹备三十天至四十天的粮食、菜、油和马料，预先运到朝鲜境内适当地点分别储存，并筹三千桶汽油一并运去。如今后无事不需用时，则所供物资均给朝鲜。"①

对于将已经筹措的物资先期运过鸭绿江的问题，时任东北军区后勤部部长李聚奎回忆："周总理笑着对我说，你这个兵马未动、粮草先行的想法很好，不过，我们这次是出国作战，一举手一投足都关系重大，部队什么时候过江？仗什么时候打？现在还说不准。为了保密起见，物资先不要过江，但要抓紧时间积极尽快地做好一切准备工作。"②

10月11日，东北军区后勤部"按照命令开始向朝鲜北部突击运送各种物资器材，火车汽车一齐出动，到24日第一次战役前，已经将大批作战物资运过江去，但是，由于时间仓促、敌机轰炸、运输工具不足等原因，运送物资的预定计划没有能全部完成"。③ 这次共前运油料5300多桶、粮食8260多吨、油盐250吨、各种干菜1560多吨、马料1620多吨、枪弹1个基数、炮弹5个基数，以及其他物资。它们大都送到了指定的龟城、新仓、双芳洞、别河里、前川、中城干等地的兵站仓库。④

---

① 《杨立三文集》下卷，金盾出版社2004年版，第99页。

② 李卫雨：《上将李聚奎》，中共党史出版社2009年版，第113页。

③ 李卫雨：《上将李聚奎》，中共党史出版社2009年版，第114页。

④ 周中：《抗美援朝战争后勤史简编》，金盾出版社1993年版，第18页。

彭德怀要求，后勤物资的"预算要搞得大一些，要准备至少损失20%"。①

在志愿军入朝作战初期，后勤物资按照三线作纵深梯次储备。第一线在朝鲜境内，即龟城、新仓、别河里、长津线，共囤积汽油4000桶、枪弹1个基数、炮弹5个基数，以及供1个月食用的粮食、油盐、菜蔬和草料。第二线在鸭绿江沿岸，即长甸河口、辑安、临江线，共囤积汽油3000桶、枪弹1个基数、炮弹1个基数，以及供1个月食用的粮食、油盐、菜蔬和草料。第三线为凤城、灌水、宽甸、通化线，共囤积汽油3000桶、枪弹1个基数、炮弹1个基数及供1个月食用的粮食、油盐、菜蔬和草料。以上物资按当时志愿军出国部队的实力，可保障部队3个月供应及1个战役的作战需要。到9月底，东北军区后勤部储存的主、副食计有：粮食1.6万多吨、食油400吨、食盐430吨、各种干菜920吨、马料9000多吨、马草近4000吨。

按照最初的作战设想，志愿军入朝作战兵力为4个军，但实际上，参战兵力不断增加，后勤保障难以适应频繁的兵力调整。志愿军入朝时，按预定防御作战的战略意图，以运输线长150公里计算，战役后方需汽车1000多辆，实际只有700多辆。部队改取运动作战方针以后，运输线急剧延长到500多公里，汽车却只补充到2000辆左右。而志愿军参战兵力却不断增加，首批入朝的为4个军，为了加强志愿军的作战兵力，中央军委又命令第50军、第66军入朝参战。10月底，入朝部队达6个军。11月中旬，第9兵团入朝后，增至9个军。仅1个月时间，参战兵力就多了1倍。

11 ≫ 成吉思汗也不想征服

朝鲜战争结束后，美陆战第1师师长史密斯曾对美军战史学家谈到：长

① 李卫雨：《上将李聚奎》，中共党史出版社2009年版，第114页。

津湖地区根本就不适合军事行动，就算是成吉思汗也不会想去征服它。

朝鲜东线战场对决的起点或者说战争的开始不是来自对手，而是来自长津湖地区恶劣的环境。低温将影响大脑和中枢神经系统向肌纤维发送指令，导致手的灵巧度降低，完成战斗动作变得十分困难。

志愿军第9兵团在准备北上作战过程中遇到的最大难题，就是防寒被装的保障。

新中国成立后，人民解放军开始正规化、现代化建设，很快由单一军种发展为陆、海、空诸军兵种合成军队。军队供应方式也由分散的就地筹措、取之于敌，转变为主要依靠国家集中统一供应。为适应人民军队正规化建设的需要，解放军于1950年统一了全军军服样式，定名为"50式军服"，这是解放军历史上第一次分级别、分军种、分用途装备的军服。"50式军服"从1950年4月开始下发部队。

首批入朝的第13兵团都穿着朝鲜人民军军服——朝式带折直筒帽、立领黄呢军服、牛皮武装带、黄呢马裤、黑色长筒马靴……志愿军干部不戴军衔肩章，师职以上穿将官服、团营职穿校官服、连排职穿尉官服。士兵有穿朝鲜军服的，但绝大多数都穿解放军军服。后来陆续入朝的志愿军各部队，均穿着我军"50式军服"。①

当时，第9兵团的服装全按中国南方标准缝制。指战员们着此冬衣，无论如何也不能抵御北方地区的严寒。

1950年8月26日，在中央军委检查和讨论东北边防军准备工作的会议上，总后勤部副部长张令彬汇报时提出：南方部队北调时，加发一棉背心及一绒裤，再发一件大衣即可。

按照东北边防军的后勤补给计划，华东军区后勤部并没有做棉衣的任务。但是，1950年10月18日，总后勤部、财政部在给中央的建议中认为，应该"再准备棉衣二十万套"，"由东北、华北、中南、华东各做五万套"，

---

① 徐平、胡珺：《细说中国人民志愿军军服》，《中国国防报》2010年10月19日第21版。

并在 12 月完成。华东军区后勤部应该准备的棉衣为 5 万套，而且时限在 1950 年 12 月。冲突就在于，第 9 兵团出征之期不断提前，使得后勤保障越发被动。

抗日战争时期，宋时轮按照中共中央的指示，创建了雁北抗日根据地。雁北地区冬季最低温度约在零下 15 摄氏度。寒冷的气候对作战的影响程度，宋时轮有着切实的感受、深刻的认识。

长津湖所在的盖马高原，接近朝鲜半岛东北部海岸，地处高山，受寒流影响很大，每年 9 月下旬开始降雪，山腰积雪较厚。长津湖战役期间，气温在零下 30 摄氏度左右，最低达零下 43 摄氏度。

对于长津湖地区的作战环境，志愿军第 20 军副军长廖政国回忆说："我们军作战的地区，是朝鲜东北部的狼林山脉地区，海拔在 1000 至 2000 米之间，冬季这里就是高山严寒地带。1950 年冬天，又遇到西伯利亚寒流侵袭，最低气温曾达到零下 40 多摄氏度。这些情况，我们战前知之甚少。如果战前有时间准备，有兵要地志等情报资料参考，就可以作些必要的准备。但当时什么资料也没有，连 1∶5000 的作战用图，军司令部也只有一份。"

在领受入朝作战任务后，宋时轮首先想到的就是战士的防寒问题。华东军区在致毛泽东、中央军委并中共中央华东局的电报中提出："装具补充我们当尽全力满足其需要。目前该兵团冬衣系按江南气候缝制，恐不耐寒，寒区气候我们亦无经验体会，不知如何缝制才合标准，可否请东北装备御寒衣被、棉鞋帽等"。[1]

为了解决志愿军第 9 兵团的防寒装备尤其是冬装问题，宋时轮"曾与先头部队一同北上，立即到济南找山东省委和省政府，要求帮助解决第 9 兵团赴寒区作战的服装问题。山东省委和省政府答应尽全力帮助部队解决"。[2]离开山东前，宋时轮还在紧张地与华东军区后勤部部长邝任农，研究第 9 兵

---

① 《宋时轮传》，军事科学出版社 2007 年版，第 259 页。

② 《宋时轮传》，军事科学出版社 2007 年版，第 260 页。

团补给方面的马匹问题、医疗器械问题、军械问题、军需问题。

1950年10月29日晚，宋时轮到北京"同总后勤部长杨立三同志商议服装和车运等问题"。①10月30日，杨立三、贺诚、张令彬写给周恩来的《第九兵团行动前各项补给问题报告》中，关于军需问题，内容如下：

> 军需补充情形，宋（时轮）司令只知棉衣没有发给，且也不悉为何不发，其它情况他也一概不知。我们当即发电告华东军区如下措施：
>
> （1）由华东负责即补充发齐棉衣、棉被、子弹袋、炸弹袋、背粮袋及其它应有之人马装具。
>
> （2）由我们负责补给栽绒棉帽、大衣、背心、绒裤、手套、袜子及棉皮鞋。因一时赶不及，约于十二月二十五日前，可以前送东北补给该兵团。

对第9兵团后勤保障上的困难，中央军委高度重视。1950年10月30日夜，周恩来在《第九兵团行动前各项补给问题报告》上批示："原定于十月上旬先补充二十七军，现如分开，须于十一月内补充完毕，不能延至十二月中。"②

虽然各级都对解决第9兵团后勤保障问题非常重视，但后勤保障能力的提升及后勤保障准备，并非短期内能够解决的。根据东北边防军的后勤补给计划，志愿军的棉衣原定东北做24万套、华北做10万套。其他的，如华北军区后勤部负责做40万件棉背心、16万双棉皮鞋；华东军区后勤部负责做40万条绒裤、3万双棉皮鞋；中南军区后勤部负责做40万件棉大衣、6万双棉皮鞋；东北军区后勤部负责做棉手套、袜子各70万双，毛棉帽40万顶。

11月4日，在第9兵团兵团部由山东兖州开往辽宁沈阳途经天津时，宋时轮见缝插针地带了几位负责后勤供给的同志，再次赶到北京反映部队的

① 《谢有法将军文辑》，国防大学出版社2000年版，第159页。

② 《宋时轮传》，军事科学出版社2007年版，第264页。

围猎美军"王牌师"

冬装问题。"但此时部队已在开往东北的列车上，总部首长也只能寄希望于东北方面解决。宋时轮无奈，在向总政（副主任）萧华同志请教了若干东北地区防寒问题的注意事项之后，急匆匆离开北京追赶部队"。①

杨立三在写给周恩来的报告中说："防止冻伤极应注意，卫生部正拟具体有效办法中。（周恩来注：已告贺诚，赶印防冻手册，产发防冻药剂。）"②"请提出志愿军冬季装备的具体需要，以便筹措。（周恩来注：我们只想到加做皮毛鞋，每人两双，但时间需长。）"③

志愿军第 9 兵团作战处处长金冶回忆说："部队到沈阳后，进行物资准备的最后补充，然后再走。但部队刚到沈阳，补充还未完成，又受命提前出发，从安东过江入朝。正当部队风风火火赶往安东，有的已到，有的尚在途中，有的还未起运之时，又受命转向辑安。数十列列车由向东转而向西，时间又非常紧迫，部队行军序列被打乱，卸载地点要改变，列车调度难度很大……已到安东的列车，重新装载，改作后卫跟进；在途中的迅速转向；未运的直开辑安。"④

据时任东北军区副司令员兼参谋长贺晋年回忆，在沈阳期间，宋时轮又谈到部队行动匆忙，准备不足，冬衣严重缺乏的问题。

针对防寒问题上的不足，宋时轮曾考虑过志愿军第 9 兵团推迟过江，先解决好部队补给问题。

为此，在过江前，宋时轮又专门给高岗打电话，提出第 9 兵团推迟两天，换好装了再过江。宋时轮"分析敌情，完全可以。他要求直接向毛主席打电话，提出这个建议。估计毛主席是很可能同意的，高岗不同意时轮同志直接与毛主席通话。在此情况下，九兵团按原计划入朝"。⑤

---

① 叶雨蒙：《东线祭殇》，解放军文艺出版社 2007 年版，第 27 页。

② 《杨立三文集》下卷，金盾出版社 2004 年版，第 130 页。

③ 《杨立三文集》下卷，金盾出版社 2004 年版，第 131 页。

④ 金冶：《在统帅部的日子里》，华艺出版社 1994 年版，第 239 页。

⑤ 《谢有法将军文辑》，国防大学出版社 2000 年版，第 159—160 页。

宋时轮敢讲真话，有中国古代名将之风。

在战争年代，敢于直言、放胆建议，是一个真正军人的成色。在刀剑书写的人生中，谎言、虚情、躲闪，与真英雄无缘。

第 20 军在开赴东北地区前发齐了华东地区规格的棉衣，入朝作战必须使用的其他冬季装备集中在沈阳、梅河口一线，准备争取在部队过境时补充。时任第 20 军副军长廖政国说：我们的棉衣，是长江以南地区的标准，大檐帽、翻皮鞋，棉衣是一层薄薄的棉花。原定到梅河口换装，但由于仓促入朝，打乱了计划。

因为任务紧迫、时间仓促，志愿军第 20 军第 59 师、第 58 师没有补给，军部直属部队和第 60 师、第 89 师则只补给了少量棉帽及棉大衣。后来，将贮存在沈阳、梅河口的物资前运辑安，力争在部队下车时发放，但又因部队着急过江，也只发放了少部分。志愿军第 20 军第 60 师后勤处财务科干部陆剑英回忆："车直达沈阳后，暂住在东北军区招待所，我去东北军区后勤部领来六人的棉衣裤、皮帽、皮手套、毛皮鞋。当时听说部队列车通过沈阳时，在站台上只装部分棉衣，大部分同志仍头戴大盖帽、脚穿解放鞋，我们的部队就是在这种情况下入朝参战"。[1]

志愿军第 20 军直属机关的列车在沈阳火车站暂停时，东北军区副司令员兼参谋长贺晋年受总参谋部委托，前来了解该军入朝准备情况。副军长廖政国在火车站作了简短汇报。贺晋年当时就要求列车在沈阳火车站多停留 2 个小时，他立即赶回东北军区机关，动员干部战士把身上的皮帽、皮靴、大衣都脱下来，紧急送到火车站，发给部队。有些部队领到了一些，但总的数量大大不足，而且时间急迫，大多不配套。后来，志愿军第 20 军过了鸭绿江，行军一个多星期。1950 年 11 月中旬，气温有点回升，部队又是向南行军，干部战士们以为朝鲜南边的天气不会再冷。而且，徒步行军，战士背着枪支、弹药、米袋、背包已经够重了。这时，大衣、皮帽等成了负担，临时

---

① 陆剑英：《回忆抗美援朝战争中后勤保障工作的感受》。

由后勤部收起来留在当地。在随后的行军途中，第 20 军有些干部一看天气如此寒冷，立即把防冻保暖当作一项重要工作去做，叫战士们把棉被裁些下来，做成手套、耳套。

时任志愿军第 20 军第 59 师师长戴克林曾在诗中说："熊熊战火照江岸，匆匆赴朝挽狂澜。鸭绿江桥方跨过，满目疮痍山河残。长津湖畔冰雪寒，战天斗地把敌斩。捷报频传欢声里，将士犹着单身衣。"①

后来，志愿军政治部组织部部长任荣在报告第 20 军的情况时，也谈到了部队官兵冻伤的原因：急促，准备不够，政治动员、物资准备不够，有些防寒物品根本没有发到。②

志愿军第 9 兵团从接受任务到出国作战，计划不断调整，时间不断提前，准备行动仓促，也导致后勤补给上的紊乱。有的部队甚至接到这样的命令："重型装备就留在火车上，在火车站进行动员准备，随时待命出动"，"各种补给在火车站内进行，冬装在火车站内发给"。③ 时任第 27 军第 79 师第 236 团营教导员李炳章回忆说："不要手续，上去就扛……我们营棉衣、棉帽、大衣都弄到了，就是没抢到棉鞋"。④

志愿军第 27 军往返调动频繁，也直接影响了后勤补给工作。1950 年 11 月 3 日，第 27 军第 79 师、军部抵达抚顺以东的章党车站。当天晚上 20 时 15 分，第 27 军受命立即进入朝鲜西部地区参战，准备歼击英军第 27 旅。11 月 4 日 12 时，第 27 军军部折经沈阳南下抵达安东，即率由泰安直接运抵安东的第 80 师、第 81 师首次入朝。11 月 7 日，因敌情变化，第 27 军军部及第 80 师、第 81 师撤回安东。11 月 8 日，第 27 军再次奉命准备歼击入侵朝鲜东部长津湖地区之敌。11 月 9 日，该军从安东分批启运，再经沈阳开赴临江。

① 《烽火征程》编辑委员会：《烽火征程》，中国美术学院出版社 1994 年版，第 89 页。
② 《谢有法将军文辑》，国防大学出版社 2000 年版，第 218—219 页。
③ 《武功文事，彪炳青史——缅怀宋时轮将军》，军事科学出版社 1997 年版，第 430 页。
④ 叶雨蒙：《东线祭殇》，解放军文艺出版社 2007 年版，第 38 页。

东北军区后勤部在沈阳、皇姑屯、通化、临江等火车站，都堆有棉衣、棉帽等。第 27 军后勤部抓住部队第二次、第三次途经沈阳的机会，拦车发放寒区用棉大衣、棉鞋各 35%，绒帽 66%。但是，"（第 27 军）一九五〇年发的冬服及华东送来之绒衣，是在一九五一年严寒已过的二月，才全部发放完毕的"。①

志愿军第 27 军缺乏寒区作战经验，误以为朝鲜东北部的气温和中国辽南的差不多，对进入寒区作战面临的问题估计不足。② 思想上也不同程度地存在轻敌倾向，认为"一条干粮袋打到南朝鲜"。此外，第 27 军得知负责朝鲜东部地区志愿军后勤保障的第 2 分部是刚组建的，机构不健全，物资尚在筹措时，遂决定组织部队轻装，多带粮食、弹药。在轻装过程中，部队将刚补充的部分棉大衣、绒帽、棉被和全部棉手套都留在临江，仅携运了枪弹 2 个基数、炮弹 1.5 个基数、给养 5 日份。

1950 年 11 月 12 至 18 日，部队分批由临江入朝，迅速向集结地域开进。此时，寒流肆虐。当气温骤降至零下 40 多摄氏度时，部队官兵衣装单薄，加上连日战斗，休息不好，吃冷饭、饮冰雪，无法抵御寒冷的侵袭，冻伤减员极为严重。③

当时，志愿军最大的敌人是严寒。部队毫无寒区作战经验，冻伤减员异常严重，大大超过了战斗减员。战争对人的精神、心灵、意志的考验在推向极致，对人的生理、体力、承受力的考验也在推向极致。

时任志愿军第 9 兵团政治部主任谢有法回忆说："作战地区是朝鲜最冷的地带，如梅花山、黄草岭等冰带地区，山的顶部及凹部常年有积雪，人口稀少，粮食缺乏。故我在作战时气温在零下 30 多摄氏度，部队缺乏冬装防寒，在冰雪冻冷之下与敌和自然界作战，许多战士的手脚冻坏，枪炮也时常

---

① 《抗美援朝战争后勤经验总结（军以下后勤类）》，金盾出版社 1986 年版，第 347 页。
② 《抗美援朝战争后勤经验总结（后勤战例选编）》，金盾出版社 1986 年版，第 339 页。
③ 吕永康：《军需大事回眸》，军事科学出版社 2007 年版，第 120—121 页。

发生故障。因手冻坏，枪机打不开，手榴弹掷不出去，脚也走不动"。①

志愿军第 9 兵团的冻饿减员超过了战斗伤亡。②第 20 军第 3 医疗队接收了 1800 名伤员，仅有 90 床血被，血衣一件也没有。当时正值严冬季节，伤员在零下 30 多摄氏度的严寒中穿着破烂不堪的血污棉衣，十分痛苦，加重了伤情。③第 26 军在零下 30—零下 35 摄氏度的严寒下，连续行军作战，白天部队于雪山隐蔽，夜晚行军作战，使部队过分疲劳，体力不支。

志愿军第 27 军"因缺乏防冻工作之准备，不仅影响运输供应，而且因冻伤减员者，占全军总人数百分之二十三（有的连队占百分之八十五），相当战伤总人数百分之三十七点五"。④

1950 年 12 月 22 日，东北军区后勤部政治部宣传部干事谢宁来到长津湖战场，看到烈士的遗体，都是头戴大檐帽、脚穿回力球鞋的。⑤在美陆战第 1 师官兵眼中，许多志愿军战士因为酷寒而死去，身上半点儿子弹或弹片的伤痕都没有，只穿着网球鞋式的鞋子在零下 30 多摄氏度的严寒中行动，四肢都冻坏了。

对志愿军第 9 兵团因冻伤减员的问题，宋时轮始终是耿耿于怀，"战后曾多次作过恳切的检查"。⑥

美军在防寒物资准备上则要充分得多，其防寒能力是志愿军根本无法具备的。美陆战第 1 师给所属部队发放有关教材，进行防冻训练，在连队建立了防冻训练小组，尤其重视防寒物资的补给。

美军认为，在严寒地区作战，除食品、油料外，防寒物资最为重要。美军士兵均配发羊毛内衣、毛衣、毛裤、带帽防寒服、防雨登山服以及鸭绒睡袋，外衣以特殊的防寒防雨材料为面料，战斗靴里为适应高寒地区，还特意

① 转引自张铚秀：《阵中实录》，军事科学出版社 2000 年版，第 443 页。

② 《抗美援朝战争后勤经验总结（专业勤务类）》，金盾出版社 1986 年版，第 230 页。

③ 《抗美援朝战争后勤经验总结（专业勤务类）》，金盾出版社 1986 年版，第 267 页。

④ 《抗美援朝战争后勤经验总结（军以下后勤类）》，金盾出版社 1986 年版，第 344 页。

⑤ 《解放军档案》2009 年第 3 期。

⑥ 《武功文事，彪炳青史——缅怀宋时轮将军》，军事科学出版社 1997 年版，第 430 页。

配有多层毛毡垫。当时，"美国海军部正在试制各种防寒衣料，特别是正在试验各种长筒靴。试制的防弹背心已交付师侦察连试用"。[1] 志愿军第 9 兵团缴获的美军服装中，有"鸡毛被、毯子、军衣、军裤、毛大衣、线衣、线裤、卫生裤子、小皮袄、夹被、汗衫"。

美军各连队都装备了棉帐篷、火炉等。每班、每辆汽车均配备小汽油炉。担任警戒值勤的人员，采取轮换的方法到帐篷里取暖。不论是外围警戒的士兵，或者远离防御阵地长时间暴露在酷寒下进行攻击的部队，回来时，都会轮流到有火炉的营帐取暖。在这些营帐中，他们能够将袜子烘干，并且让防寒鞋解冻。在那里，还有热咖啡和在滚水中加过热的口粮、罐头供应。由酷寒及过度消耗体力引起的重度休克病患，则可以在有火炉的营帐中休息 24 小时，然后就回到阵地执行任务。美军的食品有肉、豆制成的熟食罐头，甚至有蔬菜、水果罐头等供应。

虽然美军在防寒方面已经进行了比较充分的准备，但美陆战第 1 师开始向朝鲜北部推进时，寒冷仍然使许多官兵发生严重的休克反应。数以百计的士兵来到医护站，表现得有如经历迫击炮和大炮猛烈轰击过的士兵一样，有很显著的颤抖现象，但并非单纯地因为寒冷而致。他们可以用兴奋剂来治疗。在比较不严重的病例中，一杯白兰地加上一点炉火的热量通常可以让他们很快地恢复过来。当处于休克状态时，这些人的心理与生理状态都有显著的改变。许多士兵茫然地瞪视着空中，似乎对别人的话完全没有反应。有些人啜泣良久，却一言不发。[2]

由于美陆战第 1 师采取了一系列防冻措施，防寒物资供应比较充分，有效地降低了冻伤减员。即便如此，1950 年 11 月 28 日至 12 月 7 日，该师的冻伤事故共发生 1500 多起。长津湖之战中，美军的非战斗减员很多。据美军统计，大约 20% 的士兵患有呼吸道疾病，病症从重感冒到肺炎都有。

---

① 日本陆战史研究普及会：《朝鲜战争》（中部），国防大学出版社 1990 年版，第 227 页。
② ［美］乔治·马歇尔：《中共部队的进攻战斗》网络版。

第三章　十面埋伏

谱不可以尽弈之变，法不可以尽战之奇。

战争的逻辑是一种反常的逻辑，明显符合正常逻辑的行动要失败，反常的行动却能成功。毛泽东深知兵家精髓，从不在对手预想的方向上出招。

12 ›› 兵以奇胜

战争历来是鉴识名将的最好试金石。第二次世界大战中，那个时代主要军事强国的将领都在战场上各展风采、比拼高低。在赢得战争胜利的同时，美军涌现出一批名将，美军将领也才真正开始进入世界一流名将的行列。曾任美军陆军参谋长的乔治·马歇尔五星上将、远东美军总司令道格拉斯·麦克阿瑟五星上将、盟军最高统帅德怀特·艾森豪威尔五星上将、美第3集团军司令小乔治·巴顿上将，被称为20世纪美军历史上最杰出的将领。

但是，在朝鲜战场的较量中，美军最优秀的将领——乔治·马歇尔、道格拉斯·麦克阿瑟、德怀特·艾森豪威尔都暗淡无光。

麦克阿瑟最先感受到了志愿军锐利的锋芒。

朝鲜东线战场山高坡陡、沟多林密、道路不畅，使得美第10军向前开进的速度落后于西线部队，形成"西快东慢"的格局。东西战线进展不平衡以及被山脉分割成两个相对独立、隔绝部分的特点，正是志愿军谋兵布势的着眼点，有利于乘隙而为。

在志愿军出国参战之初，毛泽东就已经对朝鲜东线战场的发展变化前景作出了相当准确的预判。

1950年10月21日凌晨2时30分，毛泽东关于志愿军打好出国第一仗问题，在发给彭德怀，并告邓华、洪学智、韩先楚、解方、高岗、贺晋年的电报中，对充分利用美军东西两线分兵冒进的有利时机，争取赢得作战胜利，作出明确指示："截至此刻为止，美伪均未料到我志愿军会参战，故敢于分散为东西两路，放胆前进。""估计伪首、伪三两师要七天左右才能进到长津，然后折向江界。我军第一仗如不准备打该两师，则以四十二军的一个师位于长津地区阻敌即够。四十二军的主力则宜放在孟山以南地区（即伪六师的来路），以便切断元山、平壤间的铁路线，钳制元、平两地之敌，使之不能北援，便于我集中三个主力军各个歼灭伪六、七、八等三个师。""此次是歼灭伪军三几个师争取出国第一个胜仗，开始转变朝鲜战局的极好机会，如何部署，望彭、邓精心计划实施之。"①这份电报反映了中央军委和毛泽东对朝鲜战场东西两线形势的基本判断，以及初步作战意图。

在这份电报中，毛泽东已经对朝鲜东西线战场的轻重缓急作了区分。更令人叫绝的是，毛泽东对美军在东线战场的战略走向做到了精确锁定，认为美军在朝鲜东线战场上最可能的发展方向，就是兵出长津后，向西折向江界，实现东西两线战场的贯通配合，这是最能够威胁志愿军的作战方案。

难得者，机也。在战争中只有一个有利的时机，能抓住此时机就是天才。军事智谋的第一个特征，就是能够区别哪些能做到、哪些不能做到。

根据毛泽东的决策，1950年10月22日，邓华提出作战设想："立即集中3个主力军于西线作战，分别歼灭伪第6、7、8师……东线以42军的一

---

① 中共中央文献研究室编：《毛泽东年谱（1949—1976）》第1卷，中央文献出版社2013年版，第217—218页。

个师附一个炮兵团坚守长津地区，阻击伪首都师、伪第3师，以该军主力首先控制小白山区，视情况再向孟山以南地区挺进。"[1]

随后，志愿军司令部令第42军迅速赶赴东线，在长津湖及其以南的德实里、旧津里一线建立防线，阻击东线的"联合国军"。此时，东线战事已非常紧急，南朝鲜第1军团的先头部队逼近长津湖地区的门户——黄草岭和赴战岭，而朝鲜人民军在该地区只有两个步兵连和少量坦克及炮兵。志愿军第42军由辑安进入朝鲜后，集中所有车辆，紧急运送两个营抢占黄草岭和赴战岭。1950年10月27日，志愿军第42军及配属的炮兵第8师第45团全部到达黄草岭和赴战岭地区，并迅速展开防御部署。

志愿军第42军第124师、第126师，经过13天激战后，补给困难、粮弹奇缺、身体疲劳；并且，西线志愿军主力已反击获胜。志愿军司令部命令第124师，于11月7日晨主动撤出黄草岭阵地。该师第378团控制古土里以北阵地，以节节抗击的方式诱敌深入，师主力则撤至柳潭里一带休整待战，为第9兵团赢得了宝贵的反击时间。

反过来说，东线的美陆战第1师，在实力并不突出的志愿军第42军第124师、第126师牵制下，已丧失有利的作战时机。

在茫然、混沌中清晰地预测变化，正是战略家高超水平的最好体现。毛泽东将对手的变化计算得清清楚楚，做到了算无遗策。如果将毛泽东在1950年10月21日电报中对东线美军作战的预判与美军实际部署拿来对比，双方高下立判。

当时，东线的美陆战第1师正处于目标不明的状态。

根据向中朝国境线发起总攻的计划，美第10军军长阿尔蒙德于1950年11月1日下达进攻命令，以南朝鲜第1军团为右翼、美第7师为中央、美陆战第1师为左翼，一举向中朝国境线挺进。美陆战第1师担负的任务是，向新加坡镇至厚昌江口的鸭绿江畔进攻，故而将第1陆战团配置在黑水里

---

[1]　洪学智：《抗美援朝战争回忆》，解放军文艺出版社1990年版，第450页。

（咸兴西北 42 公里处），掩护美第 10 军左翼，主力向下碣隅里前进。第 5 陆战团沿长津湖东侧、第 7 陆战团沿长津湖西侧进攻。

向中朝国境线进攻，是一个只有方向而没有对手的目标。

阿尔蒙德关于向中朝国境线总攻的计划，遭到美陆战第 1 师师长史密斯的强烈反对。

史密斯在给美国海军陆战队司令凯茨的信件中，阐述了对战况的意见。他认为，阿尔蒙德的命令是错误的。作为在朝鲜的美国海军陆战队指挥官，史密斯不打算命令他的部队轻率地走上一条可能意味着毁灭的道路。在其侧翼西南方向 80 英里以内的地域，没有美第 8 集团军的部队。在向中朝边境推进时，美陆战第 1 师左翼是完全暴露的。

美军联合战略计划与作战组的成员们相信，要使美第 10 军的作战有效地支援美第 8 集团军，只有一个行动方案：阿尔蒙德应指挥部队向朝鲜西北方向进攻，从而威胁美第 8 集团军当面的中国军队的后方，并迫使他们后撤，才能免遭包围。假如阿尔蒙德下令美军不再向北推进，那么，就有两个师可以用来实施这种攻击。由于攻击很可能在狭窄的正面展开，这将成为夺取前进道路控制权的战斗。

美军联合战略计划和作战组的参谋们还断定，美第 10 军必须首先消灭长津水库地区的志愿军部队。一旦长津地区的志愿军被肃清，即可从容地调整美第 10 军与美第 8 集团军的分界线，并命令美第 10 军朝西北方向攻击，以切断江浦与江界之间的公路。这条公路是志愿军的主要补给线。美军参谋们建议不要马上改变美第 10 军的作战任务，但是，应当指示美第 10 军开始制订一项朝西北方向攻击以切断志愿军主要补给线的计划。

"联合国军"司令部情报部部长威洛比报告说，咸兴—兴南以北、长津水库—赴战岭地区的志愿军不断增加。威洛比告诉华盛顿，研究表明，美第 10 军暴露的西翼以及从兴南至长津水库的重要补给线，十分容易遭到攻击。现已发现，在这条生死攸关的补给线西侧不远处，有接近 1 万名志愿军。此外，志愿军在长津水库—赴战岭地区还有相当于 4 个师的兵力。志愿军利用这些部队，可以采取下列行动中的任何一种：从长津地区朝东南方向发起攻击，以达到孤立兴南东北的美第 10 军部队的目的；发动一场攻击美第 10 军交通线的十分灵活的游击作战；使用游击队和其他部队向美第 10 军进行一次联合攻击，从长津水库地区朝西南方向，插入美第 8 集团军与美第 10 军之间的空隙地带。

不得不承认，威洛比对美第 10 军潜在危险的认识相当准确，体现了一个职业军人良好的战场感觉。

麦克阿瑟接受了美军联合战略计划和作战组参谋们的建议，指示阿尔蒙德制订一项计划，在到达长津水库以北后，转而向西攻击，以此作为美第 10 军尔后的预备作战任务。麦克阿瑟的顾问敦促阿尔蒙德立即改变计划中的作战行动，进一步限制作战目标，更加协调一致地推进，甚至做好防御的准备。

1950 年 11 月 21 日，美第 7 师第 17 团抵达惠山。阿尔蒙德下令制订一项沿下碣隅里—前川轴线向西推进的计划。最后确定的任务是：美陆战第 1 师占领前川，并向鸭绿江前进；美第 7 师从长津水库发起攻击，并向鸭绿江推进，南朝鲜第 1 军团由合水和清津地区向前推进，消灭志愿军。①

阿尔蒙德对美第 10 军最初的进攻计划作了部分修改，主攻方向从中朝国境线向西调整。

第一，美陆战第 1 师向长津湖西侧前进，切断连接满浦、江界、熙川的志愿军补给线，以支援美第 8 集团军的进攻，并继续向满浦进攻；

第二，美第 7 师一部投入长津湖东侧，沿美陆战第 1 师原进攻路线前进；

第三，1950 年 11 月 18 日在元山登陆的美第 3 师，掩护美第 10 军左翼，守备美第 10 军后方地域，并同美第 8 集团军保持联系；

第四，为了同美第 8 集团军连接战线，在 11 月 24 日美第 8 集团军发动

---

① ［美］詹姆斯·F. 施纳贝尔：《朝鲜战争中的美国陆军》第 2 卷，国防大学出版社 1990 年版，第 292 页。

总攻之后，美第 10 军于 11 月 27 日发起进攻。

这项计划，在 11 月 25 日以美第 10 军第 7 号作战命令的形式下达，各师立即开始行动。美陆战第 1 师第 1 陆战团沿黑水里、真兴里、古土里、下碣隅里北上，第 5 陆战团从长津湖东侧转向柳潭里，第 7 陆战团已前出至柳潭里。另外，美第 7 师的一个团，前出到长津湖东侧，接替美陆战第 1 师第 5 陆战团。也就是说，直到此时，美陆战第 1 师才有了清晰、有针对性的作战路线。

而从策略上说，在第一次战役期间毛泽东"阻敌即够"的部署，以两个师牵制住东线的"联合国军"，相当于导演了"空城计"。

13 ›› 你打原子弹，我打手榴弹

1950 年 11 月 16 日，志愿军第 9 兵团党委要求：抓紧时间，虚心仔细研究当前敌情地形、美伪军战术等，发扬军事民主，研究在技术上、战术上战胜美敌的对策，克服经验主义的偏向，不要机械地搬用 3 年解放战争的经验。要知道，今天是直接同美帝作战，对象不同、战术不同、地形不同、条件不同，不虚心学习就会招致失败，虚心学习就能战胜敌人。

在解放战争期间，陈毅、粟裕领导下的华东野战军以能征善战著称。第 20 军、第 26 军、第 27 军都已形成比较成熟的战术思想，具有各自独特的作战风格。在朝鲜战场，面对新的对手，需要因敌而变，探索新的战法。

志愿军第 9 兵团的领导非常清醒，没有将美军简单地与过去任何一个对手相类比。

在朝鲜战场，究竟采取什么样的战术？

毛泽东有过思考。

知己知彼，百战不殆。毛泽东对美军的长处和短处有过精彩概括："它在军事上只有一个长处，就是钢铁多，另外却有三个弱点，合起来是一长三

短。三个弱点是：第一，战线太长，从德国柏林到朝鲜；第二，运输路线太远，隔着两个大洋——大西洋和太平洋；第三，战斗力太弱。"① 这完全是一种哲学家的思维，不为纷繁复杂的战争表象所迷惑，直击战争本质。

著名军事家克劳塞维茨，也对许多伟大的领袖人物以最简单和最朴实的言辞谈论战争的才能惊叹不已——敏捷而卓越的眼力，删繁就简的处理方式。毛泽东指挥战争历来纵横捭阖、荡气回肠，体现出强烈的精神与意志。

正因为洞察到美军在战略上存在弱点，毛泽东敢于鲜明而有针对性地提出对美军作战的指导原则。

1950 年 8 月 5 日，毛泽东在接见邓华时明确地指出："要准备同美国人打仗，要准备打前所未有的大仗，还要准备他打原子弹。他打原子弹，我们打手榴弹，抓住他的弱点，跟着他，最后打败他。我还是那句老话，在战略上藐视他，当作纸老虎，在战术上重视他，当作真老虎。"② 后来，毛泽东又指出："无非是打第三次世界大战，而且打原子弹，长期地打，要比第一、第二次世界大战打得长。我们中国人民是打惯了仗的，我们的愿望是不要打仗，但你一定要打，就只好让你打。你打你的，我打我的，你打原子弹，我打手榴弹，抓住你的弱点，跟着你打，最后打败你"。③

1950 年 9 月 20 日，毛泽东在审阅修改周恩来起草的关于朝鲜人民军作战方针致中国驻朝鲜大使倪志亮转金日成的电报稿时写道："请转告金日成同志……人民军主力似宜集结机动，寻敌弱点，分割歼灭敌人。在作战上，必须集中兵力，每一次作战以少数兵力及火力，分路钳制多数敌人，而以多数兵力（三至五倍）及火力（二倍以上）的绝对优势，围歼被我分割的少数敌人（例如一个团）。作战最忌平分兵力，最忌只能击溃或阻止敌人而不能

① 逄先知、金冲及主编：《毛泽东传》（1949—1976）上，中央文献出版社 2003 年版，第 110 页。
② 中共中央文献研究室编：《毛泽东年谱(1949—1976)》第 1 卷，中央文献出版社 2013 年版，第 169 页。
③ 《毛泽东文集》第六卷，人民出版社 1999 年版，第 93—94 页。

歼灭敌人有生力量。只要能歼灭敌人有生力量，哪怕每次只歼灭敌人一个团一个营也好，积少成多，就可逐步将敌人削弱下去，而利于长期作战。如果美军火力配备强，一时难于突入分割，则宜考虑先以李承晚伪军为对象，集中主力，每次歼灭其一二个团，每月歼灭其一二个师，半年后即可尽歼伪军，剪去美帝爪牙，使美帝陷于孤立，然后各个歼灭之。在持久战的原则下，必须充分地估计到困难方面，一切人力物力财力的动员和使用，必须处处作长期打算，防止下级发生孤注一掷的情绪。敌人要求速决害怕持久，而我人民军则速决既不可能惟有以持久战争取胜利。以上所陈，系站在朋友和同志的立场提出供你们参考。是否有当，尚祈考虑见复。"①

革命的力量总是在打破旧规则过程中击倒对手。

志愿军有着完全不同于美军"西方战争"式的作战方式。志愿军灵活多变的战法总是出乎美军预料，正如美军评价的那样："朝鲜战争是一场不同类别的战争；其中极大地存在着不同的政治束缚，而且敌人（指中国人民志愿军——引者注）并不遵循构成陆军战术战斗条令基础的西方战争规则"。②

志愿军不按常理出牌，采取非对称方式痛击对手、赢得战争。在战术上，志愿军寻敌之隙，利用美军的弱点，形成局部力量优势，以强击弱。志愿军在"现代化武器装备处于落后的状态。然而，他们把主动性和坚强的决心相结合，尽力利用了我们以前并不承认的许多弱点，因而给美军以沉重的打击"。③

美军的底蕴源自海洋，志愿军的传统则源于陆地。抗美援朝战争的主要作战阶段及行动，都在地面进行。地面作战的复杂性，远超过海上作战及空中作战。美军作战的长处并不在地面，而中华民族是世界上最擅长地面作战的民族。

---

① 中共中央文献研究室编：《毛泽东年谱（1949—1976）》第 1 卷，中央文献出版社 2013 年版，第 194—195 页。

② ［美］斯蒂温·E.皮兹：《朝鲜战争中的心理战》，西安政治学院 2002 年出版，第 19 页。

③ ［美］T.N.杜普伊：《武器和战争的演变》，军事科学出版社 1985 年版，第 1 页。

朝鲜战后，吃尽志愿军苦头的美军不得不纠正曾经的偏见："人海战术"——中国人只会以极度密集的大量兵力发动进攻。

美军称，使他们望而生畏的不是志愿军的集中进攻，而是志愿军的佯攻、奇袭和夜间的悄悄渗透。

夜战中，志愿军通常在当晚突破美军防御，插入美军战役纵深，断其退路，完成战役包围；次日拂晓，乘其混乱继续攻击，或转入防御巩固胜利，待黄昏后再行攻击。

彭德怀在给毛泽东的电报中谈到朝鲜战场作战经验时说："在敌我技术装备相差极端悬殊的情况下，力避在固定阵地作战。战斗发起，力争黄昏开始、拂晓解决。我白天一般无活动自由，且易遭敌联合兵种袭击。美兵一营占有相当野战阵地时，我即使有数倍兵力四面包围，一晚仍难解决战斗。白天飞机、大炮、坦克和汽车增援，常使我包围部队伤亡很大。因我白天增援困难，而敌乘间隙在飞机掩护下逃脱。一般在敌正面阵地从战术上分割敌人时，敌并不十分害怕，因其白天可恢复原状。故最害怕的是威胁其战役供应线，渗入敌后方，首先打掉其火力阵地与指挥所。我军无空军，必须充分利用夜间进行战斗（手榴弹、白刃战），必须采用长期手段调动敌人，乘其立足不稳，火力未展开时，予以猛攻。如此，可使我军伤亡相对减少。"[1]

然而，夜战的局限性也是显而易见的。夜战在降低美军火力优势、机动优势的同时，也给志愿军的运动、联络、协同、指挥等带来不少困难。例如，志愿军在白天由于对空防御的需要，不得不停止作战行动，进行以阵地坚守为主的军事行动，被迫失掉了有利的歼敌时机。黄昏发起的战斗如果一昼夜不能解决，天亮后很难巩固和扩大战果，美军就在坦克、飞机的掩护下突围逃跑了。这使得志愿军的作战效能降低，歼敌规模缩小。

近战也是志愿军擅长和惯用的战法之一。志愿军战士勇敢，牺牲精神强；而美军官兵牺牲精神差，怕死，怕近战。

———————
① 王焰主编：《彭德怀年谱》，人民出版社1998年版，第452页。

此外，采用近战，更能抑敌之长。由于敌我装备优劣相差悬殊，美军的远战武器较多，火力强，志愿军在作战中只有接近美军或在美军进入有效杀伤距离之内来打，才能减弱美军远战火器的作用，充分发挥迫击炮、冲锋枪、步枪和手榴弹的作用。因此，志愿军战士大都在距敌 100 米以内，甚至 50 米左右才开火。

火炮方面，入朝初期，志愿军每个步兵连仅配备 3 门 60 毫米迫击炮，每个步兵营配备 3 门 81 毫米（或 82 毫米）迫击炮，每个步兵团配备 4 门 70 毫米步兵炮、4 门 107 毫米迫击炮（不足部分，由 81 毫米或 82 毫米迫击炮来弥补），每个步兵师配备 12 门 75 毫米山炮，每个步兵军配备 9 门六管火箭炮、10 门单管火箭炮、36 门 105 毫米榴弹炮、12 门 37 毫米高射炮。

志愿军武器装备落后，是歼敌数量每次都低于预期的根本原因。在武器装备处于绝对劣势的情况下，志愿军仅仅依靠兵力上的优势，难以达到歼灭"联合国军"重兵集团的目的。

抗美援朝战争第一次战役结束后，美国的公开报道及其他刊物都对志愿军作了这样的评价：火力极弱，步兵是攻击力的骨干。其步兵训练有素，惯于作战，特别擅长于夜战。伪装技术卓越，侦察员的侦察能力出类拔萃。其战法，通常是认识到自己火力的劣势，下功夫弥补这一不足。进攻一般是在切断美军退路之后，侧后进攻与正面进攻相配合。还擅长"倒八字战术"，就是预先采取措施阻止美军增援，然后诱使美军进入"V"字形环境之中，从两侧实施围攻。志愿军用此种方法，在温井、云山、楚山战斗中取得了很大成功。另外，志愿军的防御极为顽强，其天赋的土工作业能力和伪装技术提供了帮助。山地行动能力特强，迫击炮使用得非常熟练，有克服困难的精神，富于欺诈手段。然而，还远不能称为现代化军队，可利用的弱点很多。

美陆战第 1 师确实是美国军队中最为凶悍的部队。西方人内心的荣誉和尊严，也促使美军士兵战斗得异常凶猛顽强，"为对付志愿军近战，美军不断向附近发射照明弹，将战场照得如同白昼。他们用加兰德步枪和勃郎宁自动步枪、机枪、M3 冲锋枪等构成密集的近防火力圈，拼命开火阻挡志愿军浪潮般的突然进攻，大口径机枪和迫击炮配合坦克拦截远处不断运动接近的志愿军散兵线。美军士兵后来称这种不间断的拼命齐射为'疯狂时刻'"。①

志愿军早期的几次胜利，充分利用朝鲜特殊的地形，将步兵穿插战术发挥到了极致。

前信息时代的战争是一场表演，智慧、情感、技艺、生存在士兵战死之前都得以铺陈。斩首行动、精确打击诸如此类作战概念的创造，使战争的死亡本性更加彰显，失去了心智空间的创造性。

防御时，处于志愿军压力之下的美军，在夜间会收缩防线，进行环形防御，很少对志愿军暴露的侧翼发动突然的反突击。志愿军在破除美军防御方面缺乏有效的手段，突破后扩大战果也很困难。长津湖作战中，志愿军尽管能成功突入美军阵地，但都因火力不足、冻伤严重，不能在当晚解决战斗，天亮后遭到美军凶猛的反击，不得不撤出。

志愿军第 20 军副军长廖政国回忆说：我们过去作战，一天包围，两天割断，三天歼敌，今天已不可能。攻击中，应集中优势力量进行速决战，求得迅速分割和歼灭，避免采用逐次增加兵力的添油战术，以及形成久拖不决、消耗相峙的局面。要根据美军的行动特点及便于隐蔽开进的地形情况，突然发起战斗，歼敌于运动之中；或乘敌立足未稳，利用夜暗突然攻歼。彭德怀也曾说：一般包围美军一个团，全部歼灭要两天时间，原因是志愿军技术装备太落后，它的空军和地面机械化部队拼命救援。全歼美军一个整团，一人也未跑掉，只在第二次战役有过一次，其余都是消灭营的建制多。一般夜晚包围不能歼灭时，第二日白天，他就有办法救援出去。

志愿军的反坦克手段不多，主要是以战斗小组携带火箭筒、炸药进行破击，在道路上设置障碍或破坏。

当时，志愿军因为通信手段和装备落后、后勤补给脆弱、步炮协同配合不够，难以适应现代化战争的要求。"由于通信器材不足，团以下一旦下达

---

① 《解放军报》2004 年 4 月 29 日。

了命令，就难以根据情况加以变更，所以其战法一般缺乏灵活性。因为几乎没有航空支援，所以多实施夜间进攻，并且在移动中进行彻底对空伪装。"①

14 >> 围猎方案：夹其额，揪其尾，截其腰

谋兵先谋势。

撬动长津湖之战的支点在什么地方？取得胜利靠异常意识。这种异常意识不仅是选择攻击关键性的决战点，也需要从整体上着眼，因为不谋全局者不足谋一域。

抗美援朝战争东西两线战场上的整体情况，正如时任志愿军副司令员洪学智在回忆录中说的那样："敌人的兵力比较分散，而且中路 3 个师态势突出，其东西两线之间又敞着一个 84 余公里的大缺口。这一态势便于我军利用敌人的判断错误和分兵冒进的弱点，在运动中对敌人实施突然攻击，确实是我军出其不意、分割包围、各个歼灭敌人的极好时机。"

良将能做到先胜而后求战。

抗美援朝战争东线战场上，美陆战第 1 师的作战部署如同长蛇阵一样，头在柳潭里，尾在古土里，死鹰岭、下碣隅里为其腰。志愿军十分敏锐地捕捉到美军的这些薄弱环节，准备加以切割、歼灭。

战争胜不复。战争艺术的最高境界，在于针对不同环境和对手，采用不同的战法。彭德怀等志愿军首长于 1950 年 11 月 6 日就东线作战基本设想，电示志愿军第 9 兵团："应采取诱敌深入到旧津里、长津线，首先消灭美陆战一师两个团，其部署以一个军主力（三个师）经江界、前川、云松洞、南兴洞向柳潭里地区集结，先头师迅速进至旧津里及其以北，构筑纵深阻击阵地，另一个军从临江、慈城江口渡江，进至云山里集结。如此布置，美陆战

① 日本陆战史研究普及会：《朝鲜战争》（中部），国防大学出版社 1990 年版，第 231 页。

一师愈北进深入旧津里以北（愈好），两个军以两个师挡正面，七个师从敌侧后攻击。我四十二军主力背靠社仓里，进至五老里，牵制援兵与攻击敌退路。如敌不敢冒进，深入旧津里与黄草岭之线时，我进至云山里之军，可沿新兴里向五老里前进，截断深入黄草岭南美军后路，打击援敌，我柳潭里地区之军，可协同四十二军主力歼灭美七团、十一团"。① "我们的设想是，准备将西线之敌诱至大馆洞、温井、妙香山、平南镇一线歼灭之，将东线之敌诱至旧津里、长津线歼灭之。"②

志愿军击中了美军兵力分散的弱点。多路突击创造了瓦解美军的机会，使其产生了混乱和无序，这样就拉长了美陆战第1师有组织反应的时间。彭德怀提出的东线作战初步设想，虽然与后来的实际作战部署之间有差异，但基本勾勒出了志愿军第9兵团的作战方案，成为第9兵团入朝作战初期谋兵布阵的基本依据。

彭德怀在11月8日15时发给中央军委的电报中，进一步明确了志愿军第二次战役总的作战方案："敌为牵制我主力，有沿清川江北进，配合其东线迂回江界企图。我为以逸待劳，便于后方运输，拟仍以诱敌深入，各个歼击方针。宋（时轮）兵团部署见六日十时电，不重述。西线部署：以三十八军一个师沿清川江东岸节节抗击，引敌至妙香山地区，坚决扼守之；主力隐蔽集结于下杏洞、球场以东，德川以北之山地。四十二军主力担任掩护任务，待宋兵团到后，靠近一二五师，集结于德川东北、德岘、杏川洞、校馆里地区；待宋兵团打响后，协同三十八军主力由东北向西南出击，但不放松消灭伪军之一切机会。三十九军、四十军、六十六军主力位于温井、窑山、泰川、龟城地区，休息七天，搜索散兵，补充粮弹，修路。如敌不进，待宋兵团打响后调动敌人时，拟集中三个军出德川及其以南寻机歼敌，把战场推向前些，以利持久作战。现正准备修熙川经杏川洞至宁远公路。"

① 彭德怀等志愿军首长致高岗、贺晋年转宋时轮、陶勇电，1950年11月6日10时。

② 洪学智：《抗美援朝战争回忆》，解放军文艺出版社1990年版，第475页。

在志愿军第一次党委会上，彭德怀详细解释了第二次战役的作战考虑："麦克阿瑟下一步的想法是一旦准备停当后，就将以他的美第 10 军经长津湖西进，以他的美第 8 集团军由清川江北上，让这两支部队在江界以南的武坪里衔接，形成一个口袋，来围歼朝鲜北部战场上的中国人民志愿军和朝鲜人民军，再下一步则是向中朝边境推进，在鸭绿江冰封以前抢占全朝鲜。他想得倒是挺美的，可惜只是美梦而已。"①

彭德怀说："让敌人更放胆深入，使敌人拉得更长，退缩时也就会慢些。"他主张："将主力后撤三十至五十公里，这是因为敌人主力还未被我击破，敌人对我军力量还没有正确估计，敌人迷信其空军威力，还没有放弃进至鸭绿江边的野心。这些造成我诱敌深入的可能"。志愿军党委会决定了"节节抵抗，诱敌深入，集中优势，各个歼敌"的方针。②

对志愿军上报的第二次战役作战方案，毛泽东没有提出异议，只是在回电中明确指出："争取在本月内至十二月初的一个月内东西两线各打一二个仗，共歼敌七八个团，将战线推进至平壤、元山间铁路线区域，我军就在根本上胜利了。请高（岗）、贺（晋年）用一切可能方法保证东西两线粮弹被服（保障御寒）之供给。"③

大战当前，毛泽东对志愿军的御寒状况念念不忘。

根据志愿军司令部制定的第二次战役总体方案，志愿军第 9 兵团所属各军在此基础上，又制定出更为具体的作战计划。

当时，预判美陆战第 1 师占领柳潭里后，将向德实里方向前进。为此，志愿军第 20 军决定采取诱敌深入的作战方针，引诱美军到德实里以南、马登里附近，然后集中全军力量，歼灭孤立冒进的美军。

志愿军第 20 军令第 58 师以 1 个团利用柳潭里以北的蛇阳山地，在西木

---

① 洪学智：《抗美援朝战争回忆》，解放军文艺出版社 1990 年版，第 474 页。

② 姚旭：《从鸭绿江到板门店》，人民出版社 1985 年版，第 39 页。

③ 中共中央文献研究室编：《毛泽东年谱(1949—1976)》第 1 卷，中央文献出版社 2013 年版，第 239 页。

里、旧邑面一线节节抵抗，诱使美军进至德实里及其东南的 1381 高地，西南的 1307.6 高地、1640.1 高地。战斗发起后由西向东攻击，攻击目标为仓坪里、新兴里一线。令第 59 师以 1 个营占领袂物里及南北两侧高地，向东警戒，防美军西援；以 2 个营向天宣山里前进逼近美军主力，从袂物里、新兴洞以南向西南方向攻击，目标为西片峙及其以北的三兴里一线。令第 60 师以 1 个团进至新德里以北、寒泰岭一线集结，向东攻击，切断美军退路；同时，以 1 个营在下碣隅里附近阻击美军北援。令第 89 师（欠 1 个团）经云水里向东南经云水庄，占领西木里及两侧高地并破坏公路，切断美军退路。

在战术上，志愿军第 20 军也提出了明确要求：应选择在美军侧后或后面突击，集中兵力、火力，突然发起战斗，采取钳形攻击方式，迅速割裂、分批歼击美军，重点攻击其指挥机关。战斗一般在夜间发起，力求于拂晓解决。避免作远距离与长时间的火力战。注意伪装疏散、纵深梯次配置，切忌混乱。

依据志愿军第 9 兵团的指示，11 月 13 日，志愿军第 27 军对东线敌情作出预判：为配合西线进攻之敌，美陆战第 1 师可能加快北犯速度。如果志愿军先敌占领长津里一线，美军可能调整进攻方向，进犯江界。

根据对敌情的预判及志愿军的进展，志愿军第 27 军拟制了作战计划，主要是：如果志愿军先于美军进占长津里，美军进至长津里以南，就以第 79 师控制长津里正面和西北的 1587 高地、1400 高地；以第 81 师主力一部迂回南下，插至浦里江切断美军退路；其余主力由新德山向美军压缩攻击。当志愿军未至长津里，而美军已进犯至大兴洞以南、石幕洞以西地区时，则拟以第 79 师 1 个团占领大兴洞至长津里公路两侧的高地，其余 2 个团分别沿公路从南向北攻击，并截断美军退路。而第 81 师以 2 个团控制公路以北的 1287 高地、1280 高地，以 1 个团抢占三浦里，配合第 79 师实施攻击。

后来，随着美陆战第 1 师第 7 陆战团已经占领下碣隅里、先头部队已抵泗水里、第 5 陆战团位于古土里，志愿军第 9 兵团判断：美军有先攻占长津里，然后再取江界的企图。美陆战第 1 师除了向柳潭里及以西附近地区进

◎ 1950 年 11 月 17 日，志愿军第 9 兵团司令员宋时轮（中），在兵团党委秘书王剑君（左）、机要秘书朱星陪同下视察前线

行警戒搜索外，孤军向西深入的可能性比较小。在志愿军西线部队发起进攻后，当面之敌可能加速前进或者暂时就地停止。但是，他们只有在西线美军全部崩溃的情况下，才有可能向后收缩。

志愿军第 9 兵团决定："集中二十、二十七两军主力，先求歼击美陆一师两个团，钳制美七师之两个团，并力争继歼该敌之一部"。同时，根据战场情况和预计的美军推进情况，提出了三种情况下的三种作战预案。①

发起攻击前，宋时轮最后确定的方案是：

志愿军第 27 军担任向长津湖两侧正面进攻：第 79 师、第 94 师于长津湖西侧，向柳潭里的美陆战第 1 师主力发起攻击并实施包围；第 80 师、第 81 师于长津湖东侧，向新兴里、内洞峙的美第 7 师第 31 团和第 32 团一部发起攻击并实施包围。

志愿军第 20 军担任向长津湖西侧进攻：第 58 师向下碣隅里实施进攻，并切断长津湖东西两侧美军的联系；第 59 师向死鹰岭之敌进攻，断敌退路；第 60 师向黄草岭以及位于古土里的美陆战第 1 师师部攻击，切断敌陆路补给线；第 89 师向社仓里的美第 3 师一部实施攻击，截断美军东西两线的联系。

志愿军第 26 军担任兵团预备队。

① 宋时轮、陶勇、覃健致彭德怀、邓华并志愿军第 20 军、第 27 军电，1950 年 11 月 19 日 18 时。

在这个作战部署中，攻、防、阻、堵、歼、迂回、包围等作战样式同时使用，使美军如同"丈二和尚摸不着头脑"。

西方军队在作战思想与战法设计思路上，强调大规模的集团对抗，进行整体力量的较量；而中国军队注重灵活机动的战斗行动，对大目标分而歼之，积小胜为大胜。西方的战术是"斗牛"，中国的战术则是"猫盘老鼠"，手法细腻。

对于各个消灭敌人来说，必须是合击中有割裂，割裂中又有小的合击，才容易达到消灭敌人的目的。对于强敌，先以穿插分队、渗透分队和部分纵深攻击力量，肢解对方的战斗力量体系，再分片围而歼之，而不是整个"一气吃下"。

解放军第三野战军的作战风格经过陈毅和粟裕的锻造、磨砺，在力度与艺术、强攻与策略之间掌握平衡，分寸把握得极好。建立在战争经验积累与战争规律认识上的想象力，从一开始就决定了参战双方在战争进程预想上的不对称。

对战场的感性认识，实质是战术感觉。它是从模糊到清晰，而不是从理性到理性、从认识到认识的过程。

"长津湖战役，美军东线主力美陆战第1师，疯狂冒进，摆了一个一字长蛇阵，先头越过黄草岭、死鹰岭，到了柳潭里，后方指挥机关在古土里，而后勤支援基地，还在古土里南面10多公里的真兴里。前后拉开达40余公里，这就便于我们分割包围"。[1]

长津湖地区山高林密，少有居民，甚至连山路都没有。美军认为，没有军队能通过这样的地带，所以，他们大胆直闯。可是，志愿军偏偏就在这里。翻过几道山岭，志愿军的攻击部队就会突然出现在美军面前。这几把钢刀砍下去，把美军切成几段。那时候，我们就一段一段把它们吃掉！[2]

① 《铁军骁将》，1992年自印本，第230页。

② 薛群主编：《在血与火的战场上》，新华出版社1999年版，第5页。

世界著名战略大师李德·哈特在深入考察战争史上的著名战例后，提出在战场上最有效的战略就是采取"间接路线"，从对手的侧面、薄弱环节入手，动摇对手的稳定性，"破坏敌人的部署，从而迫使他们突然地改变正面，使他们在兵力的组织和配置上发生混乱；分割（切断）他们的兵力；威胁和破坏敌人的补给系统；威胁他们的交通线，使其不能在必要的时候沿这些交通线撤退，不能在中间地区或战略后方重新设防进行固守"。

显然，志愿军第9兵团对美陆战第1师的攻击，可谓一个经典的"间接路线"战例。

最有效的作战方案就是先破坏敌人的稳定性，使敌人自行陷入混乱。战争也和体育竞技场上的摔跤一样，如果不预先使对方发生动摇、丧失平衡，那么，要想把敌人打倒在地，就不得不同对方作紧张的较量，因而过多地耗费力量。使对手在心理上和物理上丧失平衡，常常是最后击垮对手的重要前提。

宋时轮晚年回忆说：当时只能这样打算和部署，因为美第10军主力的3个师相对分散，特别是美陆战第1师和第7师，而长津湖作为天然的屏障把这两个师分开了。从志愿军第9兵团的部署上看是分散了一点，但是为了首尾相顾，先把美军围起来，尔后再定先吃谁、后吃谁的问题。这个方案打国民党军可以，打美军行不行呢？行则坚持使用，不行则变换打法，总之是要在运动中打歼灭战。不变是相对的，变化是绝对的，可万变不离其宗，即大量地消灭敌军有生力量。[1]

抗美援朝战争第二次战役十分重要，它关系到整个战局的发展趋势，"须知胜利愈大我们就愈好办事"。

志愿军西线部队的反击部署已经基本就绪。1950年11月20日，根据战场态势，彭德怀、邓华电示第9兵团首长，志愿军西线部队拟于11月25日晚发起反击，"东线进至下碣隅里、古土水（里）之美军两个团（五团、

---

① 《宋时轮传》，军事科学出版社2007年版，第274页。

七团）如不再进，你兵团可否以主力于二十四日或二十五日晚包围该线之敌歼灭之，否则西线先攻击得手后，东线之敌即有迅速后撤可能"。[1]

11 月 21 日，依据战场敌情及志愿军第 9 兵团的指示，志愿军第 20 军又提出新的作战方案。如果美陆战第 1 师径直北上，进至长津湖北部的德实里地区，则通过包抄美军后路，分步围歼：在美陆战第 1 师第 5 陆战团、第 7 陆战团进至德实里和新岱里之间地带时，第 20 军以 1 个师取捷径抢占长津江东西两侧及丰流里江、新岱里以北阵地，堵住旧津里以北美军南撤的退路，并阻击由南向北增援之敌。先以少部分主力割裂包围袂物里、天宜水里、深浦里之敌，待集中主力歼灭旧津里附近之敌后，再分批歼击天宜水里、袂物里之敌。

如果美陆战第 1 师的 2 个团或 1 个团朝柳潭里以西前进，第 20 军以 1 个师取捷径抢占长津江东西两侧以及丰流里江、新岱里以北阵地，断敌南撤退路。军主力除以小部割裂柳潭里之敌外，应集中主力首先歼灭旧津里、柳潭里之敌，而后分批歼击柳潭里附近之敌。

志愿军第 27 军除了以 1 个师在云水里及以南钳制美第 7 师之外，以 1 个师迅速插进袂物侧里、大南里、丰流里之间地区，防止美陆战第 1 师东逃；同时，以 1 个师围歼旧津里及以北之敌。

该方案的主战场在德实里，而不是柳潭里。

志愿军第 20 军、第 27 军的部署是相当完善的，足以应对美陆战第 1 师不同的作战情况。

1950 年 11 月 24 日 22 时，宋时轮、陶勇作出攻歼美陆战第 1 师和美第 7 师的作战部署。

美陆战第 1 师已进占下碣隅里，先头部队占领泗水里，第 5 陆战团占领古土里；美第 7 师 1 个团占领元丰里，先头部队占领安洞口。

志愿军决心歼灭美陆战第 1 师 2 个团，钳制美第 7 师 2 个团，力争歼其

---

① 彭德怀、邓华致志愿军第 9 兵团首长电，1950 年 11 月 20 日。

一部。作战方案如下。

第一，如美陆战第1师、美第7师第5团进至德实里、新垈里，第20军应以1个师占领长津里东西两侧阵地及丰流里江、新垈里以北阵地，堵住美军退路，并打敌北援，尔后分歼天宜水里、袂物里之敌。

第27军除以1个师在云水里及以南坚决阻击美第7师2个团外，应以1个师插入袂物侧里、大南里、丰流里地区，割裂美陆战第1师与美第7师的联系。另以1个师主力坚决歼击德实里及东沙里之敌，视情况力争歼美第7师一部。

作战分界线为：东沙里以北属第27军，以南（不含）属第20军。

第二，如美陆战第1师2个团或1个团，向柳潭里以西前进，第20军除以1个师占领长津里东西两侧，以及丰流里江、新垈里以北阵地，并以小部队分割、围击柳潭里以西之敌外，集中主力首先歼灭旧邑里、柳潭里之间美军，而后攻击柳潭里。

第27军以1个师在元山里及以南地区，钳制美第7师外，应以1个师插至袂物侧里、大南里、丰流里之间，占领有利阵地，阻击美第7师西援；另1个师主力围歼旧丰里及以北地区之敌。

第三，如果美军进抵旧津里一线后停止前进，第20军应以1个师在古土里以南，抢占黄草岭附近阵地。主力除以小部分围攻下碣隅里及其附近美军外，应集中兵力先歼古土里、上坪里之间美军。而后，在云山里及以南地区抓住美第7师，并歼击新垈里、旧津里之敌。①

根据志愿军第9兵团的命令，志愿军第27军决心首先歼灭美陆战第1师主力于下碣隅里、新垈里、柳潭里、新兴里之间地区，尔后根据战场情况，视机歼灭美第7师第31团或美陆战第1师的增援力量。具体部署为：

第79师于11月24日黄昏出发，应在11月25日晚进至西木里、云水庄，拟先分割柳潭里、旧津里之敌，然后集中主力从东西方向对柳潭里之敌实施

---

① 张小勇主编：《陶勇将军著作集》，海潮出版社1996年版，第196页。

歼灭；尔后，配合第80师歼灭新岱里、新兴里之敌。

第80师的2个团于11月24日黄昏出发，应在11月25日晚进至新浦里、旧镇以北等地，拟歼灭新兴里、新岱里之敌。另以1个团于11月25日黄昏进至袂物侧里、大南里，并在11月26日晚进至丰流里，分割美陆战第1师与美第7师，阻敌西援。

第81师（以1个团配属第80师）于11月24日黄昏出发，应在11月26日晚分割切断新岱里与下碣隅里之敌的联系，形成围歼新岱里之敌的对外正面，以配合第80师围歼新岱里、新兴里之敌。

第94师于11月24日黄昏出发，应进至高岩、高岩里、周坡里、巨武所里待命。

炮兵第16团于11月24日黄昏由仓坪洞出发，在11月25日晚进至高岩里、高岩、巨武所里待命。

第27军后勤部于11月24日黄昏后进至才阿里、东门洞、东门巨里，并在11月25日晚进至文岳里、梁巨水里。在11月26日晚战斗打响时，弹药所设于沙所，收容所设于莲安铺、新兴洞、云水庄。

按照计划，志愿军应在11月26日24时将美军分割、包围后发起攻击，在11月27日拂晓前消灭美军，结束战斗。

11月24日22时30分，毛泽东致电彭德怀、邓华、朴一禹、洪学智，并告高岗、贺晋年："你们本日七时的作战部署是完全正确的，望坚决照此执行。"[1]

15 ≫ 行军奇迹

在突然遭受志愿军狂潮般进攻后，美军参联会的高级将领们对志愿军印

---

[1] 《毛泽东军事文集》第6卷，军事科学出版社、中央文献出版社1993年版，第215页。

象深刻的不是战术，而是行军能力，"中国人所表现出来的克服崎岖地形阻碍的能力，已证明了麦克阿瑟有关难以逾越的高山地带将成为敌军推进部队的一道障碍的论点是毫无根据的"。①

美国有些战史学家评论志愿军神出鬼没的行动时也说："联合国军同他们接触以前，一直没有发现他们。我们的飞机在上空搜寻时，伪装得十分巧妙的中国军队都隐蔽起来了"，"中国军队的行军纪律和能力，可与古代最好的例子相媲美"。②

行军是最简单，也是最需要艺术的军事行动。

战争的才能就是运动的才能，利用腿与利用刺刀一样重要。长津湖战役中使美军惊呼的突袭战，就是志愿军用神出鬼没的双腿创造的。

在战争中，突然性是建立在速度、秘密、欺骗基础上的反常行动。利用模糊、欺骗制造的突然性的震撼，能给对手的意志以粉碎性打击，获得意想不到的作战效果。

志愿军第9兵团入朝后即按照预定部署，向长津湖地区开进。因为美军拥有绝对空中优势，志愿军在白天无法行动，只能在夜间行军赶路。当地朝鲜人在冬季的晚上都不到户外的，而志愿军则要雪夜行军。

真兴里以北的台地属于针叶林带，稀疏的枞树与白杨多半长在山岭的北面和西面。志愿军正是沿着能够利用这些天然掩护的路线前进。

数百里的行军进程中，"大兵团聚集一线运动，加以兵种复杂，形成了道路拥塞，影响行速"，"徒步开进，装备、粮食、副食全赖自带，一时负担过重，又处于雨雪交织，道路泥泞，体力消耗过大。因此，掉队落伍人员多，加重了收容任务"，"因长途行军受敌机限制，部队处于夜间连续开进中，粮食、副食不能全部就地取给，又加敌机破坏，产生补给任务的严重困难"。③

---

① [美]詹姆斯·F.施纳贝尔：《朝鲜战争中的美国陆军》第2卷，国防大学出版社1990年版，第312页。

② 姚旭：《从鸭绿江到板门店》，人民出版社1985年版，第31页。

③ 《抗美援朝战争后勤经验总结（军以下后勤类）》，金盾出版社1986年版，第359页。

例如，志愿军第27军在行军过程中，因山区路况差，部队常常拥挤在一条狭窄曲折的道路上，增大了行军距离。为了在拂晓前赶到宿营地，不得不加快行军速度，造成体力消耗过大，发生减员。也

◎ 志愿军第20军向长津湖开进

有的部队在山区小路行军，道路拥挤，难以通过，只得返回原地宿营。

美军虽然每天都派出飞机对该地区进行空中侦察，却丝毫没有发现志愿军第9兵团的行动踪迹。战后，美军将志愿军第9兵团这一隐蔽开进称为"奇迹"！了解到志愿军竟然创造了连续18天在崎岖山地平均每日行军30公里的纪录，而且是在几乎没有补给、严格进行隐蔽伪装情况下实现的，美国著名军事评论家约瑟夫·格登，满怀敬意地评价道："以任何标准来衡量，中共军队强行军的能力都是非凡出众的！"

罗伯特·奥内尔在著作《清长之战》中说："美国形容这支经验丰富的部队行动非常诡秘，在美军24小时不间断的侦察中，也能将10多万人的部队神不知鬼不觉地潜到长津湖周围。"

在白宫召开的美国国家安全委员会会议上，美军参联会主席布雷德利说："麦克阿瑟将军对他的进攻能取得成功有十足的信心，他对在他右方的高山中密集的兵力一无所知。他没想到那一地区会出现如此强大的一支部队。"[1]

美军战史学家马歇尔研究认为，志愿军的主体在周遭地区使用村庄做掩蔽，并非只限一时一地的权宜之计。实际上，由于缺乏任何其他合乎逻辑的

① 陶文钊：《美国对华政策文件集(1949—1972)》第1卷(下册)，世界知识出版社2003年版，第520页。

方法，这更支持了志愿军是有系统地使用村庄做掩蔽的假设。他们一定是以西方士兵想象不到的密度，躲在那些小屋中。由于除了洞窟或茂密的森林地区，没有任何其他地方可供躲藏，志愿军一定得将部队在白天集中于紧邻前进主轴或是攻击目标的村落中。不论伪装技术多高明，一支大部队不可能躲在人为构筑的工事中而不被一般的空中侦照发现。志愿军也不可能沿着岭脊或山头疏散，而又能在极短期间有效地集中来攻击更具机动性的敌军。这些都不是人力所能为的，而志愿军在朝鲜的行动也未曾显露出有任何超人的能力。因此，让这些部队无法使用村庄做掩蔽，看来应该是可以用来打乱并瘫痪他们行动的重要步骤。

军事行动不秘密、不诡诈、不能作趋利避害的机动，就不能达到目的。志愿军第9兵团在开进过程中严密伪装，使美军对志愿军第9兵团主力进入长津湖地区毫无察觉。此外，美军判断中国军队在朝鲜的兵力数量方面出现战略性错误，也与志愿军巧妙地隐蔽了部队行动有关。

志愿军隐蔽伪装的能力说明，志愿军战士执行命令是坚决不打折扣的，这是志愿军最让美军害怕的地方。整座山上都是志愿军，"在松树下面，在

◎ 长津湖战役中，志愿军第27军将士昼伏夜行，白天卧雪而眠

崖头下面，在河谷两侧，战士们挖出许多单人掩体，又用松枝、野草伪装起来，合衣睡在里面"①，志愿军"战士们把棉袄、棉裤反穿着，几乎和雪地一样颜色。步枪、机枪上插着松树枝，远望去，像一行行小树在雪地上移动"。②

在朝鲜战场上，美军十分注意侦察。有的志愿军后勤干部及驾驶员因疲劳不注意隐蔽，将车辆放在公路旁或村子里，伪装得不彻底，就被美军飞机发现。伪装要与地形、地貌、地物相符，马匹、物资也要注意伪装。马要拴住前腿，防止美军飞机来临后乱跑。炮兵第16团在下碣隅里遭美军飞机空袭时，马匹乱窜，被炸伤87匹。

美军后来分析志愿军的行军特点时说，在向交战区域前进的时候，中共部队的队伍似乎都选择最容易前进的路线——主要补给线、补给小径、河床以及山谷。

志愿军第20军、第27军赶往长津湖的行军路线并不相同。第20军的行军路线，与先前在东线担负阻击任务的志愿军第42军类似。

1950年10月16至20日，志愿军第42军沿满浦铁路浮桥跨过鸭绿江。其中，第124师、第126师按计划担负在东线阻击、由咸兴沿长津湖迂回江界、保障西线志愿军主力反击的任务。第124师的行军路线是：江界—前川—云松洞—平南镇—云寒岭—柳潭里—下碣隅里。他们在10月25日进至古土里、黄草岭、富盛里。第126师的行军路线是：江界—牙得岭—长津—德实里。

志愿军第20军的行军路线是：通化—辑安—满浦—江界，到江界后兵分两路，形成对长津湖地区美军的包围态势。第20军第58师、第60师、第89师的行军路线是经江界南下，经前川（云松洞）、南兴洞、柳潭里，于11月15日到达以南兴洞为中心的地区集结。第20军指挥所位于龙云洞。

---

① 薛群主编：《在血与火的战场上》，新华出版社1999年版，第7页。

② 薛群主编：《在血与火的战场上》，新华出版社1999年版，第10页。

◎ 志愿军第 20 军将士通过长津江大桥

11 月 26 日，第 58 师进至大浦里一线。第 20 军第 59 师则由江界向东翻越牙得岭南下，经东门巨里、长津，于 11 月 12 日前到达德实里地区。

牙得岭高约 1500 米，山势陡峭。日本占领朝鲜时期，在岭脊上修筑了一条牵行式火车过岭轨道，山顶有个火车站，轨道坡面斜度约 30 度，轨道坡长约 3000 米，岭下黄草满地。志愿军"冒着雪沿着铁轨向上爬，为了防止发生险情，严格规定在铁道的中间向上爬，因为铁道两边是深不见底的悬崖。彼此发扬团结互助精神，帮助体弱的同志背背包，并帮助爬不动的女同志克服困难。具体办法是用一根绳一头缚在男同志腰带后面，另一头缚在女同志腰带前，就这样硬拖着爬上了山。为了防止冻伤，严禁在半路停下休息……就这样弯着腰整整爬了 12 个小时以上，才到达了山顶的那座小火车站"。①

志愿军第 27 军则沿 3 条路线南下。西侧的第 79 师经马登里—仓坪里—赤水里—柳潭里南下。中间的第 80 师经丰流里江—新垈里—袂物里南下。东侧的第 81 师位于赴战湖地区，经紫真里—西于水里—小汉垈南下。

11 月 9 日，志愿军第 27 军陆续由安东车运北上，准备从临江入朝作战。

①　石晓华主编：《永恒的纪念》，上海三联书店 2010 年版，第 167 页。

"今天接到命令，本师（第80师）即晚返回安东，准备从其他方向去执行战斗任务。我即准备行动的各项工作。部队于18时出发，24时到达新义州，过大铁桥。在四天前我们是坐火车过的。今天是步行回到祖国的领土安东的。"①

11月12日晨，第27军先头部队第79师抵达临江，到达临江后几乎没有停留。自即日起，在军长彭德清、政委刘浩天率领下，第27军各部队由临江一线分梯次跨过鸭绿江，再次秘密进入朝鲜。第27军后勤部派一名副部长率第2医院留在临江，负责联系前送物资和收治途中病员。第27军入朝后在梨树洞地区短暂休整，又乘火车经江界到达东门巨里，再徒步迅速开赴预定集结地域。

◎ 志愿军第27军将士奔赴长津湖战场

① 张铚秀：《阵中实录》，军事科学出版社2000年版，第150页。

第 79 师在 11 月 17 日到达莲堂里，11 月 19 日到达长津附近，11 月 24 日集结于德实里西南方向的马登里、独别隅、仓坪里、西德里、高介洞，11 月 25 日集结于北水里、西木里、云水庄。

1950 年 11 月 10 日，第 32 军第 94 师师长邬兰亭率部调归第 27 军建制，在 11 月 17 日由临江入朝，11 月 19 日到达厚昌江口待命。该师第 281 团去厚州阻击驻惠山镇的美军，11 月 24 日继续南进，以 5 天行程进至长津以南，在高岩、高岩里、周坡里、巨武所里集结，11 月 30 日到达独别隅一带。根据指示，第 281 团接替第 81 师第 243 团在大、小汉垡地区的阵地。12 月 1 日，第 94 师在西木里投入柳潭里方向作战。

16 >> 艰难迂回

长津湖战后，志愿军第 20 军第 58 师师长黄朝天曾对宋时轮当面发怨言：这个仗是怎么打的嘛！不是不打无准备的仗吗？ ①

在黄朝天看来，以当时志愿军第 9 兵团的后勤保障能力，这场仗该怎么打？迂回作战范围是否存在伸展过度的问题？

志愿军第 9 兵团通过运用远距离穿插与突然进攻相结合的战法，取得了战术上的奇袭效果。但由于战前准备不足、后勤补给困难，冻饿之下，部队的体力消耗很大。

志愿军第 9 兵团虽然利用奇袭战术对长津湖地区美军进行了成功的分割包围，但在几个包围点上的战斗过程中，作战力量衰减过快，后续攻击力量不够，形成了围而难歼的僵局。

志愿军在运动战阶段选择的战役迂回终点，往往根据战役歼击目标大小和"联合国军"战役部署纵深的长短而定。从几次战役的结果来看，志愿军

---

① 《党的英雄儿子》，2001 年自印本，第 235 页。

战役迂回的终点距离正面战线约 15—30 公里。这一距离恰好是"联合国军"第一梯队师的后方，兵力比较空虚；同时，也有利于志愿军迂回部队在一个夜晚即可完成迂回任务。机械化的美军对道路和后方依赖性大，怕切断后路是其致命弱点。一旦被切断后路，除了突围则无处可逃，因此，美军对侧后非常敏感。志愿军的迂回作战，恰恰扼住了美军这个要穴。

在长津湖地区，志愿军第 9 兵团的迂回范围超过 30 公里，对后勤保障的要求很高。譬如志愿军第 20 军，"吃三个地蛋（马铃薯）打一次冲锋"是很普遍的现象。

时任志愿军政治部组织部部长任荣回忆说："（第 20 军）部队吃不饱，大雪纷飞，敌机轰炸，后方的物资运不上来，即使运来一点，离开公路后，依靠人背，要走一到两天才能送到连队，而当地人少穷困，仅有一点土豆和苞米。""鸭绿江北岸的物资堆积如山，后勤战线的同志也非常辛苦。根本问题在于我们没有制空权，又缺乏交通运输工具，再加朝鲜公路狭窄也很难走，又逢大雪封山，使雪寒岭、寒太岭长时间不能通行，物资运不上去。"[1]

志愿军参战部队多，物资需求量大。据概算，为保证最低限度的供应，平均每人每天需要补充各种物资 3 公斤。第 9 兵团的 3 个军加上兵团直属部队、2 个后勤分部，每天需要粮食 24 万斤。从入朝到 1950 年 12 月底，需要量达 900 多万斤，实际仅运到 510 多万斤，只占需要量的 46%。例如第 2 后勤分部负责供应的第 26 军、第 27 军，每日需要粮食 16 万斤（1 个军每天按 8 万斤粮食计算）。第 2 后勤分部的汽车一共有 104 辆，平均每天最多运 10 万斤，而汽车每天还要损失两三辆。弹药从长津湖作战开始到结束，只运上两个基数；而且，运了弹药就只得停止运粮食。

在运输力量上，志愿军的汽车主要是美式车和日式车，车辆老旧，运力不强。此外，朝鲜的道路状况差，志愿军各兵种沿同一条公路行军开进，极易造成拥挤。同时，炮兵和后勤运输滞后，难以及时保障作战行动。

---

① 任荣：《戎马征程》，中共党史出版社 2001 年版，第 119 页。

志愿军运输能力不高的主因是汽车数量少、损失大。美军掌握绝对制空优势，采取毁灭性轰炸的方针——每日几百架、几百次轮番地侦察、扫射与轰炸，夜间也至少有四五次大量投掷燃烧弹。美机可以低飞到碰坏高压电线杆，甚至扫射志愿军汽车装运的弹药爆炸而击毁飞机本身。志愿军后勤部门（第1、第2、第3后勤分部）入朝时，汽车共有735台；至1950年11月12日，就被美机炸毁315台（含翻毁汽车20多台）。

长津湖南北连接长津江，东西连接丰流里江和旧邑里江。除葛田里与下碣隅里有公路大桥可以通行汽车外，其余的非船渡不能通行。战役开始时，长津湖尚未结厚冰。

长津湖地区的公路多为盘山道，坡度大，路面窄，曲半径小，加之年久失修、积雪路滑，志愿军部队行动和后方运输十分困难。公路盘山而行，目标非常明显，被炸后难以修复，受到破坏的公路还容易发生事故。

朝鲜公路的路面普遍狭窄，一级公路宽只有6—7米，二级公路宽5—6米，三级公路宽3.7—5.5米。有的连嘎斯51型汽车都不好通过；有的盘山旋绕，转弯半径小，使汽车的通过能力受到很大限制。比如，"第二次战役东线因雪寒岭处道路狭窄、积雪成冰，汽车、马车、担架和运伤员的爬犁等堵塞公路，有时整夜不通车，多次发生翻车撞车事故，这种状况持续时间达一月之久"。①

因为受地形限制，长津湖地区的主要道路有3条：由三浦里经德实里通往新兴里的，是唯一的纵向二级公路；由德实里经仓坪里通往柳潭里的为乡村土路，需经整修，汽车方可通行；由袂物里至西于水里的道路，因受冰雪封阻，汽车只能通至袂物侧里，道路上的桥梁也多被美军飞机炸毁。

"从鸭绿江口岸到清川江大约二三百公里，临江口岸距长津湖战场也不过三四百公里，运输线距离短，汽车周转率和运输效率就高。尽管敌机轰炸

---

① 军事科学院军事历史研究部：《抗美援朝战争运动战若干问题研究》，军事科学出版社1994年版，第155页。

严重，但由于汽车运输往返距离近，还是前运了一大批物资，据东北军区后勤部统计，从战争开始到 1950 年 11 月 30 日共向鸭绿江边运送粗细粮 959 个车皮约 25，000 吨。"①

志愿军的后勤物资，由军至师以汽车运输为主、畜力为辅，师至团以大车运输为主，团以下则以人力运输为主。因此，团以下的运输距离不能太远。而接近前沿阵地越近，道路条件就越差，不但山路崎岖、行走困难，而且受美军炮火威胁较大。

日本学者认为：志愿军的"师几乎没有卡车，所以是以挽马、骡马、牛、骆驼和人力等作为运输手段。因此，第 9 兵团的补给道路，是在没有制空权的险峻山地并且气候寒冷，其运输能力是极其低的"。②

各运输分队在运输中，针对美军飞机封锁和雪地路滑等困难采取不同的措施。为了克服雪地路滑，汽车分队用铁丝代替汽车的防滑链，运输人员用稻草绳代替防滑铁脚码，加快了运输速度。为了战胜美军飞机封锁，白天，志愿军人员反穿大衣，车、马覆盖白布；夜晚，严格实施灯火管制，及时清除雪路上的行车痕迹，以便隐蔽地进行运输。

志愿军第 9 兵团的军马除用作乘马、驮枪炮外，还担负繁重的军用物资和伤员运输任务。各师、团后勤部门编有马车连、排，各营有驮马班。据 1950 年 10 月统计，入朝前，第 9 兵团共有骡马 11336 匹。以志愿军第 20 军为例，入朝

◎ 志愿军第 27 军奔赴长津湖战场

---

① 傅良碧：《抗美援朝战争中钢铁运输线》，解放军出版社 1992 年版，第 21 页。
② 日本陆战史研究普及会：《朝鲜战争》（中部），国防大学出版社 1990 年版，第 229 页。

前有军马 3000 多匹。入朝后，草料缺乏，除部分马料由国内供应外，其余的全靠部队自筹。由于马草来源困难，不得不用芦苇和倒塌后的房草喂马，军马体质普遍下降。此外，军马因无冰上蹄铁，滑跌而受外伤者有约 80%，骨折和蹄冠冻裂者有约 3%。在寒地作战，必须准备充分的冰上蹄铁（每匹马须携带冰掌 2 副、钉 4 副）。

志愿军后勤保障能力弱，运动战中的后勤跟进保障能力更弱。部队作战所需粮食、弹药，基本上靠官兵自身携带，带几天打几天，一般只能维持 7—10 天。美军称志愿军的进攻为"礼拜攻势"。"为了保障作战急需，每次战役战斗发起以前，各部队都充分发挥自有运输力的作用，加大携行量，做到车辆装满，人员尽力携行。尤其是担任穿插迂回任务的部队，一个战士的携行量多达 30 多公斤。这样，一个部队所带粮食、弹药大体能维持 1 星期左右。这在当时困难条件下，确是一线作战部队赖以生存和战斗的可靠手段。"①

当时，美空军直接参战的部队有 11 个联队和 4 个大队、4 个中队，以及海军航空兵的 4 个大队。各种类型的作战飞机从 1950 年 10 月的 1100 架左右，到第五次战役后增加到 1680 架。1951 年年底，为加强对志愿军实施"绞杀战"的能力，美军飞机增加到 2400 余架，几乎已达饱和程度。"敌机在我后方的活动是较重视的，其主要是运用战斗机与小型轰炸机封锁，与破坏我方交通线及桥梁要道等地，其主要是阻止我白天运输与破坏运输工具，阻碍人车通行。因此，白天在公路两侧与山间的低飞侦察、轰炸扫射是经常的。一般的敌机出动是早上太阳刚上升时进行袭击，有时于雨雪后来一个突袭，使你不及防备，或者是太阳刚下山时，认为我们车辆要出动了进行偷袭。"②在美军飞机封锁、破坏严重，志愿军汽车每夜只能行驶三四十公里的情况下，要保障数十万军队的作战和生活需要，显然是十分困难的。

① 周中：《抗美援朝战争后勤史简编》，金盾出版社 1993 年版，第 31 页。

② 《抗美援朝战争后勤经验总结（军以下后勤类）》，金盾出版社 1986 年版，第 292 页。

志愿军运输困难，远不能满足战斗需要。"我们只靠战士身上的一条米袋，五六天就吃光了。当时敌我态势是，敌人在公路上，我们是翻山越岭投入战斗。粮食供应极度困难，作战地区人口稀少，老百姓有点土豆，朝鲜的地方干部动员群众拿出来供给部队，但靠老百姓家里的这点口粮，是杯水车薪"。

志愿军各级政治机关和后勤部门，统一组织了筹粮工作队，就地筹借粮食。由于朝鲜高寒山区人口稀少，粮食产量不高，志愿军主要筹得的是地蛋（马铃薯）和黄豆。到长津湖战役后期，"前线部队从一天只能吃到一餐饭降为一天仅能分到几颗冻地蛋"。①"第 60 师司令部医务室医助周孝颖说，各单位本来都有急救包，但那是打台湾用的，'从崇明出发上山东以前就都上交了'，后来紧急入朝，没急救包，'就把棉衣棉裤拆开，拿出棉花，把被子也撕掉，搞急救包'。车到辑安时，下去买了一斤酒精，进入朝鲜后再没补充，一直舍不得用"。②

志愿军第 20 军"部队迫切问题：吃饭。（入朝）打仗以来绝大部分部队每天只吃一顿土豆，六十师在阵地上两天未吃饭，五十九师在山头上 3 天每人分 3 个冻土豆（11 月 28 日到 30 日），两天两夜只吃了一碗玉米糊糊，渴了就吃雪，从战士到干部普遍体力削弱，瘦多了。是不是后勤同志和领导同志不关心、不尽力呢？主要是天时地利问题。山高雪深，人都不好走，有运输工兵亦没有办法"。③

志愿军第 20 军后勤处财务科的审计人员回忆说：第 60 师

◎ 志愿军第 20 军战士用冻成冰块似的土豆充饥

① 《百旅之杰》编委会：《百旅之杰》，杭州出版社 1999 年版，第 456 页。

② 叶雨蒙：《东线祭殇》，解放军文艺出版社 2007 年版，第 37 页。

③ 《谢有法将军文辑》，国防大学出版社 2000 年版，第 216 页。

◎ 志愿军第 20 军战士冒着严寒抢修防空洞

师长彭飞在前方指挥所一天只吃两个冻地蛋。为给重伤员增加营养准备的，刚从朝鲜老百姓手中买来的一头被美军飞机炸死的牛，把牛肉煮熟后，分一小部分送到前方指挥所救急，其实是救命啊。当时，部队通过朝鲜地方政权，用朝鲜币向朝鲜老百姓买了不少土豆，煮熟后送到前方，但这种就地筹粮在异国作战中为数有限，主要依靠后方供应与前送。进至阵地后，部队吃不上饭，无粮食充饥。运输少三分之一，运不上来，路上一般就没有吃的了，最多时每天 15 万人，粮需求数为 22 万斤，兵团运到军的位置，军再向前送，车少，开车的人技术不好，常坏车。粮食运不上去，离开公路就要爬山搬，有时要走 30 公里。未打仗前，用担架抬粮食，好不容易才吃上一顿饭。有些部队有粮，但不能烧火（为了防空），只能吃冻饭，战士看到饭直流眼泪。主要困难是挨冻饿，无水喝，吃雪蛋。

战后总结时，志愿军第20军军长张翼翔认为："天气寒冷，炮拉不上去，只一条狭路。部队黑天不吃饭，白天要反击，又无粮，不能烧火。部队营养不足，负伤残废太多。过去的血是红的，现在是红白色，做手术的同志都流眼泪。""坚决英勇顽强是无话讲。打枪时枪栓不得不用脚踩开，用牙咬手榴弹盖，肉皮撕掉的很多，成班成连与阵地共存亡的。上去 3 个连队，很少回来的，打到最后。脱双鞋子比动个大手术还难。这次骨干伤亡，开始有人抬，后来无人抬，都冻死了。下来的人脚是黑的，脸是蜡白的，不能说话。敌人走了，战士不甘心，认为敌人好打。带伤打仗，好的例子很多。主要是反坦克武器少，不能解决坦克问题"。①

当时供应志愿军第 20 军的粮食，从中国东北地区运出，火车到江界为止，再用小火车、手推车运到位于乾慈介的第 20 军后勤基地，还要翻越上下 20 多公里的广城岭，才能送到前方。运粮任务十分艰巨，除了后勤人员，第 20 军政治部文工团也被动员去背粮，每人背几十斤。一些女同志背到半山，实在背不动了，坐在雪地上哭。有的女同志爬到岭上，已经没有气力，就抱着米袋往下滚。②

粮食由辑安运到前川，离前线还有 150 多公里，必须翻山越岭。志愿军第 20 军的汽车损失很大，志愿军第 9 兵团后勤部的汽车又前运不及，故而基本上无法供应前线，造成官兵普遍饿肚。从龙水皮把 2 万斤粮食往前线送，只能收到两三千斤。

◎ 长津湖战役中翻山越岭的志愿军战士

"铁路通到江界，江界到前川有矿上小铁道。军后勤在前川设立了转运总站。前川至龙水皮，可通汽车"③，"在龙水皮和直田里设立了转运站。由乾慈介到新德里，要靠人力运输，也临时设了站，直接由团、师运给部队"。志愿军第 20 军后勤部部长喻求清曾经说："志愿军第 20 军配有 45 台卡车，都是缴获的美造旧汽车，几经修理翻新，质量很差。司机和技工都没有在敌机轰炸扫射下夜间无照明驾驶的经验。车辆又没有防冻防滑设备和修理材料，因此大部不能发动；少数能参加运输的车辆，又因敌机轰炸和翻车，损

---

① 《谢有法将军文辑》，国防大学出版社 2000 年版，第 222 页。

② 《铁军骁将》，1992 年自印本，第 228 页。

③ 《百旅之杰》编委会：《百旅之杰》，杭州出版社 1999 年版，第 454 页。

失很大。"① 志愿军第 20 军入朝时，经过辑安、满浦、江界、云松洞、南兴洞，最后到达西中里时，汽车仅剩下 5 辆。此后，第 20 军又"向志愿军第 9 兵团要了一个汽车连，是东北军区的，有防冻和高山地区驾驶经验"。② 最终，由机关干部、勤杂人员、部分民工 2000 多人组成的运输大队，担负起运输任务。

第一段，"从直田里至乾慈介军后勤所在地，长 15 公里，利用朝鲜开矿用的小铁路，以 24 节小车皮进行运输，每车装 700 公斤，以 6 人推运，上下坡 8 小时，上坡时满身大汗，下坡时衣服结冰"。第二段，从乾慈介到新德里，要翻过海拔 1726 米的广城岭，只能靠人力搬运。为了保障运输线畅通，志愿军第 20 军副军长廖政国亲自命令该军警卫营在广城岭开路。志愿军官兵借助炸药及简陋的工具，历经一个多月开辟出一条通路。而后，组织 2000 余人每天运粮 2 万余斤。第三段，从新德里至德里，"全程 10 余公里，有小公路通行，动员了 1000 多朝鲜群众，以雪橇运送，各师也抽调部分马车协助。粮弹陆续运到分站，再由部队组织人力、畜力和炮团的弹药车前运"。③

日本学者认为，志愿军第 9 兵团在入朝之初就消耗了战斗力。这也导致在以后的战斗中，未能歼灭美陆战第 1 师。

---

① 《百旅之杰》编委会：《百旅之杰》，杭州出版社 1999 年版，第 454 页。
② 《百旅之杰》编委会：《百旅之杰》，杭州出版社 1999 年版，第 454 页。
③ 《百旅之杰》编委会：《百旅之杰》，杭州出版社 1999 年版，第 456 页。

第四章　新兴里突袭

新兴里，位于长津湖东侧的小村庄。地势，北部平缓，南部山岭险峻。

随着美第 8 集团军继续向北冒进，其攻击正面从 80 公里逐渐扩展到了200 公里，各师之间均出现了明显的空隙，与东线美第 10 军的空隙也进一步扩大。美军呈现出师团分散、侧翼暴露的不利态势。

1950 年 11 月 20 日，美陆战第 1 师先头部队进至新垡里、新兴里一线。考虑到需要缩小东西线之间巨大的缝隙，支援西线美第 8 集团军作战，加强向西线实施侧后迂回的力量，阿尔蒙德决定将经长津湖东岸向北进攻的计划调整为向西进攻，令美陆战第 1 师全部沿长津湖西岸公路，向西攻击前进；命令美第 7 师派出 1 个团进入新兴里地区，接替美陆战第 1 师的防务，并保护美陆战第 1 师的右翼安全；同时令美第 3 师一部向社仓里开进，保护美陆战第 1 师的侧后安全。

17 ›› 寒冷先敌发起挑战

志愿军第 9 兵团跨过鸭绿江后，在战场上首先遇到的对手不是美军，而是严酷的天气。

从未经历过的寒冷不断发起挑战。

寒冷，在踏上长津湖战场的志愿军每一位将士记忆中，终生难忘。

时任志愿军第 27 军第 80 师师长张铚秀，在日记中写道："这是我师第二次出国，再度过江，进入朝鲜，可是这个地方是朝鲜最北部，气候与南边大不相同，非常寒冷，到零下 20 摄氏度，且在我行进线上全是山地，道路很少，因此使行军遇到很大的困难。部队装备每人平均都有 60 斤重，从地图上看行程只有 50 里，而实际走了一宿。加道路不良，故今晚冻伤者达 300 余名，并有一名冻死。原定以五天行程进到长津里东南集结，因道路不良，实际行程过远……部队在这样恶劣的条件下冻伤者不断增加。"①

志愿军第 9 兵团政治部主任谢有法在日记中记载："进入朝鲜，零下 24 摄氏度，物资困难，第一次特别是第二次下雪，部队发生严重冻疮、冻伤。""再向南进，遇到飞机轰炸，吃不上饭，白天不能睡，晚上走路，外面下雨雪，里面出汗，饭食正吃着就冻成冰疙瘩，日夜没有暖和的时间。部队进行传统教育，大家克服困难。全军以第八十一师最为困难，吃土豆上吐下泻，带了点盐下雨化了，干辣椒亦吃光了，所以就在当地筹了部分粮食，吃大麦，部队有买牛杀吃的，经纠正即停止。15 斤肉的猪也有被杀吃的"，"未进入战斗前全军减员 3000 人。第八十师在厚昌过江都没脱鞋袜，一冻路上走不动，就丢了几个连"。第 27 军第 80 师第一天就冻伤 700 余人。途中又遭美军飞机轰炸、扫射，损失汽车 39 辆，民工逃跑过半（到集结地域后，仅剩 1200 余人、担架 170 副）。"不少战士脚冻了，一烤发胀，鞋脱不下来，只好留后边慢慢走，有的手冻得发干发黑。"②

第 27 军第 80 师第 238 团第 7 连副连长宋协生回忆说："当时气温到了零下三十七摄氏度，一个炊事员的耳朵冻胀了，鼓胀得跟皮球一样大。"第 20 军第 59 师第 176 团后勤处管理排排长曲肇录回忆：天冷得铁器沾手，一拿驳壳枪，手上就脱一层皮。行军时，眉毛上是白的，帽子的帽盖上也是白的。

---

① 张铚秀：《阵中实录》，军事科学出版社 2000 年版，第 151 页。

② 《谢有法将军文辑》，国防大学出版社 2000 年版，第 213 页。

第 27 军第 94 师官兵未能及时穿上棉鞋，全师冻伤 2400 多人，两天没吃的，也无交通运输工具与牲口。

在志愿军第 9 兵团向长津湖地区开进过程中，寒流袭来，气温骤降，大雪封山。由于前线作战任务紧迫，同时也缺乏在寒区战场作战的经验，第 27 军第 81 师后勤处提出的防寒建议没能引起重视，第 27 军后勤部拟制的《冻伤预防》指示和《防冻细则》也未能及时下发。第 94 师第 280 团的一名营长冻死，第 282 团也冻死了连级干部。

在行军途中，志愿军大量冻伤。运输被服的车辆，除个别的送到少量棉大衣和部分鸡毛被外，其他的均在途中发生故障。第 27 军后勤部采取紧急措施：一是派财粮科 1 名副科长驻第 2 后勤分部前指，申请补充冬装；二是派军实科副科长率两名科员返回临江军留守处，组织前送车辆捎运部队轻装时留下的被服；三是派 1 名科员参加军指挥所，及时了解和反映部队军需物资的保障情况。虽经多方努力，但被装仍未能及时送到。在战前，缺大衣、棉鞋 65%，棉帽 34%，手套 100%。

志愿军前线后勤指挥部副政委兼政治部主任张平凯，在《东线后勤工作的检讨与意见》中说："部队进入战地后，在海拔 2000 米以上的大山区，一无村庄，二无粮食，随身携带的一点粮食，为防空也不能烧熟；有的部队晚上藏着煮土豆，送到阵地上全部冻成冰块，数量少，不能保证一饱；作战部队喝不到开水，指战员于火线上吃冰雪，3 天之后都拉肚子，好人变成病人；运输工具不足，部队得不到粮食供应，直接影响了战斗力。"[①]

因为天气寒冷，汽车损坏严重，车辆易坏水箱、汽油泵布皮。由于气候严寒对防冻液使用不适，又因朝鲜山路太多，引擎温度或增或减，故而，防冻液容易蒸发以致冰结水箱，冻裂汽缸口。泵布皮也因天气寒冷，漆布发脆，容易破裂。部分车辆由于漆布破裂、漏油而失火，或漏至油底壳内，消失了润滑油的作用，以致连杆曲轴的轴承烧坏。

① 《宋时轮传》，军事科学出版社 2007 年版，第 290 页。

"27军后勤部在整编中，将辎重营改编为担架营，其马车82辆、马227匹，分别编到各师；新建汽车连1个，汽车由8辆补充到45辆，但车辆完好状况较差（大部分为美制大道奇、吉姆），仅有司机16名；将医疗队改编为医院。各师后勤编有医疗队1个，辖医疗室两个（收容量共250—800人）；新建运输连1个，辖马车排1个（胶轮马车20辆）、驮马排两个（驮马60匹）；新建担架连1个（担架48副）。此间，该军每人发温区棉衣1套、棉帽1顶、单皮鞋1双、布袜1双、毛巾1条。军后勤领到白袍衣2，000件，伤员替换棉衣8，000套、棉被3，000床。"①

当时，志愿军第27军文艺工作者宋文在歌曲《勇敢前进》中唱道："饥饿摧不垮坚强的意志，寒风吹不透火一样的热心"，"就像那钢铁一样，砸不碎也打不垮，从来也不退后，朝着敌人勇敢前进"。

战场上，来自对手的评价往往更接近真实。美军就认为，在长津湖之战中，酷寒的天气是美军最大的盟友。志愿军后勤供应系统上的困难导致缺乏御寒服装、食品，战斗力因大批战士被冻死、冻伤而严重削弱。

18 >> 将在外，因敌而变

战争充满着偶然性和不确定性，指挥和决策不是情报信息的简单综合，创造性的战略决断力是应对这些偶然性和不确定性的必然要求。

处理复杂形势、应对战场情况变化的决断能力，也是成熟指挥员与生涩、教条指挥员的根本区别。一位将领的才智，一半是善于应对意料不到和无法预测的形势，另一半是熟悉一般情况作出细致的部署。即便是在情况不明确、没有明确指示的环境中，优秀的将领都要满怀自信地作出决策并付诸行动。

① 《抗美援朝战争后勤经验总结（后勤战例选编）》，金盾出版社1986年版，第338页。

根据原定作战方案，长津湖畔的新兴里，不是美第7师的主战场。控制鸭绿江沿岸地域，是最初赋予该师的任务。

1950年11月21日，美第7师第17团进抵鸭绿江边的惠山，距离中国仅一江之隔。这是朝鲜战争中美国军队唯一一次到达鸭绿江边。阿尔蒙德专程赶到惠山颁发奖章，并与美第7师师长巴大维以及副师长霍兹、师炮兵指挥官奇佛等军官在惠山的鸭绿江边，以江对岸的中国为背景合影留念。

麦克阿瑟欣喜若狂地致电阿尔蒙德："致以最衷心的祝贺！转告巴大维，第7师中了头彩！"美第17团的士兵们则模仿当年盟军在纳粹德国莱茵河边的举动，解开裤子向鸭绿江撒尿。[①]

美第7师师长巴大维少将，曾在解放战争期间担任驻华美军顾问团团长。中国贫弱不堪的社会以及战争现状，让这位师长大概率地判断，朝鲜战争已经结束了。

背离战场现实的荣誉是毒药。后来，麦克阿瑟的继任者李奇微，就少了几分虚幻的荣誉追求，多了几分战场上的清醒。李奇微强调，荣誉的诱惑、担心被视作懦夫、害怕失去权力和威信、糊涂地认为除了盲目服从便别无选择，都将导致悲剧性的后果，大批官兵将毫无意义地牺牲。

但是，按照新的计划，美第7师将接替美陆战第1师的任务，坚守长津湖东侧新兴里地区。

东线美军突然调整部署，使得战场形势更加复杂。

先胜而后求战，是中国兵学的传统。对战争的预见性、对战法的研究程度决定着战场上的表现，也是先胜的基础。

在朝鲜战场，由于地形陌生、对手的情况或明或暗，战场态势的流动性更为突出，"遭遇战"的色彩更为浓厚。在志愿军入朝之时，志愿军副司令员邓华就对如何打好朝鲜战场上的遭遇战进行了研究："一是敌先我到达预定地区，一是我刚到敌人即来，一是行进中遭遇。这些情况都有利于我造成

---

① 光亭：《冰血长津湖》网络版。

从运动中歼灭敌人的有利机会，因此各部在开进中应以战斗姿态前进，随时准备包围歼敌。如果敌发觉我行动后而停止前进，各部进至指定地区后，一方面迅速构筑工事，同时则应派遣小部队尽量向前伸出，插至敌后，袭击、伏击敌人，以达消耗敌人、迟滞敌人前进的目的。"[1]

由于气候严寒、道路难行，美第 7 师行军速度缓慢。11 月 26 日下午，其第 32 团第 1 营到达长津湖东岸，在新兴里以南的 1221 高地布防。当夜，美第 31 团团长麦克莱恩上校率该团团部到达新兴里以南约 6 公里的后浦，并在该地开设团指挥部。美第 7 师第 31 团在美国陆军中战斗力很强，在第一次世界大战中因攻入俄国西伯利亚，而被伍德罗·威尔逊总统授予"北极熊团"称号。

起初，战场形势表面看都是在交战双方设计的轨道上运行。

美军正式发起攻击前，麦克阿瑟发表公报：

> 联合国军队在北朝鲜对在那里作战的中共军队的压缩包围现已临近关键时刻。在过去的 3 周里，作为这只铁钳独立成分的各类空军，以模范的协同和战斗力发动了持续的攻击，成功地切断了来自北方的补给线，这样，由此而进行的增援急剧减少，基本的补给明显受到限制。这一钳形攻势的右翼在海军有效的支援下，现已抵达居高临下的包围阵地，把地理上可能有敌人的北部地区一分为二。今天上午，钳形攻势的西段发动了总攻，以完成包围并夹紧钳子。倘能成功，这实际上将结束战争，恢复朝鲜的和平与统一，使联合国军队迅速撤退，并使朝鲜人民和国家得以享有全部主权和国际上的平等。我们就是为此而战。

这份公报，对朝鲜战场东西两线"伟大钳形攻势"的前景进行了描绘。

---

[1] 《邓华纪念文集》，军事科学出版社 2010 年版，第 345 页。

麦克阿瑟想象的战果无疑是辉煌的，并认为美国空军已经明显阻止了志愿军的增援和供给。阿尔蒙德的部队已抵达一个居高临下、包围志愿军的位置，正把朝鲜北部地区的志愿军拦腰切成两截。

一份公报，就想震慑住中国人？

西线的志愿军，开始按既定作战部署对美军进行反击，第二次战役拉开序幕。

志愿军第 38 军、第 42 军，向美第 8 集团军右翼德川、宁远的南朝鲜军第 7 师、第 8 师发起突然攻击。战至 11 月 26 日，志愿军歼灭南朝鲜军第 7 师、第 8 师大部，在美第 8 集团军右翼打开了战役突破口，为下一步实施侧后迂回、正面突击创造了有利条件。

11 月 27 日上午，气温降到零下 30 摄氏度。美第 32 团第 1 营营长费斯中校向麦克莱恩上校建议，该营继续北进，进入内洞峙原来美第 5 陆战团第 3 营的阵地，以便在次日继续向北推进。麦克莱恩同意了这一建议。该营于当日下午到达新兴里西北约 5 公里的内洞峙。

美第 7 师在内洞峙部署的兵力包括第 32 团 1 个整营，隶属美第 31 团指挥，并配备炮兵、坦克各一部。

美第 7 师第 31 团第 3 营和第 57 野战炮兵营到达新兴里。美第 3 营的 I 连和 K 连在村东，L 连、该营营部和机炮连在村中心；第 57 野战炮兵营的 A 连和 B 连在村南，该营营部和防空炮营的 D 连在村西南。美第 31 团的坦克连也在黄昏时到达后浦，连长罗伯特·德瑞克上尉决定该连在后浦过夜。

美第 31 团团长麦克莱恩决定将该团重迫击炮连移到内洞峙和新兴里之间，并在该处设立一个前进指挥所，以便就近指挥、支援附近的两个营——第 31 团第 3 营和第 32 团第 1 营。

在敌情判断上，志愿军第 9 兵团认为新兴里、新垈里的美军为 1 个营或 1 个加强营；对柳潭里地区美军的判断也存在低估现象，认为仅有 1 个营。长津湖地区作战中，志愿军侦察情报获取能力不足的弱点比较明显。这直接导致在作战方向的选取上出现偏差，作战过程中屡次出现战术上被动"添油"

的现象。

志愿军第 9 兵团决定，抓住美军兵力分散，尚未发现志愿军部队已经集结的有利时机，"集中廿（欠六〇师）及廿七军主力，首先歼灭美陆一师主力于下碣隅里、新垈里、旧津里、柳潭里、新兴里之间地区。得手后，视机歼击美三十一团或美陆一师增援之敌"。①

志愿军第 27 军军长彭德清，决定集中第 80 师及第 81 师第 242 团，歼灭占领新兴里、新垈里、内洞峙的美军。第 81 师（欠第 242 团）位于云水里及大、小汉垈一线，阻击北犯的美军，确保云水里至袂物里的道路畅通。进攻新兴里的部队分为左右两翼：左翼由第 80 师第 239 团、第 81 师第 242 团组成，右翼由第 80 师第 238 团、第 240 团组成。

◎ 长津湖战役中正在抢挖战壕的志愿军战士

彭德清，福建同安人，1926 年参加农民赤卫队，曾任闽南抗日义勇军独立大队大队长，新四军军部大队教导员、纵队团政委、旅政治部副主任、团长兼政委，解放军纵队副司令员兼参谋长，参加过苏中七战七捷、枣庄、莱芜、孟良崮和淮海等著名战役。彭德清任新四军第 3 旅第 7 团团长兼政委时，该团以敢打硬战恶仗、善啃硬骨头而著称，被称为"老虎团"。

第 27 军的前身，是由抗战时期胶东军区部队整编而成的华东野战军第 9 纵队，是华东野战军首屈一指的头等主力，在孟良崮、济南、淮海、渡江

① 齐德学主编：《抗美援朝战争史》第 2 卷，军事科学出版社 2000 年版，第 114 页。

等重大战役中，屡建奇功，英模辈出。9纵有3个团荣立集体一等功，2个团分别被上级授予"潍县团""济南第一团"荣誉称号，涌现出200多名"华东人民英雄"。

战场上英雄辈出、战功卓著，足以说明9纵的战斗力之强、战斗作风之硬，很有自己的风格和特点。最突出的就是善于打大仗、打硬仗，以及高度的作战积极性。这从许世友当纵队司令员时就开始锤炼，聂凤智接任后又在一场场硬仗中磨砺得更加鲜明。9纵经常喊的口号就是"打主攻、夺第一"。1948年9月的济南战役中，上级赋予9纵的任务是"助攻"。但是，时任9纵司令员聂凤智不是消极助攻，而是在给部队下达命令时将"助攻"改为"主攻"。接到命令后，各师纷纷来电询问，是不是命令搞错了？聂凤智说：命令没有错。助攻不是佯攻，是真攻不是假攻。结果，在济南之战中，9纵硬是在"助攻"的方向，打成了"主攻"的地位。

没有善战的底气，没有敢打必胜的英雄气，走不到主力的位置。

在战前动员会上，志愿军第27军政委刘浩天说："这次作战，是我27军出国后的第一仗，毛主席、中央军委和祖国人民对27军寄予厚望。我们各级指挥员要精心精备，指挥部队勇敢作战、勇猛杀敌，打出27军的军威，取得入朝作战的首仗胜利。"

战斗开始不久，即暴露了志愿军通信手段和装备落后的弱点。比如，在1950年11月27日当晚的战斗中，第27军第80师与各团的电话线路全部被炮火打断，导致通信指挥完全中断。

11月27日16时，志愿军第27军副军长兼第80师师长詹大南，指挥第80师（附第81师第242团）对新兴里的美军发起攻击。

第80师第238团（附第240团第2营）沿新兴里的三沟及以西谷地，向新兴里的美军进攻。因第1营走错了方向，团长阎川野临时改以第3营首先投入攻击。第3营以班、排为单位，同时对二沟的50多个独立家屋发起攻击。第3营第8连攻至二沟东南的丰流里江边，被一处独立家屋的密集火力点所阻，几次近距离爆破都未成功，部队伤亡严重。

第 238 团团长阎川野，突击队员出身，山东荣成人，1939 年参加革命，1940 年参加八路军。他每战皆带头冲锋。有干部、战士相劝，不能回回带头。阎川野却说，这有啥不行？为了尽快消灭日本鬼子，这个突击队长，我当定了。阎川野当了 4 年指导员，就当了 4 年突击队长。1943 年，他在带领突击队攻克日军碉堡过程中，右眼负伤失明。抗战末期，阎川野声震一方。日伪军十分畏惧，常说"阎瞎子来了，快跑"。

配合第 238 团作战的第 80 师炮兵团九二步兵炮连第 5 班班长孔庆三，奉命带领本班摧毁美军的火力点。由于美军的火力点前沿被一个小山岗遮掩，致使无法直瞄射击。孔庆三果断决定，将炮弹杀伤半径为 25 米的九二步兵炮，推上距离射击目标仅 20 米的小山岗。

因为地面坚硬，无法构筑炮阵地，炮的右驻锄悬空。孔庆三不畏生死，用肩膀抵住炮驻锄，命令二炮手立即开炮射击，一炮就摧毁了美军的火力点，但孔庆三由于被火炮的巨大后坐力撞击和腹部遭迸回的弹片击中而英勇

◎ 进攻新兴里的志愿军战士

牺牲。战后，他被追记特等功，并追授"志愿军一级英雄"荣誉称号。

战争是以生与死为代价，对生命极限的拷问与探寻。战争以特殊方式开启了一扇洞察人性的窗口，将生命形态的另一种景观展现出来。战场上的每一位英雄，都对生命极限发起挑战，拓展了对生命高度的理解。

志愿军第 238 团第 1 营集中力量，攻击新兴里北侧的 1100 高地、1200 高地。第 240 团第 2 营插入新兴里美军阵地纵深，夺取新兴里公路桥，然后协同第 238 团第 3 营，割裂了新兴里与内洞峙美军的联系。

第 240 团第 2 营从新兴里西南方向攻击时，遭遇 1310 高地上美军防空炮营 D 连双联装 40 毫米自行高射炮的火力封锁，遂向东绕道，避开拦截火力，尔后加入对二沟美军的攻击。第 240 团第 4 连在"人民英雄""潍县四勇士"荣誉称号获得者连长李耘田以及副连长李聚法率领下，奉命向丰流里江大桥攻击前进。该连在遭到美军三面火力夹击的情况下，首先攻占一处独立家屋，歼灭美军 10 余人，击毁美军吉普车一辆；而后向美军指挥所发起攻击，击毙美军数十人，缴获重机枪 7 挺、汽车 10 辆。

11 月 27 日 23 时 35 分，志愿军第 27 军第 81 师第 242 团绕过新兴里，占领细水、赤浦洞。第 1 营和第 3 营先后攻占公路两侧的高峰及 1221 高地，彻底截断了新兴里到下碣隅里的公路。美军第 31 团卫生连从后浦前往新兴里时，遭到志愿军第 242 团伏击。志愿军缴获美军汽车 11 辆，击毙美军 20 余人。而后，第 242 团第 2 营立即沿公路向北攻击新垈里。

23 时 45 分，志愿军第 27 军第 80 师第 239 团主力从丰流里南下，经泗水里展开攻击，先后攻占 1455 高地和 1250 高地后，从南面和东南面冲入新兴里。至此，志愿军左翼攻击部队完全切断新兴里美军的退路，从南面形成包围之势。

在此过程中，志愿军第 239 团第 2 营第 4 连，创造了在美军纵深大胆穿插、成功接应第 238 团过江的经典战例，为后来围歼新兴里美军作出了贡献。根据指示，11 月 27 日 19 时，第 4 连奉命侦察开进，查明当前敌情，接应第 238 团过江。接到任务后，该连以第 1、第 2 排展开，每排配营属重机枪 1 挺，采取后三角队形，第 3 排在第 2 排之后跟进。从 22 时开始沿细水西山运动，24 时进至 1200 高地山脚铁桥附近。随后，连长派 8 班查明 1100 高地情况。在 1100 高地东侧未发现敌情，随后由第 2 排副排长率第 4 班控制该高地。此时，连指导员庄元东率第 1 排进至 1100 高地山顶附近，发现隐蔽部有美军哨兵。小组长臧玉伯与战士苏建奇，从侧后以突然勇猛的动作活捉美军哨兵。而后，他们又发现前面的凹地内有两顶帐篷。臧玉伯与苏建奇趁美军不备迅速插进，从帐篷入口向美军开火。班长即令机枪组布置于帐篷左侧，将 30 余名美军全部杀伤。战斗开始后，连指导员庄元东牺牲。连长率第 2 排继续攻击前进。5 班在左、6 班在右，先后夺取美军 3 处房子及指挥所、炮兵阵地。第 3 排 7 班、9 班在第 2 排 5 班、6 班向 1100 高地西侧进攻的同时，迅即成功地控制了高地下侧的江桥，确保第 238 团顺利过江。在整个战斗过程中，毙伤美军 300 余人，志愿军伤亡 54 人。战后，第 4 连荣获"新兴里战斗模范连"荣誉称号。

战争的方式、手段、观念在变，但对勇气的要求始终没有变。战争仍然是强者之间勇气的较量。无所畏惧的勇气总是具有震撼性的。

志愿军表现出的勇气连对手也敬佩。美军第 57 野战炮兵营营长雷·恩布利中校回忆说，中国士兵人数这样多，如此顽强、反复进攻，他从未见过。志愿军冒着严寒和他们的炮火源源而来，其视死如归的精神令美军肃然起敬！对这场战斗，恩布利的感觉是强烈的，因为他失去了很多战友，伤亡惨重。他从未见过像这样的战斗。他曾经在第二次世界大战中，遇到德军在阿登的最后一次大反攻，但也不似长津湖之战这样激烈，那情景真是不堪回首。

1950 年 11 月 28 日凌晨，志愿军第 27 军第 80 师第 240 团第 3 营第 7 连，沿公路从正面向内洞峙攻击时，由于地形不利，遭美军火力封锁，伤亡很大。第 8 连、第 9 连从内洞峙以东迂回攻击时也遭受伤亡，进展缓慢。

为保障第 3 营右侧安全，根据团首长指示，由副连长率第 1 营第 1 连第 1 排搜索警戒 1249.2 高地。受领任务后，副连长进行了政治动员，区分了各班任务。同时，加强了各班火力，每班配轻机枪一挺，各班长及战斗组长都配冲锋枪。

11 月 28 日凌晨 3 时半，第 1 排开始前进，进至 1249.2 高地山顶时，没有发现敌情，但听到高地东南侧山沟有枪声。副连长遂召集班、排干部判断情况，认为东南面山沟及前面山头都可能有美军。当即决定，由 1 班沿高地右侧山凹向前搜索，排长率 3 班沿山背及左侧搜索，2 班由副连长带领在后跟进。在距离山顶 20 余米时，美军突然开火。3 班立即还击，冲上山顶与美军激战。2 班听到枪声后，迅速从 3 班右侧插入美军侧后。1 班也冲上山脊占领工事，配合 2 班、3 班全歼美军 33 人。

11 月 28 日凌晨 4 时，志愿军第 81 师第 242 团第 2 营攻占新垈里，美军退守新兴里。第 242 团主力控制了 1221 高地，并炸毁白岩里江桥，以阻击北援的美军。拂晓时分，志愿军第 80 师第 238 团控制新兴里以北高地，该团第 1 营已于凌晨 3 时渡过丰流里江，配合第 239 团第 2 营攻占了 1100 高地；第 240 团控制内洞峙西北、正北、东北一线高地。至此，第 80 师已切断新兴里美军的退路，并形成对美军包围之势。

经过一夜激烈战斗，志愿军第 9 兵团虽然未能歼灭当面之敌，但完成了对长津湖地区美军的分割包围，将美陆战第 1 师和美第 7 师一部分别包围于柳潭里、新兴里、下碣隅里等地，并割断了美军相互之间的联系。

美军以坦克组成防护圈，在火力掩护下，夜间死守，白天依靠飞机、火炮掩护，用火力杀伤志愿军，妄图夺回已经失守的部分阵地。

"战役第一夜，担任主攻新兴里美第 7 师第 31 团的第 27 军第 80 师减员 1/3，担任包围美陆战第 1 师并阻其突围、增援新兴里的第 79 师减员近 1/2，其中冻伤占两个师全部减员数量的 1/3。主力部队的主力师仅 10 余小时损兵折将近半，这个数字让宋时轮痛心疾首。"[1]

此时，毛泽东电告彭德怀、宋时轮等人："此次是我军大举歼敌根本解

---

① 《宋时轮传》，军事科学出版社 2007 年版，第 275 页。

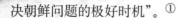

决朝鲜问题的极好时机"。①

新兴里周围的高地，几乎全被志愿军控制。美军退缩至方圆不到2公里的狭小地域，面临覆没的危险。

天亮后，美军开始有组织地进行反扑。由于战前的对敌侦察判断美军仅有1个营兵力，因而，志愿军对美军的突然反扑准备不足。志愿军第80师仓促应战，部队伤亡较大，被迫撤出阵地。

美第57野战炮兵营和防空炮营D连调整部署，将D连的3门M19双联装40毫米自行高射炮和4门M16四联装12.5毫米高射机枪车，向北、东、南三个方向展开，成为美军反扑的重要支援火力。

志愿军第27军各师在寒冷、饥饿、疲劳和低劣装备的极端不利条件下，坚守既得阵地，未让美军前进一步。

11月28日18时，志愿军第80师继续攻歼内洞峙、新兴里的美军。

由于补给跟不上、炮弹匮乏，炮火急袭只持续了短短5分钟，志愿军第238团和第239团便向新兴里发起了攻击。这两个团尽管已经连续战斗了一天一夜，伤亡减员已达1/3，但士气依旧高昂，不顾美军的猛烈火力，前仆后继，勇猛冲击。第238团从东南方向进攻，第239团从西南方向进攻，至午夜前后，已有多支部队相继突入新兴里村内，与美军展开巷战。志愿军缺乏有效的通信手段和通信工具，师、团之间主要靠有线电话，团以下主要靠人力通信，在炮火连天、瞬息万变的战场上，根本无法及时、有效地上传下达。师、团指挥员不能及时掌握部队进展情况，也就无法在最有利的时机、地点投入预备队以扩大战果。

在志愿军第80师炮兵营6门75毫米山炮掩护下，第240团攻击内洞峙。第1营和第3营主攻内洞峙。第2营则插入新兴里与内洞峙之间，占领公路桥，切断两地之间的联系。战斗打响后，第1营迅速夺取了制高点——1249

---

① 中共中央文献研究室编：《毛泽东年谱(1949—1976)》第1卷，中央文献出版社2013年版，第249页。

高地；第2营勇猛穿插，直取公路桥，控制了大桥及附近高地；第3营也从公路一侧迂回攻击。美军A连的阵地首先被突破，志愿军从突破口冲入村里，战斗随即在村内展开。美军B连和C连凭借机枪与迫击炮火力，还在苦苦支撑。

20时，志愿军第80师决定除以部分作战力量控制既得阵地，对美军进行包围、监视外，主力进行休整。20时15分，第240团攻占1249高地。

战斗中，志愿军因为缺乏保暖用具，加之炊事班距离连队较远，热食送到阵地已冻成冰块。尤其是担任穿插任务的部队（如第242团）机动性大，多数连队的炊事班没有跟上，干部、战士只得以干粮、雪水充饥。经过30多个小时的激战，志愿军官兵整天暴露在阵地上，因御寒服装不足和缺少热食，抗寒能力显著降低，部队的冻伤者越来越多。比如，特等功臣隋春暖在内洞峙战斗中，他的脚冻伤了，肿得穿不上鞋。为了坚持战斗，隋春暖就把鞋割开，用布缠在脚上冲锋，带领全班最先攻上山头。

到11月28日夜，志愿军第27军第80师已伤亡3000多人，其中有1000余人为冻伤。同时，由于伤员众多、山陡路滑、后送困难，大部分伤员滞留在丰流里和西木里各团、营救护所，军医院和师救护所仅收容了少量伤员。

鉴于部队进攻受阻、人员伤亡较大、后方供应中断，志愿军第27军后勤部为迅速扭转被动局面，保障部队再战，采取了应急措施：（1）以现有弹药、物资，集中保障第79师、第80师。（2）立即派人前往第2后勤分部前线指挥所，再次催请补充被装、给养和弹药。组织部分干部、司机沿途寻找隐蔽防空的该后勤分部的汽车，并负责带车。建议炮兵第16团在开进途中适当地给运输车辆让路，并通知各师组织机关干部和非战斗人员参加运输，抽调军警卫营两个连担负军至兵站间的重伤员后送任务。同时，派一名副部长立即去第80师了解情况，并组织三浦里的留守人员、马匹和掉队的马车，给第81师（该师的马车、驮马已掉队）前送82毫米迫击炮炮弹500发、60毫米迫击炮炮弹1250发，给第79师前送一部分枪弹，向沙所倒运炸药1600公斤。

战斗发起前，志愿军的后勤保障就不顺畅。第2后勤分部由临江向志愿军第27军前送被装的车辆，由于美军飞机沿途轰炸和雪地路滑，途中全部翻车损坏，物资没有送到。第一大站由三浦里向德实里前送弹药、给养的40辆汽车，也因炮兵第16团向梁巨水里开进，被阻于高岩一带；第27军后勤部派去三浦里领取弹药的6辆汽车，因为道路狭窄，未能到达预定地点。

由于冬装没有补上，防寒问题仍然十分突出。志愿军有的连队因地制宜采取防寒措施，用棉被自制手套，防止手部冻伤；有的炊事班在雪地利用隐蔽地形构筑散烟灶，保证制作一日三餐热食，并用棉被、大衣包住饭桶和水前送，以求保温，提高指战员的防寒能力。

阎川野时任志愿军第27军第80师第238团团长，后来曾任第27军军长。几十年后，在谈到长津湖战役后勤保障的教训时，他说："教训不要遮遮盖盖，从教训中也可以汲取经验。"主要是两个大问题：一是仓促，没时间准备，边走边准备，后来边打边组织，物资没补上，打仗不能这样；二是运输，后方的物资运不上去。长津湖这一仗是特殊条件下的战斗，气候恶劣，大雪铺地，志愿军指战员冻伤的太多，最后把机关人员都补上去了。伤亡大、战斗时间拖长，装备不行也是个原因。炮弹一送上去就打完了，后来补不上。重机枪冻住了，打不响。美军离得很近，就是不好打，只好晚上打、白天撤，拖长了时间，增加了伤亡。

志愿军的攻击部队虽然突破了美军防御前沿，但是在纵深战斗中，遭美军高强度、高密度的火力杀伤，部队伤亡极大，未能取得更大战果。

在出国之前，志愿军第27军认为美军是纸老虎，不经打。但经过几天战斗，他们发现，美军不同于国民党军，在火力、战术、意志上要强得多，是块硬骨头。随后，第27军迅速召开作战会议，研究美军作战特点，并鼓舞士气，提出不打无准备之仗，"吃掉美军一口算一口，不能张口过大"，调整部署再战。

11月29日凌晨（美国华盛顿时间11月28日下午4时45分），麦克阿瑟致电美军参谋长联席会议:"我们发起攻击行动之后的事态发展,目前已十分清楚。现在可以完全放弃一切在下述意义上把朝鲜冲突局部化的希望,即让敌军只包括北朝鲜军队和外国象征性成分。中国军队在北朝鲜投入的数量和实力都在不断增加","我们面对的是一场全新的战争","我们目前的实力不足以迎击中国人发起的这场不宣而战的战争,中国人因此拥有累加起来的内在优势。由此造成的形势描绘出一幅全新的画面,增加了全球性不确定因素,包括超出战区司令决策范围的考虑内容。这个部队已经在其能力范围内做了一切力所能及的事情,但是现在面对的形势是超出其控制和实力范围之外的"。①

麦克阿瑟清醒了。

艾奇逊曾说,我们起初寄希望于中国人,后来又寄希望于麦克阿瑟去控制战争。然而,我们现在对前者无能为力,对后者也力不从心。"麦克阿瑟究竟想要通过向我们展示这次惊人的军事举措达到什么目的?"②

11 月 29 日清晨,麦克阿瑟为避免全军被歼的危局,命令全线撤退。美军先头部队分乘数百辆汽车和坦克,向志愿军第 38 军第 113 师的阵地三所里、龙源里猛攻,企图突围,未能得逞。此时,彭德怀急令志愿军第 42 军迅速抢占肃川,断敌退路;令其余各军继续进攻,歼灭当面之敌。战斗持续到深夜。志愿军各军继续围歼被阻之敌,战斗异常激烈,双方伤亡惨重。

美陆战第 1 师主力和美第 7 师一部在朝鲜长津湖地区被分割包围的消息,震惊了美国朝野上下。美陆战第 1 师是美军最精锐的王牌部队,如果该师在长津湖全军覆没,对美军将是最沉重的打击。

美军参谋长联席会议对此十分紧张,立即于 11 月 29 日给麦克阿瑟发电

---

① 陶文钊:《美国对华政策文件集(1949—1972)》第 1 卷(下册),世界知识出版社 2003 年版,第 547 页。

② [美] 大卫·哈伯斯塔姆:《最寒冷的冬天:美国人眼中的朝鲜战争》,重庆出版社 2013 年版,第 36 页。

报，批准他由进攻转入防御的计划，并特别指出：先前所有与防御计划抵触的命令均应取消，必须保持美第 10 军与美第 8 集团军行动的一致性，使这两支部队连为一体。①

可是，麦克阿瑟拒绝执行美军参谋长联席会议的命令，声称："第 10 军从地理上威胁着正向第 8 集团军右翼进攻的敌军部队的主要补给线"，正是由于这种威胁，方迫使志愿军投入 8 个师的兵力来抵挡美陆战第 1 师的进攻，自然就减轻了美第 8 集团军的压力。他认为，只要美第 10 军在目前的位置上，志愿军就不敢轻易向南推进。"任何使第 8 集团军和第 10 军在朝鲜蜂腰部连成一道防线的想法，都是不切实际的"，因此，美第 10 军的当务之急，是向咸兴、兴南地区收缩，摆脱被隔离和围困的境况，然后准备坚守或向西进攻，策应美第 8 集团军作战。②

根据美军的作战条令，士兵和指挥人员拥有在上级指挥员意图规定范围内独立行动的意愿和能力，以克服战场瞬息万变、信息杂乱造成的困境。

但是，麦克阿瑟对美军参联会所作决定的蔑视已经超出常理，其中既有他在美军内部多年间树立的权威在发生作用，也恰好反映出美军参联会作为一个联盟式机构缺乏权威，因而不可避免地导致软弱无能。

根据麦克阿瑟的命令，美第 10 军军长阿尔蒙德决定将东线部队全部收缩于元山、兴南地区，并要求"古土里以北长津湖地区的部队，全部归美陆战第 1 师指挥；令美陆战第 1 师从柳潭里撤出 1 个团至下碣隅里，绝对保障下碣隅里的安全，并打通至新兴里的道路，接应第 31 团级战斗队后撤至下碣隅里，在下碣隅里建立巩固的防御阵地，然后打通通往古土里的道路。同时，令美第 7 师在惠山镇地区的部队向兴南撤退；令美第 3 师在保障由长津湖地区之水洞通往兴南公路和封闭社仓里向东公路的同时，立即抽调配属该师的南朝鲜陆战第 1 团和 1 个美军营，组成 C 特遣队，保护

---

① 《美国对外关系》1950 年第 7 卷，第 1255 页。
② 《美国对外关系》1950 年第 7 卷，第 1260 页。

元山和元山机场安全；令南朝鲜第 1 军团向咸兴收缩，并保障美第 10 军右翼安全"。①

11 月 29 日拂晓，志愿军第 27 军第 80 师进攻受阻，新兴里仍未攻克。由于志愿军第 80 师第 240 团第 3 营力量单薄，无力阻止美军突围，结果，美第 31 团第 1 营退缩至新兴里。

驻内洞峙的美军撤至新兴里，不失为明智之举。

志愿军战士在饥饿、酷寒中，与对手进行着生死较量。

激烈的战斗，使志愿军第 27 军第 80 师再度严重减员，为保持战斗力，不得不缩小建制。第 238 团缩编为 6 个步兵连（每连仅约 50 人），第 239 团缩编为 3 个步兵连、1 个重机枪连和 1 个迫击炮连，第 240 团的减员情况稍好而未缩编。至 11 月 29 日晨，据不完全统计，全师战斗和非战斗减员已达 2/3。

"万余人的师在不到两天时间就损失 6000 多人，宋时轮得到此报告的时候震惊了，损失速度按这个指数上升，全兵团能支持多久？面对强敌还敢不敢打，能不能打？在严重的局面困扰面前，宋时轮想：不能退缩，退则全盘皆输，退则死。他指示参谋人员通知第 80 师并告第 27 军，各团调整建制、整理战斗组织继续作战，消灭当面之敌任务不变。"②

战场上，谁挺得硬，谁就是胜利者。

仗，打到这个份儿上，靠的就是一支部队的底蕴、精神品质、意志力量。

解放战争时期，宋时轮指挥的华东野战军第 10 纵队素以能打硬仗、善于坚守、打阻击著称。他先后指挥过锦阳关阻击战、上蔡阻击战、桃林岗阻击战、梁山阻击战等，无不圆满完成任务。在华东战场，陈毅就多次表扬过宋时轮出色完成阻击任务。当时，国民党军称誉其"排炮不动，必是 10 纵"。阻击战难打。打阻击，大多是啃硬骨头，伤亡大、缴获少，对部队的意志品

---

① ［美］比利·C.莫斯曼：《朝鲜战争中的美国陆军——潮涨潮落》，1950 年 11 月至 1951 年 7 月，第 129 页。

② 《宋时轮传》，军事科学出版社 2007 年版，第 274 页。

质要求高。牺牲精神不强、意志品质不过硬的部队，打不好阻击战。

性格即命运，也是胜利。一个指挥员的性格，往往意味着一场战役的走向。

1950 年 11 月 29 日 9 时 30 分，位于下碣隅里的美陆战第 1 师部队在飞机和炮火支援下，向新兴里进攻，企图打通与美第 31 团的联系，遭到志愿军第 27 军第 81 师第 242 团的顽强阻击，被迫于 16 时回窜。

在柳潭里方向，志愿军第 27 军第 79 师的攻击进展不大，难以对美军实施歼灭。美陆战第 1 师竭力通过柳潭里东南方向的困水里，向志愿军第 20 军第 59 师坚守的西兴里、死鹰岭阵地攻击，企图与下碣隅里的美军会合。同时，美第 3 师也尽力向北靠拢。

根据以上情况，如果歼灭新兴里美军的作战再次延迟，将影响整个战役。

志愿军第 27 军查明，驻新兴里之敌并非美陆战第 1 师 1 个营，而是美第 7 师的 1 个加强团；内洞峙之敌也非 1 个加强连，而是 1 个加强营。志愿军第 27 军当即命令第 80 师撤回原阵地，第 81 师第 241 团进至大南里地域待命。

经过连续 2 天的战斗，志愿军第 9 兵团对长津湖地区美军的作战数量有了新判断：柳潭里有美陆战第 1 师第 7 陆战团、第 5 陆战团 2 个营和第 11 炮兵团 2 个营；新兴里有美第 7 师第 31 团和第 32 团 1 个营及师属炮兵营；下碣隅里有美陆战第 1 师第 1 陆战团的 2 个营、第 5 陆战团的 1 个营，另有 1 个坦克营；社仓里有美第 3 师第 7 团。

在柳潭里，两军形成相峙局面。志愿军第 79 师未能按照计划，割裂并歼灭被围美军。如果不能迅速歼灭新兴里的美军，势必拖延整个东线的作战行动。

攻击不顺利，指挥不顺畅是重要因素。

时任志愿军第 9 兵团作战处处长金冶说，指挥机关"距前线较远，加之通信工具数量少，质量差，同部队的通信联络不畅，情报报不上来。情况不明，原因不清，首长怎么指挥"？① 相比之下，美陆战第 1 师在保持指挥链的通畅上优势明显。尤其是，该师配有第 6 观察机（直升机）中队，在指挥和战地观测上反应迅速。史密斯就多次乘坐直升机，到被围困的美军阵地进行指挥。

在志愿军第 9 兵团发起反击后，陶勇"眼看江界兵团指挥部距第一线过远，他主动提出赴前线指挥第二十、第二十七军战斗……宋时轮司令员兼政委当即表示同意。他立即组织精干的指挥所携带电台，与少数参谋、机要人员，冒着奇寒，在敌机频繁的轰炸扫射下，不顾个人安危，直到最前线"。②

粟裕曾评价陶勇：打仗那股"拼命三郎"的劲头令人喜忧参半。喜的是临危不惧，身先士卒。忧的是如果有什么闪失，将是对革命难以挽回的损失。

陶勇素以作战勇猛著称，面对强敌，总是毫不畏惧，敢于硬碰硬，在抗日战争、解放战争时期打过不少著名的硬仗。陶勇带兵很有办法，指挥的华东野战军第 4 纵队，是陈毅、粟裕手下数得上的一支绝对主力，经常承担战役重任，担负最艰难的任务，而且完成得十分出色。事实上，4 纵组建之时，基础很一般。部队成分中，红军战士少，收编的地方武装多。但在陶勇手下，这支部队硬是锤炼成华东野战军中能征善战之师。陶勇的办法就是以身作则、带头冲锋，"我的部队底子薄啊！队伍发展快，成分复杂，又没时间整训，只靠打仗时练兵，只有靠我们指挥员带着战士冲啊"。

陶勇原名张道庸，陈毅说："道庸，有点封建色彩，不好。"粟裕说："把姓去掉，就叫陶勇吧。"

围点打援是人民解放军的传统战法。"彭德怀、毛泽东先后致电宋时轮，要求采用围点打援的战法，先歼运动增援之敌，后歼被围之敌。"③

随着东线战场的形势发展，是否还要坚持以柳潭里为重心进行围点

---

① 金冶：《在统帅部的日子里》，华艺出版社 1994 年版，第 242 页。

② 金冶：《在统帅部的日子里》，华艺出版社 1994 年版，第 256 页。

③ 《宋时轮传》，军事科学出版社 2007 年版，第 274 页。

打援？

按照时任志愿军第 9 兵团作战处处长金冶的回忆，是身处前线的陶勇首先提出要改变围点打援的战法，将作战重心暂时从柳潭里转向新兴里，避免作战陷入僵持。

"陶勇到了前线后，察觉第二十、第二十七军包围的敌人，除美军陆战第一师外，还有美第七师部队，攻击点多，兵力分散，当即决定集中第二十七军主力首先围歼新兴里美七师。因为事前侦察长津湖地区为美陆战第一师，美七师原在惠山方向，故决心用两个军围歼一个师是有把握的。但未料美军摩托化程度高，突然在一天内调了美七师靠近美陆战第一师，这样形成我军攻击对象为两个师，而且每个师又占有两至三个要点。部署调整后，（1950 年 11 月）29 日晚发起攻击"。①

最终是否改变作战方案，当然应由司令员宋时轮决断。"宋时轮果断决定首先歼灭新兴里美第 7 师第 31 团和第 32 团第 1 营及师属炮兵第 57 营，对柳潭里、下碣隅里之敌采取钳制性攻击，对社仓里美第 3 师暂取守势。"②

宋时轮首歼美第 31 团的决心并非想当然确定的，而是有一个深思熟悉的过程。攻击发起前的作战决心是："二十军（欠六十师）、二十七军主力首先歼美陆一师主力于下碣隅里、新垡里、旧津、柳潭、新兴里之间，得手后，歼美七师三十一团和美陆一师增援部队。"③

如果忽视战争的创意性本质，并且，所制定的作战计划又限制了下属在战斗中的战术主动性，就会遇到实际困难。

能否先敌而变，是指挥艺术高下之分的标志。

作战方案因敌而动、顺势而为，需要战场指挥员具有一颗富有弹性的心，更强的反应能力、预测能力，并在决策和行动上比敌人更灵活，以避开敌人的强点，利用敌人的弱点。

---

① 金冶：《在统帅部的日子里》，华艺出版社 1994 年版，第 256 页。
② 《宋时轮传》，军事科学出版社 2007 年版，第 274 页。
③ 《宋时轮传》，军事科学出版社 2007 年版，第 275 页。

1950年11月29日14时，志愿军第9兵团致电志愿军首长："电令奉悉，决遵示逐步实现。现已分割包围美陆战一师之一团、五团、七团，美七师之三一团及炮兵纵队、装甲纵队，正集力分批歼击中。待打得差不多时，第二步则转移主力向南挺进。已令第二十六军主力兼程赶进中。"①

原本是志愿军预备队的第26军，成为最终能否取得作战胜利的重要筹码，被寄予厚望。

根据志愿军第9兵团的部署，志愿军第27军决定：由第81师师长孙端夫、第80师政委张英勃组成指挥所。第81师主力进入新兴里地区，协同第80师，共集中5个步兵团，以4个团进攻，1个团阻击援敌与截歼逃敌，围歼新兴里地区的美军；第79师暂停对柳潭里之敌的进攻，积极钳制该敌，并迅速整顿部队，巩固既得阵地，做好进攻准备；军预备队第94师向柳潭里地区开进，准备投入战斗；第20军第59师坚守西兴里、死鹰岭阵地，坚决割裂下碣隅里和柳潭里之敌的联系，从侧翼保障第80师作战；在歼灭新兴里之敌后，再集中全力，会攻柳潭里之敌。

在新兴里，美军是困兽犹斗，通过空投大批给养、弹药，希望争取救援的时间。同时，对志愿军阵地实施猛烈轰炸。志愿军第27军后勤部在梁巨水里的15辆汽车遭美军空袭，损失13辆，只剩下2辆；第2后勤分部送来的尚未卸车的棉胶鞋和其他被装物资，也全部被炸毁。

黄昏后，志愿军各部队调整部署，进行战斗动员。志愿军第27军指挥所转移至通智水里东侧。志愿军第27军后勤部受领军首长指示并了解各师任务后，派仅有的2辆汽车给志愿军第80师前送弹药。志愿军第80师粮秣所转移至通智水里，弹药所转移至于物里，救护所的一部分转移至丰流里；志愿军第81师后勤处进至袂物侧里。

当夜，第2后勤分部组织30辆汽车将粮食、弹药分送各师，因途中受阻，只有部分粮食、弹药送至志愿军第80师。为及时掌握战斗情况，志愿

---

① 宋时轮、覃健致彭德怀等志愿军首长电，1950年11月29日14时。

军第 27 军后勤部部长率少量干部组成前进指挥所，随军指挥所进至通智水里，并组织部分干部、司机、修理工到通智水里附近待命，提前做好打扫战场的准备。

志愿军第 80 师迅速切断了泗水里与新兴里之间的联系，歼灭美军一部，并攻占新垈里，包围内洞峙，占领新兴里四周的有利地形，对新兴里之敌四面包围，将美军压缩在不足 4 平方公里的狭小地域。

志愿军第 81 师主力占领位于赴战湖西侧的小汉垈、广大里地区，割裂了美第 7 师与美陆战第 1 师的联系，保障了志愿军第 27 军主力的侧翼安全。

19 ›› 拿美军的军旗当包袱皮

包围与突围、生与死、攻与守，激烈地碰撞着。

由于气温低，志愿军大部分枪支的撞针被冻断，手榴弹也揭不开盖子。战斗回到了最原初的起点：肉搏！

长津湖畔，新兴里的村庄旁，双方短兵相接，厮打在一起。

有的志愿军战士咬下美军的耳朵、鼻子。有的志愿军战士牺牲时，两只手还紧紧扼住美军的喉咙。志愿军战士李培伦牺牲时，嘴里还咬着美军的耳朵。[1]

战争年代，敢于刺刀见红的队伍才是过硬的队伍。

正所谓形势比人强。偏执于进攻的阿尔蒙德，也不得不改弦更张。

1950 年 11 月 30 日，阿尔蒙德在下碣隅里召集美陆战第 1 师师长史密斯、美第 7 师师长巴大维开会，要求立即共同制定解救驻新兴里美军的计划和时间表；同时，授权史密斯在美军撤出长津湖地区时，可以销毁任何延迟其行

---

[1] 王仁泽：《燃烧的岁月》，自印本，第 91 页。

◎ 志愿军在夜晚向新兴里美军发起进攻

动的装备，并直接呼叫所需空中支援。

在紧急协商之后，美军决定首先将柳潭里的陆战团撤回下碣隅里，然后派出解围部队由下碣隅里北上，营救新兴里被围部队。

但是，志愿军对新兴里之敌的围攻不是按照史密斯确定的解救时间表来行动，根本没有给美军机会。

经过紧张的准备，志愿军第27军完成了部署调整，预定在11月30日晚向新兴里地区的美军发起总攻，具体部署是：以第80师第238团由东北向新兴里进攻，以第240团由东南、正南向新兴里进攻，以第239团由西南向新兴里进攻；以第81师第241团由正西及西南向新兴里进攻，以第242团担任阻击援敌、截击逃敌的任务。为密切各步兵团的作战协同，第80师、第81师指挥所合并，由第81师首长统一指挥新兴里地区的作战。

11月30日6时，志愿军第81师第241团进至丰流里、细水一线，配合第80师攻歼新兴里之敌；第242团仍执行原任务。

11月30日晚，进攻新兴里的战斗开始。在炮火实施急袭15分钟后，志愿军部队于23时发起攻击。

志愿军第80师第238团由东北及正东、第240团由东南及正南、239团由西南，第81师第241团由正西及西南，同时向新兴里攻击。

激战至12月1日凌晨，美军被压缩至狭小地域。陶勇指示："第80、第81师务求将敌全歼。"①12月1日拂晓，志愿军各部队均攻入村内，并占领一部分房屋。志愿军多数部队特别是左翼的第80师、第81师，仍在饥寒交迫的情况下作战，但是，战士们的斗志不减。旺盛的士气，激励着部队完成伟大的任务。

战争的整个过程不可能完全预见，充满偶然性因素。由此，对战场形势的判断、对作战胜负时机的把握、对战局转折点的敏锐洞察，都是考验将领能力素质的关键。开国大将粟裕对战局转折点就非常敏锐，善于促成战局转折点的形成。粟裕麾下的宋时轮、陶勇，对此也深有体会。

先拿下新兴里，无疑是长津湖之战深具转折性的关键点。其意义不是歼敌多少能够衡量的，对双方士气和战略层面都会产生巨大影响。

严寒的天气，直接影响了武器的使用。志愿军的迫击炮70%无法使用，枪栓被冻上无法击发。

志愿军冬装不齐，冻伤减员相当严重。在新兴里战斗中，第27军第81师第242团第5连冲锋时受到美军火力压制，全连呈战斗队形卧倒在雪地上。最后，该连无一人站起，全部冻死。细查身体，没有任何伤痕、血迹。

面对这种极其困难的局面，志愿军第27军后勤部除继续催请第2后勤分部补充被装和给养外，还积极组织师、团后勤部门收集美军空投和战场缴获的物资，并就地筹借给养补充部队。

---

① 《宋时轮传》，军事科学出版社2007年版，第274页。

寒冷的天气，使志愿军本就脆弱的后勤保障雪上加霜。早在1950年11月10日，志愿军第27军关于后勤供应的报告就反映，军里的20辆汽车加上第9兵团的汽车（负责供应第27军的应有150辆，实际上只有110辆。此处按照应有量计算，实际上相差得更远），全部使用，5天往返一次，每次仅可运输68万斤物资。而第27军每天的粮食、菜蔬需要量为17万斤，5天就是85万斤。这还不包括需要前运的250万斤弹药和20万斤其他需补齐的装备。由于寒冷，骡马蹄冠冻脱和滑蹄摔伤高达80%，也影响了运输任务的完成。

战前，志愿军第81师所需物资由第27军负责前送至中江里，然后由该师倒运至各团。第79师、第80师的物资由各师自领。战时，第2后勤分部负责将物资前送至德实里，第27军负责由德实里前送各师。如果第27军至各师的道路不通汽车，则由各师自领。为保证后方道路通畅，第27军命令第79师抢修德实里至云水庄的道路和德实里大桥，令第81师抢修袂物里以东的道路。同时，鉴于上级在临江补充的第一批民工担架队走失，后来请领的第二批民工担架队（担架150副）在入朝途中也走失，第27军组织各师、团将轮训队一部编入人力运输队，并借用朝鲜老百姓的爬犁3000副、担架300副，以弥补运力的不足。

毛泽东对志愿军第9兵团的后勤补给情况十分牵挂。他在战情报告上批示周恩来："请电话询高岗，对宋（时轮）兵团所要求的棉帽、棉鞋、棉手套、棉大衣，是否已在前送，送到什么程度？"[1]

在战前，志愿军第27军后勤部向部队发出了战时后勤工作指示。1950年11月24日夜，第27军后勤部就进至才阿里、东门洞、东门巨里地区，抓紧进行战前准备。第2后勤分部位于临江，其前进指挥所位于铜店。该分部通过三浦里第一大站和兵站医院，对第27军实施后勤保障。

志愿军第27军后勤部到第80师了解情况的副部长，得知该师及第81

---

[1]　《毛泽东军事文集》第6卷，军事科学出版社、中央文献出版社1993年版，第207页。

师第 242 团的大批伤员滞留于丰流里、赤浦洞一带，当即决定第一医院除留少数人员继续处理梁巨水里的伤员外，大部分人员和手术队前伸。第二天夜里，该医院进入丰流里和小德地区，接替师、团收容伤员 2000 多名。各师后勤处在此期间也调整了部署：第 80 师后勤处进至子物里，救护所进至赤浦洞；第 81 师后勤处和弹药所进至丰流里，救护所进至细水，粮秣所进至袂物中里。

12 月 1 日拂晓，志愿军 4 个团先后突破前沿阵地，将美军压缩于新兴里村内的狭小地域。11 时 30 分，美军因伤亡惨重，而且已弹尽粮绝，立即以空军、坦克为掩护，向志愿军第 81 师第 241 团阵地猛攻。

在外援无望的情况下，美第 31 团指挥官费斯中校命令毁掉所有的火炮、卡车和补给品，率领剩余人员向南拼死突围。在 40 余架飞机掩护下，美军以 10 余辆坦克为先导，突破志愿军阵地，夺路逃命。

志愿军立即展开拦阻和追击作战。第 80 师第 239 团、第 240 团均向美军出击。第 81 师第 241 团的正面阵地被美军突破，该团建制破坏，伤亡较大。美军继而向志愿军第 81 师第 242 团阵地攻击。该团除以第 2 连、第 3 连在泗水里对南警戒外，团主力向南窜之敌攻击。美军在空军与坦克的火力掩护下，试图突破第 242 团阵地。至 17 时，美军一部被消灭于泗水里、后浦等阵地。

志愿军第 81 师第 242 团第 3 营依托 1221 高地及公路以东一线高地，对突围之敌猛烈射击，并炸毁公路上的桥梁，将美军拦截于 1221 高地前。第 242 团第 2 营和第 80 师各团不顾美军飞机的严密封锁，依托公路东侧的有利地形，向美军的侧面、正面和后尾猛烈冲击，将美军大部歼灭于新兴里、新垈里地区。残敌一部越过冰封的长津湖向柳潭里逃窜，另一部继续沿公路南逃，被志愿军第 81 师第 242 团第 1 营拦阻于后浦、泗水里地区。

志愿军第 81 师第 243 团由大、小汉垈西调归建，其阵地由第 94 师第 281 团于 12 月 2 日 5 时接替。志愿军集中第 81 师主力，首先配合第 80 师攻击新兴里，以求加速解决该地之敌，尔后歼灭柳潭里之敌。

新兴里战斗结束，志愿军第27军共歼美军3191人，缴获汽车184辆、坦克11辆、火炮137门、枪2345支（挺），击毁坦克7辆、汽车161辆，击毙美第31团团长麦克莱恩上校和继任团长职务的费斯。

◎ 志愿军第27军在新兴里战斗中缴获的美军第7师第31团军旗

志愿军第27军第80师第239团第3营通信班班长张积庆，在打扫战场时捡到一块一平方米左右的蓝布，图案中央是一只鹰，两爪一边抓橄榄枝，另一边抓一束箭，即美第31团军旗。张积庆没有重视，当包袱皮用了。营长毕庶阳听说后，一看才发现这包袱皮就是美第31团（"北极熊团"）的军旗。后来，这面旗子被中国人民革命军事博物馆收藏。

新兴里围歼战，是志愿军第27军创造的一次歼灭美军一个建制团的范例。宋时轮立刻向志愿军总部和中央军委报告："新兴里南逃敌，为二十七军拂晓全歼于新堡里、后浦一线，大部被歼毙，俘150余。汽车、坦克全部缴获。"

在听到志愿军第9兵团胜利的消息后，彭德怀高兴地说，全歼美军一个整团，应该嘉奖第9兵团、嘉奖第27军。后来，他在回忆文章中写道："全歼美军一个整团一个人也未跑，只有第二次战役中有过一次，其余都是消灭营的建制多。"

美军总结美第31团遭受惨重损失的原因是：

第一，通信不畅。美第31团始终未能与美陆战第1师甚至直属上级美第7师建立直接、有效的通信联系；即使在第31团内部，通信联系也不通畅，后浦和新兴里两地就没有直接的通信联系。

第二，补给断绝。虽然美军在战斗中进行了空投补给，但部队实际收到的数量很少。

第三，指挥不力。美第31团指挥官费斯缺乏实战指挥经验，制定的突围计划很不周密，不仅没有备用方案，连途中的阶段性目标（假如无法在天黑前到达下碣隅里，在哪里建立阵地过夜），都没有确定。美军一旦开始行动，特别是遇到阻力后，就陷入了无法掌握的困境。费斯选择的突围时间也很成问题：1950年12月1日上午10时决定突围，12时45分开始突围，要想在天黑前（当地日落时间为17时）走完约20公里路，以当时的美军状况和战场情形是根本不可能的。美军由于连日苦战，军官和士官伤亡很大，逐渐丧失了对部队的切实掌握。①

在对待美军战俘问题上，志愿军官兵表现出的人道主义，连美军也不得不承认。当长津湖东岸的美军伤员经过湖面撤到下碣隅里地区时，志愿军官兵就站在离他们不到30米的堤岸上。但是，整整两天时间内，美军伤员或走或爬下堤岸走向安全地区时，没有遭到任何射击。

美军在朝鲜东线战场遭遇的困境，对华盛顿的战略决策产生了冲击。

美国国防部部长马歇尔、国务卿艾奇逊、参谋长联席会议主席布雷德利等人在五角大楼召开会议，讨论朝鲜战场形势。会议讨论的焦点之一就是美军能否在朝鲜战场建立一条稳定的战线，以此作为政治谈判的基础。布雷德利认为："除非第十军团能成功地重新集结，否则很难稳固阵线。现在无法知道结果会怎样。如果我们在东部的损失很惨重，我们就没有足够的军队保住这条战线。有迹象表明，（志愿军）大量援军正从满洲源源不断地进来。我们可能已经在大大落后了。"②朝鲜东部地区对于美军的重要意义再次突显出来。马歇尔则认为："如有必要，位于朝鲜东海岸的第十军团会有为他们提供补给或撤退的港口。这种撤退至少可以成功撤出3/4的部队。但是，这样会使共产党人针对我们两个主要阵地的一个或另一个聚集他们所有的力

---

① 光亭：《冰血长津湖》网络版。

② 陶文钊：《美国对华政策文件集(1949—1972)》第1卷(下册)，世界知识出版社2003年版，第526页。

量"。①

麦克阿瑟在其所谓"圣诞节攻势"溃败后，于 12 月 3 日向美国总统杜鲁门提交的报告中惊呼，美国是"在完全新的情况下，和一个具有强大军事力量的、完全新的强国进行一次完全新的战争"。

同时，麦克阿瑟还致电美军参谋长联席会议："第十军团正在尽快退到咸兴地区"，"试图把第八集团军和第十军团联合起来既没有可行性，也不可能从中取得好处。这两支部队都已完全寡不敌众，所以它们的联合不会增加实力，而只会阻碍两支独立的海上后勤给养和人员调动路线之间的自由流动"，"如我以前汇报的，在朝鲜蜂腰部发展防御性是不可行的，原因是从距离上考虑，我们的部队在数量上不足；我们得从各个地区内的港口供应该防线的两个部分；南北走向的凸凹不平的山地把这个地区分成两个部分。这条线的空中距离大约有 120 英里，公路距离约为 150 英里。如果我指挥下的美国 7 个师部署在这条防御线上，那将意味着一个师得被迫保护约 20 英里的阵线不受数量上大大超过我们的敌军的攻击，而敌军最强大的实力在于他们能在夜间穿过凸凹不平的地区渗透过来。这种没有纵深的防线几乎没有力量，作为一种防御概念，它会招致逐渐渗透和摧毁。这种概念用来对抗相对软弱的北朝鲜军队可能有用，但是不可能对付中国军队"，"我认为，我们至今尚未充分了解中国军队毫不掩饰地进入战场所带来的根本性变化"，"很显然的是，除迅速提供最大数量的地面援军，否则这支部队将被迫不断撤退，抵抗力量也会随之越来越弱；要么就被迫处于滩头碉堡地位，这固然能延长抵抗的程度，但除了防御以外也不会带来任何希望"，"我们这支小部队在目前情形下实际上正面临着与整个中国的一场未宣战的战争。除非采取一些积极的迅速行动，否则不能指望有成功的希望，而且自然会慢慢消耗，最后毁灭"，"虽然军队到目前为止展示了很好的士气和突出的效率，但是这场战争已经毫无止境持

---

① 陶文钊：《美国对华政策文件集（1949—1972）》第 1 卷（下册），世界知识出版社 2003 年版，第 527 页。

续了 5 个月，人们在精神上已经疲倦，体力已不支……中国军队富有生气，很有组织，训练有素，装备充足，显然处于实际行动的最佳状态"。①

麦克阿瑟对朝鲜战场形势的判断与先前相比，已发生根本性颠覆。美军参联会主席布雷德利评价麦克阿瑟说："他精神矍铄，思想敏锐，举止得体，感觉他是位超群出众的军人。但他作为指挥官，他的致命弱点是热衷于自我炫耀，对下不关心其痛痒，对上妄自尊大，目中无人，是巴顿和蒙哥马利式的人物。"

麦克阿瑟曾经是战场上的逆转大师。逆转符合麦克阿瑟的性格。在朝鲜战场上的冒险中，麦克阿瑟达到了军事生涯的巅峰，也堕入失败的深渊。

美国国务卿艾奇逊在形容麦克阿瑟的行为时，曾引用古希腊诗人欧里庇得斯的话："上帝让其死亡，必先让其疯狂。"②

美军参谋长联席会议，这个美军的大脑为什么会容忍麦克阿瑟？原因何在？几十年后，著名作家大卫·哈伯斯塔姆认为美军参谋长联席会议名存实亡的主要原因在于："不管从前多么勇敢和公正的成员都变得越来越官僚。这也是军界文化中一个心照不宣的秘密：以前在战场上不管变得多么勇猛无畏，一旦感觉自己走上了事业巅峰时，就会变得谨小慎微、超然淡漠。"③

1950 年 12 月，美军在朝鲜经过几个月的苦战，眼看就要胜利在望时，战场形势却突然逆转。

正如美国陆军战史所评述的：那种认为可以在朝鲜迅速推进的乐观情绪消失了，取而代之的是在中国军队穿过北风呼啸的冰封土地不断进攻的情况下节节败退的失望情绪。人员的伤亡、装备的损失、秩序的混乱，这就是在麦克阿瑟所谓一场"新战争"开头几个回合中普遍存在的情况。的确，朝鲜两次遭到雷电的袭击，如果说第二次与第一次相比有什么不同的话，那就是更加厉害。

---

① 陶文钊：《美国对华政策文件集(1949—1972)》第 1 卷(下册)，世界知识出版社 2003 年版，第 548—549 页。

② [美] 大卫·哈伯斯塔姆：《最寒冷的冬天：美国人眼中的朝鲜战争》，重庆出版社 2013 年版，第 409 页。

③ [美] 大卫·哈伯斯塔姆：《最寒冷的冬天：美国人眼中的朝鲜战争》，重庆出版社 2013 年版，第 411 页。

第五章　柳潭里攻坚

柳潭里，位于长津湖西南方向，西通武坪里，东连下碣隅里，地理位置十分重要，是美军向西进攻、实现"大包围作战"的必争之地。柳潭里地处5座孤立山峰环绕的山谷中，村庄坐落在山谷中央，周围的地势绵延曲折、非常复杂，村子只有几条狭窄的公路通往山外。

困水里位于江南岸，控制着从柳潭里通往下碣隅里的公路，在困水里至柳潭里的江面上仅有一座公路桥；困水里可以说是易守难攻，位置相当关键。

20 ›› 此役关系重大

1950年11月12日，志愿军司令部判断，美陆战第1师在进至旧津里后，可能转向柳潭里西进；美陆战第1师与美第7师将会分开。因而，立即电示第9兵团司令员宋时轮："我廿七军全部及廿军之一个师共四个师，围歼美七师两个团；我廿军三个师及四十二军之一二六师共四个师，待美陆战一师两个团进至柳潭以西围歼之。但两路均应有一小部阻击援兵。此役关系重大，请精细研究。部队须确实准备并分途检查。"①

---

① 彭德怀等志愿军首长致宋时轮电，1950年11月12日10时30分。

毛泽东在得知志愿军关于东线作战的部署后，电示彭德怀、邓华、朴一禹："美军陆战第一师战斗力据说是美军中最强的，我军以四个师围歼其两个团，似乎还不够，应有一个至两个师作预备队。九兵团的二十六军应靠近前线，作战准备必须充分，战役指挥必须是精心组织的，请不断指导宋（时轮）、陶（勇）完成任务。"①

毛泽东关于志愿军第26军"靠近前线"的指示，非常富有前瞻性，并为以后的作战进程所证明。

11月17日，根据志愿军第9兵团的命令，志愿军第20军第58师在归邑里、承地、西木里、赤水里等地构筑防御阵地。柳潭里并非预设的阻敌防线。第20军第59师在云山里以南地区构筑纵深阻击阵地，确保云山里至袂物里的道路畅通。

11月17日7时，第20军第89师第267团从南兴洞等地向预定地点集结，拟以柳潭里地区为中心阻击美军西进。

◎ 宋时轮（右）在察看作战地图（季一平摄）

战争不是精确不移、刻板划一的"科学"，而是以灵活性与不断的调整、修正为基本原则，根据手段和目标，经过深思熟虑后的全面行动规划。

东线作战围歼美陆战第1师的方案，从原来设想的在旧津里以北地区，调整为在柳潭里以西。

按照最初计划，志愿军第20军的主要作战任务是在柳潭里地区投入战

① 《毛泽东军事文集》第6卷，军事科学出版社、中央文献出版社1993年版，第200页。

斗。但是，后来随着第9兵团作战方案的调整，该军主要承担分割美陆战第1师的重任，仅第59师参与柳潭里地区作战。此后，又由第27军接替第20军，紧急地将第20军第58师东调攻击下碣隅里、第89师南下出击社仓里。调遣仓促而至的第27军第79师围歼美军，以及第20军第58师、第60师、第89师南下，导致各处作战都是劳师袭远。

11月18日，志愿军第20军第59师报告，拟于当晚到达马登里、三兴里、袂物里附近阻敌北进，第175团拟进至仓坪里、云水里、下碣隅里附近。晚间，志愿军第20军第89师已进至以小德为中心的柳潭里阵地，在1282、1293、1167.1高地各派驻1个连兵力并构筑工事；同时，在柳潭里西部的松落洞、南部的雪寒岭也加紧构筑阵地。但是，第89师第267团没有及时赶往指定位置，未能按时进到新兴里、西兴里。

11月20日13时，志愿军第20军第89师来电："(11月) 19日20时，在新兴里观察到西兴里东头像有敌坦克火光征候。21时左右，敌向西兴里炮击，估计该敌来修理被我破坏之西兴里东大路。24时，敌仍继续炮击新兴里。"

11月21日7时，志愿军第20军第60师向军指挥部报告：部队与第89师第266团挤住，行军困难。行动中，人、马跌坏很多，恐难按时到达作战位置。

由于志愿军第9兵团尚未完成作战准备，第27军在11月22日方可全部进入预定位置。第9兵团根据部队的情况，请示志愿军首长将东线作战的发起日期推迟至11月26日以后，以便部队能够得到休整并进行各项作战准备。彭德怀批准了第9兵团的请求。

11月21日20时，志愿军第89师报告第20军指挥部："今天张翼翔军长电话指示，为要节节阻击、火力杀伤敌人，不做重型阻击，最好让敌人于11月22日进至柳潭里。因此研究按照军长指示精神执行，决定于22日黄昏将敌放入柳潭里。"

在柳潭里围歼美陆战第1师的作战行动，不是遭遇战，而是志愿军第9

兵团预有准备、以逸待劳的歼灭战。

志愿军第9兵团判断：美陆战第1师在占领柳潭里后，可能与美第7师同时北进。因而，要求志愿军第20军占领有利阻击位置，做好歼敌准备。

11月22日11时30分，志愿军第9兵团指示第20军："敌占领柳潭里后是否有其他道路向南移动。如果柳潭里被敌占领后，需将第58师移至广城、新德里之间地区隐蔽集结待机，不要过于迫近敌部；第59师主力移至云水庄附近待机，以不威胁敌北进为宜"。

为加强东西线作战行动的协同配合，志愿军司令员彭德怀"当天亲自起草七份电报，分别给东线九兵团宋时轮、西线韩先楚及各军领导人，部署各军出击位置、开进路线、歼敌目标。并决定对敌发起攻击时间，西线为（11月）25日晚，东线为26日晚（后因故改为27日）。令各军应即作好出击准备"。①

志愿军第20军第58师报告第20军指挥部：该师于11月21日18时从云水里出发。现在，第172团到达大西洞，第173团到达西中里，第174团到达赤水里，炮团到达云水庄。

在行军过程中，美第10军被朝鲜山地分割成彼此隔绝的几部分，无疑为以后的失败埋下了隐患，也为志愿军第9兵团渗透，制造美军历史上最大的噩梦提供了千载难逢的机遇。"东侧的第10军，以张开4个手指那样的态势在向北方国境线前进"，这是美第10军指挥官阿尔蒙德深受诟病、屡遭指责的重要原因，东线美军的惨败也直接归因于此。

朝鲜战争结束后众多的总结、反思材料，都对阿尔蒙德的指挥才能提出极大怀疑，甚至将矛头指向麦克阿瑟，认为麦克阿瑟用人失察，他的司令部里充满阿谀奉承的庸碌之辈。其实，庸碌之辈在体制森严的权力机构里，总是必不可少的润滑剂。

美军的失败再次提醒，地面作战中，地理因素仍是不可逾越的障碍。这

---

① 王焰主编：《彭德怀年谱》，人民出版社1998年版，第450页。

仅仅是战争史上地理因素影响胜负的众多案例之一。阿尔蒙德事实上成了美军不利战场环境的替罪羊。

但是，这不能成为阿尔蒙德逃避指责的理由。朝鲜战争中虚虚实实的形势、胜利与失败的急剧转换，使他丧失了清醒的判断。指挥岗位最不可缺少的素质就是清醒与判断，这恰恰是阿尔蒙德将美第10军投入环境险恶的朝鲜盖马高原时最难以跨越的高度。

感恩节的美味佳肴和马上到来的胜利幻影，已经发酵成醉人的氛围。紧张的战争被轻松的话题取代，有的美军士兵甚至讲起了"将军队育肥以供屠宰"的笑话。

在1950年感恩节这天，美陆战第1师每个士兵的晚餐菜谱是：烤火鸡、炸薯条、牛肉馅饼、沙拉、水果蛋糕，还有一份鸡尾酒（军官是香槟酒）。

在即将面临选择的长津湖南端路口，美陆战第1师发布作战命令，其要点是：经长津湖东岸向北方的中朝边境进攻。第5陆战团作为主攻部队，首先占领下碣隅里以北的袂物中里。第7陆战团占领柳潭里。第1陆战团在下碣隅里、古土里和真兴里建立后勤阵地，维护补给线。

根据麦克阿瑟的指示，"联合国军"司令部作战部部长赖特准将致函阿尔蒙德，要求他"尽可能给予第8集团军以援助"，"从长津湖向西进攻"。美第10军据此调整作战方案：将主攻方向指向长津湖西面的武坪里，突击与第8集团军对峙的中国军队的背后，与第8集团军的攻势相配合，捕捉和歼灭中国军队之后，从武坪里北进，占领鸭绿江南岸。

武坪里位于柳潭里以西约90公里处，是朝鲜政府所在地江界的门户。

美第10军转移作战方向，实现夺占江界的目标，仅存在理论上的可行性。意志可以改变心灵，但现实并不按照意志的方向发展。麦克阿瑟完全忽视了美陆战第1师根本不可能按计划到达武坪里，最直接的后果就是美第10军所属各部彼此之间更加疏离，难以形成整体协调的局面。

美陆战第1师的任务也随之调整：攻占武坪里，然后向江界挺进。美第7师作为助攻，在美陆战第1师东侧展开，沿长津湖东岸行进。美第3师则负责掩护美陆战第 1 师西翼，并保护后方地区。该计划于 10 月 24 日晚获得麦克阿瑟的批准。美第 10 军随即在 10 月 25 日正式下达作战命令，要求各部于 10 月 27 日发起攻击。

美陆战第 1 师向西转向，无疑拉大了与美第 7 师之间的距离，为后者的悲剧下场埋下了伏笔。

一场伟大的战役不仅需要富有远见的汉尼拔，也需要愚蠢的所罗。战争是两种不同力量彼此作用的结果，胜利的天平往往由失败者拨动。

11 月 24 日 8 时，美陆战第 1 师第 5 陆战团向新兴里攻击，志愿军第 20 军第 89 师第 267 团 1 个排的阵地被占领。9 时，向柳潭里进犯的美陆战第 1 师占领困水里以南的 1419.3 高地。

美军向柳潭里前进过程中，志愿军第 20 军诱敌深入，"在柳潭里与敌军接触，他们打了一下，就后撤几公里。明天，他们再打一下，再后撤几公里"。第 20 军军长张翼翔举起右手食指，弯了一个钩形："这是牛鼻子上的鼻钳。这支部队就是要牵住敌人，一步一步牵进绳套中来"。①

张翼翔，湖南浏阳人，1929 年加入工农红军，参加过湘赣苏区、中央苏区反"围剿"和长征，曾任华东野战军第 1 纵队副司令员、第 20 军副军长，亲历了宿北、莱芜、淮海、渡江等战役。

志愿军第 20 军的部署是：

第 58 师 1 个团由松落洞经 1300 高地向柳潭里进攻，另以 1 个团由小德的 1402.9 高地向柳潭里攻击，还有 1 个团由 1391 高地、1384 高地向柳潭里进攻。

第 59 师由西木里、承地、校洞里抢占该处山头。第 176 团进入三兴里以南、高别隅里东北地区，并向携镇里、通智水里警戒。假如美军不占领柳潭里，则率第 175 团、第 176 团南下，在北洞岭以西地区隐蔽集结。

第 60 师进入新德里地区，以 1 个团位于小龙浦、1 个团位于武陵洞，

---

① 薛群主编：《在血与火的战场上》，新华出版社 1999 年版，第 4 页。

并派 1 个连进至社仓里附近侦察、监视美军的行动。诱敌北进,在美军的先头部队进入新德里、后续部队离开杜仓里时,以伏击动作歼灭之。得手后,除留少数部队警戒杜仓里外,主力东移天坪里栈居洞地区。

待美军进至柳潭里后,以第 89 师(附第 177 团)第 265 团切断柳潭里之敌,协同第 58 师歼灭进入柳潭里之敌。第 177 团在美军未进占柳潭里之前进入广城,第 266 团向前伸至云水站、松落洞。

"今天上午接军作战方案,我即研究执行军方案的部署,并于 18 时召开团的干部作战会议。首先我报告了本师的作战方案。报告中介绍敌情为:美陆战 1 师 5、7 团企图向柳潭、长津里进攻,现已进到旧镇及以南地区,步 7 师二个团已进到广大里,企图与陆 1 师并进。我军作战方案:1. 如果敌人向长津里进攻时,待敌进至高岩,我在运动中歼击该敌,本师即以一个团于正面阻击敌人于东北、正东,并出击配合 79 师歼击该敌。2. 如敌向柳潭进攻,本师即沿公路南下于旧镇正面抵住敌人并断绝旧镇以南之敌退路,待我 79 师解决柳潭后,配合 79 师攻歼旧镇之敌。3. 如敌进到旧镇不前,我即打敌人立足未稳,本师即从东北、正东、东南配合 79 师攻歼该敌。决心:贯彻这个方案,使得主力迅速投入战斗,决心以三个团同时攻击,这样攻击正面宽,主力投入快,使敌易歼。"①

志愿军第 20 军第 59 师南下,在六东、北洞岭以西地区集结。

20 时,志愿军第 9 兵团命令第 27 军:"配合第 20 军歼灭美陆 1 师主力于下碣隅里、新垈里、新兴里、旧津里、柳潭里。"

当时的战场态势为,志愿军第 20 军是铁砧,第 27 军则是重锤。

根据志愿军第 9 兵团的命令,第 27 军决定第 79 师歼灭柳潭里美陆战第 1 师的先头部队,尔后再南下配合第 20 军,攻歼柳潭里以南及下碣隅里美军。第 81 师(欠第 242 团)位于第 27 军左翼,以主力控制云山里附近,作为第 27 军的机动部队;同时,派出加强营进占广大里,构筑纵深阵地,坚

---

① 张铚秀:《阵中实录》,军事科学出版社 2000 年版,第 152 页。

决阻击美第 7 师由南北犯，确保云山里至袂物里的道路畅通。第 94 师由厚昌江口南调，到达长津湖南侧，作为第 27 军的预备队。

11 月 24 日，美陆战第 1 师进犯至长津湖地区，完成了总攻准备。美第 5 陆战团主力超越第 7 陆战团，位于从下碣隅里通往柳潭里的西兴里、新兴里地域。该团第 1 营北进至长津湖东岸的新岱里、内洞峙。美第 7 陆战团主力位于下碣隅里；美陆战第 1 师指挥部及第 1 陆战团位于富盛里和古土里，负责掩护补给线。美第 7 师主力北犯惠山镇、院德场，其第 31 团位于赴战岭附近。

20 时，志愿军第 20 军第 89 师集结于小德、雪寒岭、闲上里、广城之间，构筑坚固工事，阻敌西进。另以 1 个团兵力于闲上里两侧山地，选择有利地形向广城及其西南方向构筑纵深阵地，阻击柳潭里美军向西南转进。主力进入广城以东，抢占新兴里及附近阵地，割裂下碣隅里与柳潭里的联系。同时，以有力一部由东南向西北前进，配合第 27 军歼击柳潭里的美军。

志愿军第 27 军决定以 1 个师进至西木里、云水庄，以一部抢占旧色里，分割驻柳潭里、旧色里美军；另 1 个师进至袂物里、夫宜水里、大南时、丰流里地区隐蔽集结，一部监视葛田里、旧津里美军，全力攻歼新岱里、新兴里美军。得手后，除以小部队监视旧津里美军外，主力继续向南进攻，配合第 20 军歼灭下碣隅里美军。

另 1 个师的主力位于云山里以南地区，以积极动作，抓住美第 7 师第 31 团。该师以 1 个团插至袂物侧里、大南里，进到丰流里地区，顽强打援。

军侦察部队进至大沙水洞、北谷地区，向东侦察，并向西阻击溃敌，同时与攻击新岱里的部队取得联系。

第 94 师进至长津湖以南地区隐蔽待命。

发起战斗的时间定于 11 月 26 日，各部队在 16 时 30 分以前按赋予的任务，将美军分割完毕，并完成攻击准备，统于 24 时投入攻击。

战斗分界线为：小西洞、小德、闲下里、困水里、梅香里（均含）以北

归第 27 军，以南归第 20 军。^①

当时，根据美陆战第 1 师第 7 陆战团于 11 月 22 日进抵柳潭里附近地区、美第 7 师第 31 团回撤至赴战岭地区的情况，志愿军第 9 兵团命令第 20 军、第 27 军首先歼美陆战第 1 师主力于下碣隅里、新岱里、旧津里、柳潭里、新兴里地区，并相机歼灭美第 7 师第 31 团及增援之敌。

为此，第 27 军决定：

第 79 师于 11 月 24 日黄昏，从集结地出发，当晚进至德实里西南的马登里、独别隅、仓坪里、西德里、三兴里、西片洞、高介洞；11 月 25 日晚，集结于北水里、西木里、云水庄。拟以 1 个团抢占旧邑里，分割柳潭里、旧津里美军。集中主力歼灭柳潭里美军后，配合第 80 师歼灭新岱里、新兴里美军。

第 80 师于 11 月 24 日黄昏，由现地出发，以 2 天时间进入预定作战位置。11 月 25 日晚，师指挥所率 2 个团经德实里集结于新浦里、旧镇以北，积物里以南，另 1 个团集结于袂物侧里、大南里一线，担负分割美陆战第 1 师与美第 7 师的任务。

第 81 师于 11 月 24 日晚，令第 242 团进至袂物侧里、大南里，11 月 25 日晚，集结于丰流里一线，负责割裂新岱里与下碣隅里美军的联系，配合第 80 师主力歼灭新兴里之敌。第 241 团、第 243 团控制云山里及以南阵地，保护进攻部队的右翼安全。

第 94 师于 11 月 24 日黄昏，由现地向南进发，以 5 天行军进至长津湖以南，在高岩、高岩里、周坡里、巨武所里一带集结待命。

炮兵第 16 团于 11 月 24 日黄昏，由仓坪洞出发，11 月 25 日拂晓前进至东沙里、广滩一线；11 月 25 日晚，进至高岩里、高岩、巨武所里集结待命。

各部队于 11 月 25 日晚调整完毕，11 月 26 日 16 时 30 分，均由指定位

---

① 张小勇编：《陶勇将军著作集》，海潮出版社 1996 年版，第 195 页。

置开进；11 月 26 日 24 时，将美军分割包围并发起攻击；11 月 27 日拂晓前，消灭美军，结束战斗。

本来，战争是江河而不是瀑布，必然充满漩涡及迂回曲折，有顺水行舟的流畅，更有逆水操船的险阻。但是，拥有实力优势的一方，往往容易将战争的进程比喻成一条直线。

在抗美援朝战争第二次战役中，美军设计的作战方案，充满独特的麦克阿瑟的色彩——宏大、夸张。

美军作战方案的基本构想是，西线的美第 8 集团军与东线的美第 10 军同时发起攻击，对志愿军与朝鲜人民军形成大合围。按照计划，东线的美陆战第 1 师从柳潭里北上，夺取位于中朝边界附近的江界地区，扎紧东西合围的袋口，将成为东线的关键性作战行动。

史密斯收到的简要指示为，美陆战第 1 师原计划沿长津湖东西两侧并进的方案，调整为统一沿长津湖西侧行进，向西线的美第 8 集团军靠拢。该师沿长津湖东侧行进的任务由美第 7 师承担。

在长津湖畔，战争的精神被演绎到极致。既是胜利与失败的对决，也是绝望与希望的对抗。在战争的复杂多变面前，表面上的优势是如此脆弱与不堪一击。相反，贪婪、冒险、投机等人性的弱点展露无遗。

美陆战第 1 师的作战地域为朝鲜东海岸的长津湖、兴南地区。真兴里以北为山地，仅有一条公路纵贯其间，而且多陡坡、急弯、隘路，山回路旋，通行不便。美陆战第 1 师被志愿军分割包围于柳潭里、下碣隅里、古土里和真兴里等地，陆路补给全被切断，处境危险。

长津湖水深不结冰，部队在长津湖地区的横向运动受到限制，对兵力形成天然的分割之势。长津湖地区战场狭窄，容量有限，志愿军的兵力优势难以充分发挥。而宽正面通常比较容易发挥兵力优势，有实施穿插、迂回、分割等战术手段的战场空间。

11 月 26 日，美陆战第 1 师第 5 陆战团、第 7 陆战团等作战单位相继进至柳潭里。美陆战第 1 师师长史密斯乘直升机，从兴南飞抵柳潭里勘察阵地。俯视下望，东线战场上白雪覆盖着的高山、沟壑一览无余。天气奇寒，大部队机动谈何容易。在他的视线里，也没有发现志愿军部队运动和集结的迹象。

史密斯根据美第 10 军第 7 号作战命令，在分析美陆战第 1 师的任务后，确定该师的最初作战目标为龙林洞（位于柳潭里以西 29 公里处），以切断志愿军的补给线，尔后继续北进，占领满浦。

当天 8 时，考虑到机动中的各团位置，史密斯又下达第 24—25 号作战命令，要点如下。

（1）第 5 陆战团截至 11 月 27 日 8 时超越第 7 陆战团，尔后向南进攻，占领龙林洞，并做好继续西进的准备；

（2）第 7 陆战团迅速占领并控制柳潭里，策应第 5 陆战团的超越行动，保卫柳潭里至新兴照（位于下碣隅里西北 8 公里处）的补给线；

（3）第 1 陆战团作为预备队，位于真兴里、古土里和下碣隅里，守备美陆战第 1 师后方地域和主要补给线；

（4）第 11 炮兵团主力占领柳潭里阵地，为美陆战第 1 师提供全盘支援；

（5）美陆战第 1 师侦察连转至柳潭里，同第 7 陆战团协商，对北部地域实施侦察；

（6）英国海军陆战队第 41 特遣队移至柳潭里，尔后为掩护美陆战第 1 师的左翼，做好作战准备。

史密斯在区分美第 5 陆战团、第 7 陆战团的任务时，主要考虑到第 5 陆战团在汉城作战后就没有参加过大的作战行动，决定第 5 陆战团继续向西攻击前进。在柳潭里地区的阵地构筑上，第 5 陆战团的位置更偏向西北，第 7 陆战团主要在东南方向。

占领柳潭里后，美陆战第 1 师严谨细致地构筑了防御阵地，并派出巡逻队侦察志愿军的动态，避免了美第 7 师在新兴里命运的重演。美陆战第 1 师在防御阵地外，还派驻了警戒哨与听音哨。在柳潭里，有些排级兵力的警戒哨被派到主防御阵地之外 900 米远的地方。小型听音哨布置在前方约 200—

◎ 美军陆战第 1 师第 5 陆战团位于柳潭里的指挥所

300 米的地段,以防被突袭,通常在 30—100 米的距离内就可以辨识出志愿军。当志愿军在逼近途中用英语喊话时,美军防御阵地上会朝着声音的方向开火。

白天,美军还会派出巡逻队,主动巡逻可能接近阵地的路线。这些巡逻队通常是连级兵力,有时也使用加强排的兵力。根据状况与目的不同,他们有时乘车,有时是步行的。这些巡逻行动通常不会离主阵地太远。巡逻队总在炮兵火力可及的范围内行动,随队行动的有一名炮兵前进观测官。此外,有时在空中还配备一架观测机,以增强巡逻队的观测能力,并协助他们与主阵地通信。

美军陆战团通常与 1 个榴弹炮营、1 个坦克连和 1 个战斗工兵连组成团级战斗群,作为独立遂行战斗任务的基本战术单位。陆战团以下单位为三三制。团属建制火力单位,包括 1 个装备 12 门 107 毫米重迫击炮的炮兵连、1 个装备 5 辆坦克和 6 门 75 毫米战防炮的反坦克炮兵连。美陆战第 1 师的重武器主要有 85 辆坦克、18 门 155 毫米榴弹炮、54 门 105 毫米榴弹炮、36 门 107 毫米重迫击炮、36 门 81 毫米迫击炮、36 门 75 毫米战防炮和 81 门 60 毫米迫击炮。此外,根据战场形势变化,还能随时得到海军陆战队第 1 航空联队的空中支援。普通士兵装备 M1 步枪,班、排长配备卡宾枪。①

阿尔蒙德本来确定东线的美军和南朝鲜军于11月26日发起总攻，但由于美陆战第1师的进攻准备没有完成，故而决定总攻时间推迟至11月27日。

截至11月26日当晚，美陆战第1师的兵力部署是：第7陆战团第1营、第3营，第5陆战团第2营和炮兵团主力位于柳潭里；第1陆战团第3营、第7陆战团一部和炮兵团2个连位于下碣隅里；第1陆战团第2营和炮兵团1个连位于古土里；第1陆战团第1营和炮兵团1个连位于真兴里；此外，第5陆战团第1营、第3营正向柳潭里机动。

志愿军第9兵团首长判断，长津湖地区的美军兵力薄弱，因此决定，抓住美军兵力分散，尚未发现志愿军部队已经集结的有利时机，"集中廿（欠六〇师）及廿七军主力，首先歼灭美陆一师主力于下碣隅里、新垈里、旧津里、柳潭里、新兴里之间地区。得手后，视机歼击美七师一团或美陆一师增援之敌"。

此时，志愿军第9兵团各部队已基本进入指定位置。第20军隐蔽进入柳潭里以西、以南地区，第27军主力隐蔽进入柳潭里、新兴里以北地区，完成了进攻准备；第26军主力也于11月26日由厚昌江口向战场靠近，开往长津湖东南地区。

第27军预计，11月26日16时30分前，各部均由指定位置向敌开进，24时前将敌分割包围并发起攻击，27日拂晓前消灭敌人、结束战斗。

志愿军的战前侦察与实际敌情差别较大，导致作战计划上的失误。在战后总结中，志愿军各层次部队都提到对美陆战第1师部署情况判断不准的问题，认为低估了美军作战部队的数量，致使部队内部存在轻敌现象。

志愿军误判美军在柳潭里仅部署1个营规模的作战部队。侦察情报上的不准确，无疑给以后的作战带来了困难。

11月26日13时，志愿军第20军部署从侧后攻击美军的行动方案：以

① 光亭：《冰血长津湖》网络版。

第58师首先攻占富盛里、上坪里，然后全力攻歼下碣隅里美军；以第59师全部并指挥第89师第267团抢占新兴里、西兴里阵地，切断柳潭里与下碣隅里的联系；以第60师抢占古土里以北有利地形，坚决阻击美军南逃、北援，并相机占领古土里；以第89师首先攻歼社仓里美军，随后，主力向上通里、下通里前进，切断长津湖地区美军的退路，并阻击增援的美军。①

第27军担负正面进攻的任务，其部署是：以第79师全力攻歼柳潭里美军，得手后，配合第20军歼灭柳潭里以南或附近美军；以第80师配属第81师1个团，攻歼长津湖东岸的新兴里、新垡里、内洞峙美军，得手后，向泗水里、下碣隅里攻击前进，配合第20军作战；以第81师主力位于云山里附近，作为第27军的机动部队，并以1个营进至广大里一线，坚决阻击南下、北进的美第7师主力，确保云山里至袂物里的道路畅通；第94师由厚昌江口南调，作为军预备队。②

11月26日14时，志愿军第9兵团最后确定，11月27日晚，向长津湖地区的美军部队发起全线进攻。

11月27日，长津湖地区的气温是零下29摄氏度。

在朝鲜战场西线，"联合国军"遭到志愿军的强大突击。但是，东线美第10军仍然按照既定计划，在长津湖方向保持攻击态势。

8时25分，美第7陆战团第3营向柳潭里至武坪里公路两侧的山地攻击前进，虽有交火，但战斗并不激烈。该营相继占领柳潭里以西的1426高地和1403高地。美第5陆战团第2营超越第7陆战团第3营继续向西，但在第一目标——1271高地遭到志愿军顽强阻击，在火炮、迫击炮和飞机支援下，才艰难地夺取了该高地。

在此期间，美"第7（陆战）团向西南方向的闲上里和北方的长津湖西岸派出了装备81毫米迫击炮的中等强度的战斗侦察分队，进行搜索和警戒，

---

① 志愿军第20军致第9兵团首长电，1950年11月26日13时。

② 中国人民志愿军第27军司令部：《咸镜南道战役新兴里、柳潭里战斗详报》，1951年1月10日。

与强大的中国军队遭遇了，经过激烈战斗之后撤回柳潭里"。①

12 时，美第 5 陆战团第 3 营由长津湖东侧前出柳潭里，占领北部棱线下麓，并为第二天的进攻做准备。

中午过后，美军就接连发现志愿军的侦察人员抵近柳潭里进行侦察。

13 时，志愿军第 27 军第 79 师第 235 团的侦察人员，与美军在抢占 1255 高地时发生遭遇战。

此时，美陆战第 1 师作为美军"王牌师"的素质得以体现出来。在遇到不确定性和可能的危险时，美陆战第 1 师步步为营，先立于不败之地，做到先胜而后求战。这与长津湖东岸的美第 7 师形成鲜明对比。敢打恶仗、硬仗，无疑是衡量、评判王牌之师的最好尺度，但慎重待机而非浪战，也是善战之师的内在品质。

15 时，美军停止进攻，转入构筑工事，准备夜间防御。16 时以后，美军从 1100 高地、1200 高地向后收缩。美军对防御阵地的构筑相当重视。据美军战史学家马歇尔调查，虽然地面冻结的状况让标准的构工工具一次只能敲开一小块泥土，各阵地还是都挖得很深，各营营长更亲自检查了散兵坑及其他工事。值得特别注意的地方是，在少数志愿军成功地攻入美陆战第 1 师防御阵地的例子中，都是由于时间太急迫、防御部队来不及完成工事的地方。

柳潭里附近的土质是页岩质，特别坚硬。尤其是柳潭里地区的地表冻结了 35 厘米，在冻土地带构筑工事就更加困难。美军装备的便携式铁锹很容易折断，又增加了构筑野战工事的难度。美陆战第 1 师士兵手上打了血泡，泡破了就满手是血。"有的地方，要使用炸药爆破后，才能挖掘机枪掩体。无时间挖掘掩体时，就利用岩石裂缝和岩石等地物。战斗激烈时，也有时堆积尸体作为掩体。高腰鞋使用橡胶多，里面积存脚汗，一停下来会立即造成冻伤。因此，必须经常脱鞋换鞋垫，揉擦脚。不过，要解开冻住的鞋带并不

---

① 日本陆战史研究普及会:《朝鲜战争》(中部)，国防大学出版社 1990 年版，第 7 页。

是那么容易的。"①

美第 5 陆战团、第 7 陆战团将 10 个步兵连环绕柳潭里建立起防御阵线。美陆战第 1 师以柳潭里为中心编成的防御配系如下：北部棱线：第 7 陆战团第 2 营 D 连、E 连（配属第 1 营）。西北部棱线：第 5 陆战团第 2 营、第 7 陆战团第 3 营 H 连。西南部棱线：第 7 陆战团第 3 营 G 连、I 连。南部棱线：第 7 陆战团第 1 营 A 连、B 连。②

美军在柳潭里东南地区开设炮兵阵地，将第 11 炮兵团第 1、第 4 营和第 3 营的 2 个连编成炮兵群，共有 18 门 155 毫米榴弹炮、30 门 105 毫米榴弹炮、24 门 107 毫米重迫击炮，由炮兵第 1 营营长哈威·菲汉中校统一指挥。这些大口径火炮的炮口，全部指向对美军威胁最大的西方和西南方。

美陆战第 1 师在柳潭里地区的防御，成为美军的经典防御战例。美军著名战史学家马歇尔，对美陆战第 1 师的防御阵地给予高度肯定。在柳潭里，第 5 陆战团和第 7 陆战团被有效地组织起来，构成统一的防御阵地，将所有炮兵、支援火力及人员都利用起来。这个防御措施独特的地方是：组织十分复杂，外在压力极大，所有命令、决策都由两个团长以会议的方式决定，在协调一致并且毫无摩擦的情况下，才能维持这种防御机构。尽管如此，在主要补给线的其他重要据点上，每个营的防御都是围绕着炮兵与跑道构筑刺猬式阵地，可以 360 度作战。炮兵也都面向着志愿军最可能用来进攻的山沟，随时可以发射。担任战斗巡逻和攻击任务的连队从基地出击时，只在基地炮兵有效射程内活动。而且，在阵地外围执行任务的小部队的活动范围，也被绝对限制在能够与部队主体保持无线电联络的距离。在布置这些阵地的时候，宽广的射界不是主要的考量因素，而是优先挑选那些可以彼此最大相互支援的地形。

无论在攻击或是在防御的行动中，美陆战第 1 师总是以最大的努力保持

---

① 日本陆战史研究普及会：《朝鲜战争》（中部），国防大学出版社 1990 年版，第 242 页。

② 固城、齐丰、龚黎：《朝鲜战争》第 1 卷，黑龙江朝鲜民族出版社 1988 年版，第 328 页。

阵线的稳固。在美军的防御体系中，火力发挥了重要作用。由迫击炮、野战炮构成的火网，会在志愿军投入大量兵力以扩大战果前，把突破口补起来。因此，志愿军的攻击容易受挫，第一波突击力量难以得到后续部队的支援。

美陆战第 1 师设有营级支援武器中心，负责攻击和防御时的火力计划工作；同时，也与战术空中协调中心密切联系，如果目标也适合使用空中攻击的话，可以很迅速而有效地进行协调。

机场工程通常由美陆战第 1 师工兵营承担，先抢修跑道，尔后再逐步扩建，在一天至几天内突击完成。例如，柳潭里的美军使用推土机抢修运输机跑道，不到 1 天即交付使用。

美军约 1 个营兵力占领柳潭里以北的 1282 高地、1240 高地、1167 高地，以及柳潭里以西的 1293.8 高地。尤其是 1282 高地、1240 高地、1167高地作为柳潭里的屏障，成为攻占柳潭里之必取。其中，1167 高地靠近江岸，是从侧翼迂回柳潭里的必经之所。11 月 27 至 29 日，志愿军第 27 军第 79 师与美陆战第 1 师就围绕这些高地，进行了反复、激烈的争夺。

21 ›› 善战者必善用锋刃

志愿军第 27 军第 79 师是华东野战军的头等主力师，该师第 235 团更是赫赫有名的"济南第一团"。

根据志愿军第 9 兵团的部署，第 20 军第 59 师穿插迂回到柳潭里以南，占领死鹰岭，扎紧"口袋"，切断美军南逃的退路，在柳潭里形成关门打狗之势。志愿军第 27 军第 79 师展开 3 个团，从北向南攻击柳潭里。正所谓好钢用在刀刃上，志愿军第 9 兵团使用精锐力量第 59 师、第 79 师，意图十分明确，就是要在与美陆战第 1 师的较量中赢得首战。

志愿军第 27 军第 79 师判断，进至柳潭里附近的美军约 2 个营至 1 个团兵力。第 79 师攻歼柳潭里及附近美军的部署如下：第 235 团首先夺取柳潭里以北的 1384.1 高地、1282 高地、1240 高地，并迅速占领柳潭里西北的山脚，以分割柳潭里与小德美军，尔后攻击柳潭里美军，得手后由东北向西南，协同第 237 团攻击柳潭里西山美军。

第 236 团除以 1 个加强排于旧邑里向东南警戒外，该团主力首先夺取 1167 高地，然后迅速攻占旧邑里江上的桥梁，准备过江，求得首先消灭美军的炮兵，然后分割柳潭里、新兴里美军的联系，再由南向北攻击。

第 237 团 1 个营首先占领小德东山及西南山，该团主力由松落洞迂回至闲上里附近，由西南向西北攻歼柳潭里西山美军。

第 79 师的战术思想非常明确：断敌退路，分割包围。

柳潭里北部有两个重要的高地，即 1282 高地和 1240 高地，分别由美陆战第 1 师第 7 陆战团第 2 营 E 连和 D 连占领，是柳潭里攻防战中双方力量此消彼长的关键。

1240 高地与 1282 高地山势相连，山顶则是长约 20 米、宽约 5 米的长方形台地。占领 1240 高地后，就能居高临下控制柳潭里。在 1240 高地左侧下方则是一条公路，沿公路再往左，就是直插入旧邑里江的 1167 高地。1240 高地右侧矮林茂密，视界受限，地势陡峭，不便攀爬。1282 高地小树丛生，地势险峻，又由于山上积雪深达半尺，易守难攻。美军以此为柳潭里的前哨警戒阵地。

11 月 27 日 18 时 30 分，夜幕已经降临。两个小时后，气温降到零下 20 摄氏度左右。此时，令美军痛苦不堪的志愿军的喊杀声、枪炮声和军号声，响彻寒冷的夜空。"这是中共军第 59、第 79、第 89 师的联合行动。第 79 师（辖第 235、第 236、第 237 团）攻克北部棱线；第 89 师（辖第 265、第 266、第 267 团）攻克西北部棱线；第 59 师迂回到南侧，切断德洞通路至柳潭里的补给线。因此，柳潭里完全被敌包围，处于孤立。"[1]

朝鲜战争结束后，无论是南朝鲜方面编撰的《朝鲜战争》，还是日本陆

---

[1] 固城、齐丰、龚黎：《朝鲜战争》第 1 卷，黑龙江朝鲜民族出版社 1988 年版，第 329 页。

战史研究普及会编著的《朝鲜战争》，对柳潭里进攻战斗中志愿军作战力量的使用情况，在记述上都存在不确之处。譬如志愿军第 20 军第 89 师，实际上仅有第 267 团参加柳潭里地区作战，而第 265 团、第 266 团则投入社仓里方向作战。

◎ 志愿军第 27 军进攻柳潭里美军

　　11 月 27 日 19 时，志愿军第 27 军第 79 师第 237 团第 3 营攻击 1402.9 高地，19 时 20 分，占领阵地一部，但在向 1402.9 高地攻击时受挫。第 237 团当即命令第 2 营，坚决从松落洞迂回攻击小德南山、柳潭里西山。在运动中，部队失掉联系。第 237 团第 1 营向小德东南的 1120 高地攻击时，遭受 1120 高地及公路两侧的美军火力杀伤，伤亡严重，基本失去战斗力。该营第 1 连副连长吕云学（曾立战功 11 次）率一个排接敌时，由于遭美军火力夹击，伤亡惨重，全排仅剩 4 人。在弹药将尽，并与部队失去联系的情况下，吕云学冒死连续 8 次从烈士和伤员身上搜集弹药，坚守阵地。11 月 28 日拂晓，第 237 团撤守小德以东高地。

　　11 月 27 日 20 时，志愿军炮兵第 16 团于 1384.1 高地以东、以北构筑阵地，做好轰击柳潭里及西山的准备。

　　21 时，志愿军第 79 师第 236 团占领 1167 高地，当即派部队侦察旧邑里江，准备过江（第 27 军令该团全部过江），侦察发现江上无桥。该团第 3 营沿江北岸向柳潭里攻击，因天亮，第 236 团下令撤回，被美军杀伤大部。

　　日本陆战史研究普及会曾对志愿军第 27 军第 79 师第 236 团的攻击方向提出质疑：“如果中国军队占领没有配置兵力的 1167 高地，第 236 团就能直接进攻山麓的炮兵阵地，对盆地内美军必定给予致命的打击。”[1] 日本陆战史

① 　日本陆战史研究普及会：《朝鲜战争》（中部），国防大学出版社 1990 年版，第 14 页。

研究普及会的论断缺乏依据，仅从结果推论第236团的作战过程。

11月27日22时40分，志愿军第235团第1营在1100高地、1200高地以北发现守敌，当即以一部向1167高地、1200高地警戒，另以一部向1240高地攻击，两次攻击失利，遭受较大的伤亡。随后，以第1连反复攻击，夺回2个山头，第3连也加入攻击，于11月28日凌晨4时攻占美军坚守的1240高地。美军曾数度反击，均被志愿军击溃，后被美军攻占1个山头。拂晓，志愿军停止攻击，部队坚守阵地，与美军对峙。美军驻守在此的第7陆战团第2营D连守备松懈。在志愿军如潮般的迅猛冲击之下，D连几乎伤亡殆尽，最后退守1240高地南面约300米处的无名高地。志愿军第235团第2营于11月28日凌晨3时10分攻占1384.1高地后，即以第4、第6连沿公路两侧向柳潭里攻击，遭美军两侧火力夹击，伤亡很大。5时5分，部队撤至1282高地及1384.1高地一线守备。

攻取1282高地的战斗非常激烈。第235团第1营第1连、特务连先后攻击失利。11月28日凌晨3时，第3连奉命继续攻击，至4时左右夺取1282高地，但随后遭美军数次猛烈反击，伤亡很大。战至最后，全连仅剩3人，失去阵地大部。

11月28日凌晨5时许，第235团第1营令第2连夺回1282高地。5时30分，第2连第1排接到命令："前面山上有敌人，你们坚决打上去。"由于战斗激烈，全排未展开，排长李凤喜大喊"往上突"。1班、2班立即并肩向上突击，在距山顶10余米时，遭美军火力杀伤，副连长及班、排干部大部伤亡。此时，加入战斗的3班与1班、2班继续猛攻，虽将美军压制，但不久伤亡近半。整个战斗仅持续10多分

◎ 在柳潭里坚守阵地的志愿军战士

钟，全排就由于伤亡过大失去战斗力。

6时20分左右，第2排开始攻击，在往上突破的过程中，仍然从第1排失利的方向攻击，又无火力掩护，遭受美军火力严重杀伤。紧接着，第2连指导员刘盛熙率第3排继续攻击。排长率7班在右，副排长率9班在左，刘盛熙率8班在后。7班进至距美军30余米时，排长负伤。当7班发起攻击时，9班还未到攻击位置，但副排长看到7班已与美军战斗，即令"快打"。由于地形不利，8班、9班蜂拥而上时，被美军的侧射火力严重杀伤。7班虽曾攻上山顶，但仍被击退。此时，全连因伤亡过多停止攻击，就地据守。

关于作战双方围绕1282高地、1240高地激烈争夺的情形，美军战史虽然在表述视角上有差异，但在作战过程描述上与中国方面基本吻合："1282高地上的E连，从是日22时开始，受到中共军第235团第1营和特遣连的联合进攻。从零时开始，受到连续两小时的多次进攻。在激战中，毙敌200人，挫败其锐气。但敌军从（11月）28日3时开始，不惜投入新的部队，连续发起进攻。我E连的防御阵地从5时开始崩溃。连长菲利普斯上尉指挥全连撤至高地下麓占领新的阵地，决心阻止敌人的进攻。据守1240高地的D连，受到中共军第235团的进攻而展开激战。由于寡不敌众，28日3时，连部也遭到攻击，全连撤至高地下部。连长赫尔上尉两次受伤，但始终指挥全连，守住最后一道防线。"①

◎ 1950年11月28日晨，在柳潭里补给站的美军陆战第1师第5陆战团士兵

① 固城、齐丰、龚黎：《朝鲜战争》第1卷，黑龙江朝鲜民族出版社1988年版，第330页。

美军方面认为，一夜激战之后，阵地仍在自己手中：配置在高地下麓的美第5陆战团第3营和第1营，从3时开始反击。G连夺回1384高地。C连投入主力进攻1282高地，以一个排支援1240高地的第7陆战团第2营D连。4时30分，C连主力同第7陆战团第2营E连剩余兵力会合。以连长琼斯上尉直接指挥的突击队为骨干，冲入阵地展开激烈的肉搏战，夺回1282高地。

志愿军第27军第79师第236团、第237团，未能完成迂回攻占柳潭里西山及旧邑里江以南困水里东山的任务，在战术上未能割裂美军，从而形成正面相峙的局面。困水里是美军从柳潭里南撤的要点。

美军在战后研究中，对志愿军坚持强攻正面阵地，而对美军警戒兵力十分薄弱的炮兵阵地视而不见感到奇怪。如果志愿军有一个营的兵力去攻击美第11炮兵团的阵地并将其摧毁的话，柳潭里的美军就基本上撑不到突围那一刻了。日本军史专家也认为，美军炮兵阵地是柳潭里攻防战的核心："从（11月）27日夜到28日晨，炮兵不间断地进行180度射击，炮弹已所剩无几。对炮兵来说，最大的威胁是距炮兵阵地北面不远的1282高地和1240高地被突破。朝鲜战争初期，北朝鲜军队往往利用美军步兵间隙、夜暗等穿过防线，直接破坏美军的炮兵阵地和迫击炮阵地，使其失去支援能力，并切断美军步兵的退路。然而，这天夜里，中国军队是从正面进攻海军陆战队的步兵，没有直接进攻炮兵。这样做大概是从地形和美军的阵地配置看，认为实施渗透是困难的，或者相信在正面进攻是能够突破的。"①

在11月27日以前，位于柳潭里地区的美第5陆战团、第7陆战团，已经储备给养与油料各3日份、步兵弹药2日份和少量炮兵弹药。按照美军步兵师的进攻作战消耗标准，每天作战消耗的给养、弹药、油料、药品、器材等物资约525吨，但美陆战第1师的日消耗量大于此数。因此，美第5陆战团、第7陆战团要想摆脱困境，当务之急是保持与下碣隅里后勤保障基地之

---

① 日本陆战史研究普及会：《朝鲜战争》（中部），国防大学出版社1990年版，第15页。

间的联系畅通，否则只能是坐以待毙。

在 11 月 27 日晚的进攻战斗中，志愿军第 27 军第 79 师虽然没有完全实现预定计划，但是仍然夺取了 1403 高地、1240 高地，控制了 1384 高地和 1282 高地部分地区，从北面对柳潭里美军形成了巨大压力。志愿军第 79 师也付出沉重代价，5 个营伤亡殆尽，失去战斗力。

战斗发起后，志愿军第 9 兵团各部队的消耗，主要依靠战前储备的物资，后方补充十分困难。第 2 后勤分部前运物资的车辆，在途中多次被炸或受阻。曾 3 次前运冬装，都因美军飞机轰炸和山陡路滑，大部毁于途中。这期间，送到部队的物资十分有限，仅主、副食 4.5 万公斤以及一些被装，平均每人主、副食不到 1 公斤。加之美机袭扰，部队在白天不能生火做饭，只能吃冷饭、啃干粮、饮冰雪，生活十分困难。有的部队因粮食供应不上，靠就地筹措部分土豆，以维持最低限度的生活需要。

长津湖地区由于气候、地理原因，主要出产耐寒的土豆，因为人口稀少、可耕地面积小，总产量极其有限。

志愿军第 27 军第 79 师第 235 团第 3 连副指导员邹世勇，负责带领后勤分队筹备给养、做饭、送饭、抢救伤员、运送弹药。战斗过程中，最难的还是找"米"下锅，让战友们吃顿饱饭。

所谓找"米"就是找土豆。这天，老司务长回来说：在一条山沟里，发现一座没有被炸毁的朝鲜老百姓的房子。屋子里没有人，但有一袋土豆，有四五十斤。可不可以弄回来煮给战士们吃？

这真成了难题。

按照实情，志愿军急需这袋土豆救命。但入朝时，上级宣布了严格的政治纪律：要爱护朝鲜人民的一山一水，不拿朝鲜群众一针一线。

上级还规定，不许带中国钞票，但也没有发朝鲜钞票。

放弃吧？实在需要这袋土豆；取走吧？又没钱留下。不付钱就取走土豆，是绝对不可以的。

找邹世勇商量，他也感到为难。

最后，想了一个办法：将缴获的两条美军的鸭绒睡袋，再加上一件美军的驼绒大衣，留给房子的主人；并附上一封短信说明情况，请求谅解。

这样，才取回了这袋土豆。①

◎ 长津湖战役中给前方志愿军官兵送饭的炊事员

当时，志愿军的综合保障能力不强。也因为部队运动快，军、师后勤跟不上部队行动，出现一线部队补充少的情况。例如，担任穿插迂回任务的第27军第80师第239团、第81师第242团在携带的干粮吃完以后，只得靠就地筹措土豆充饥。

志愿军第27军在行军途中，由第2后勤分部位于慈城、佳山洞的兵站补充了部分给养。第27军到达集结地域后，干粮不足8日份，粮食除第80师有2日份外，其余的均是现补现吃。根据战斗任务，第27军后勤部要求各师在战斗发起前，给养必须达到5日份（生3、熟2），并要加强管理、节约使用，干粮在战前不得食用。11月24日、25日，第2后勤分部又给第27军前送了粮食2日份和部分副食品。第27军后勤部组织第81师就地借粮2日份。至11月26日，第80师、第81师的给养储备已达5日份，但第79师的仍不足5日份。

由于寒流侵袭，山区气温降至零下40摄氏度左右，出现了武器打不响、骡马蹄冠脱落、饭菜结冰等现象。特别是部队官兵衣着单薄，露宿山野林间，冻饿减员严重，以致冻伤减员超过战斗减员。

志愿军第27军在7昼夜作战中，发生战、冻伤1.5万多人，其中冻伤

① 袁永生、沈鹤翔：《志愿军老兵回忆录》第3卷，四川大学出版社2013年版，第118页。

约占三分之二。① 第 79 师第 235 团 2 个营、第 236 团 1 个营、第 237 团 2 个营失去战斗力。

战斗中，志愿军第 27 军第 79 师由于"体力上的困难，战士打冲锋到山顶上，自己就累倒。山上树多，火器不能射击，与敌

◎ 抢救在柳潭里战斗中受伤的志愿军战士

交手被敌人摔倒。吃不上热饭。土豆冻成冰，部队抓把雪打个冲锋，回来就哭。吃不到一顿饭，更没有水喝，河水上不去，阵地上二三天如此，有 2 天 2 夜没吃东西的，爬的山都是 1000 多米的高地"，"要求上级解决吃饭问题，不要冻坏。工作不能到头，开会就睡觉，做不下去。干部情绪是大问题"。②

12 月 4 日，志愿军第 27 军向第 9 兵团反映：连日战斗，部队感到最大的问题是吃饭与菜、饭的保暖问题。部队的运输力不足，致使供不应求。由兵站运粮只能运至靠近公路处，到部队还有一段距离，而且山多路狭，作战时期无力自运。另外，战地房子很少，部队白天防空，不能做饭，夜间则又必须执行作战任务，故而常有饿饭现象，战斗一天吃不上饭是常事。第 94 师官兵两天未吃一顿饭，即使有饭吃，也是已经冻凉的饭菜。在这种情况下，部队的抗寒力降低，又格外疲劳。因而，部队普遍反映，战斗时既然吃不上热饭，最好多发干粮，既及时又不过寒。为此特建议，兵站部与东北军区后勤部能组织食品厂，赶制饼干（要做小一点，大了不便携带）。战时，每人起码要经常保持三分之二的干粮方足急需。

战后总结时，志愿军官兵认为战斗中的主要问题是：通信联络不足，上

---

① 吕永康：《军需大事回眸》，军事科学出版社 2007 年版，第 120—121 页。
② 《谢有法将军文辑》，国防大学出版社 2000 年版，第 216 页。

级的指示有时超过 2 天才能收到。敌情变化快，通信联络上的问题导致失去战机。在战斗中，部队的战术指挥机械呆板，各部队之间、步兵与炮兵之间协同不够，队形过于密集。同时，不能组织火力压制美军火力，不能掌握住美军的特点，造成被美军火力压制，迫使部队展不开。

22 ›› 大溃退开始

对于作战双方来说，1950 年 11 月 27 日、28 日是长津湖战役中颇为关键的阶段。在此之前，参战双方所有作战计划都建立在想象与推测的基础上。

战争初期的碰撞，使战争从想象回到现实中来。

双方的作战预想都遭到现实不同程度的修正。战争实际进程和预想之间的差异带来的冲击，要求战争机器作出调整，重新选择作战方案。

在最初期的交战中，志愿军第 9 兵团无疑已经赢得战役上的主动权。

志愿军第 27 军第 80 师将美军分割合围于内洞峙、新兴里地域，第 79 师与柳潭里美军形成正面对峙。第 20 军第 59 师占领闲上里、死鹰岭一线阵地，切断了该地与下碣隅里美军的联系，形成了对柳潭里美军的合围态势。

根据志愿军第 9 兵团的作战部署及兵力使用情况，志愿军对柳潭里美军志在必取。

但是，战前计划中的速决没有实现。初期的作战进程已经显露出"拉锯战"迹象，志愿军在战术上也有弱点。美陆战第 1 师绝非等闲之辈，占尽空中、火力、后勤等优势，远非能够轻易击败的对手。

而对美陆战第 1 师而言，已经陷入被全面分割包围之中。与其说需要胜利，不如说更需要避免全军覆没的命运。

撤退而不是前进，成为美陆战第 1 师的当务之急，只是在等待撤退时机的到来。

11 月 28 日 7 时，美军向志愿军第 27 军第 79 师第 235 团据守的 1240 高地反击 5 次均被击溃，继以 4 辆坦克向 1282 高地攻击，亦被击退，后以空军轰炸志愿军的前沿阵地。围绕着小小的 1282 高地，双方均付出巨大代价，美军 3 个连共伤亡 200 余人。

美军有着很强的陆空战术协同能力，航空兵对地面作战的火力支援发挥了很大作用。由于志愿军缺乏防空手段，美军实施近距离空中支援的飞机如入无人之境，"敢于在两军相距 50 米的距离内用凝固汽油弹进行有效攻击"，给志愿军造成很大的伤亡。美军投下的凝固汽油弹和高爆炸弹，能将阵地上的积雪烤干，志愿军的简易掩体完全承受不了打击，"接近阵地的志愿军士兵往往靠弹坑作掩体进行防御"。

9 时 30 分，1167 高地以西阵地被美军占领；12 时，志愿军又重新夺回。经过 1 天的反复争夺，双方伤亡均较大，当晚未进行攻击。

志愿军第 27 军决定以少数兵力抗击美军的反冲击，控制既得阵地，监视美军。主力则隐蔽休息，调整编组，做好攻歼准备。第 79 师除以炮火及步兵小分队袭扰柳潭里美军外，利用夜暗进行了敌情、地形侦察。

15 时，彭德怀致电志愿军第 9 兵团，对下一步作战行动作出指示："你们围歼美陆一师之五、七两团时，可能吸引该师之一团、十一团北援，对你们歼灭美陆一师全部甚为有利。对歼灭来援之敌预定部署如何？在歼灭美陆一师全部或大部后，乘胜进攻咸兴、新兴。该两城得手后，朝东北战场敌之陆路交通全部截断，有迫使美伪军从海道向三八线撤退的可能……如你们作此企图，廿六军主力应向南靠拢，准备打美七师及伪军增援。我们以一部向元山进迫，牵制美三师增援。"①

这是传统的围点打援战法，志愿军的作战重心仍在柳潭里。

志愿军司令部对朝鲜东线战场形势的判断和预期，要比实际战争进程更为乐观。

---

① 彭德怀等志愿军首长致宋时轮等第 9 兵团首长电，1950 年 11 月 28 日 15 时。

乐观的气氛，在毛泽东致彭德怀、邓华的电报中再次体现出来："你们十一月二八日午时给西线各军电及同日十五时给九兵团电均是很正确的。此次是我军大举歼敌根本解决朝鲜问题的极好时机，西线争取歼灭五个美英师及四个南（朝）鲜师，东线争取歼灭两个美国师及一个南（朝）鲜师，是完全可能的，整个战役准备打二十天左右……望你们鼓励士气，争取大胜。"[①]

这种在形势判断与战争走向认识上的差距，在以后的战役进程中还出现过，不仅存在于志愿军司令部与第9兵团之间，也存在于第9兵团与所属各军之间。

战争带来的考验不仅通过刀尖的碰撞来体现，也反映在对参战双方战争机器适应性的挑战上。

中美两支军队都在不同程度地调整对战争的认识。

战争中，低层级作战单位往往对战争的变化更为敏感，变化节奏也更快。但是，较低层次的快节奏必须在较高层次更大和更慢的节奏之内运作。

每一分钟的判断、决策、行动都赶在对手前面，就是优势。只有这样，整个作战行动才能保持协调性，指挥员才能部署预备队和保障部队，或者改变和调整主攻行动的重点。

志愿军第9兵团是否能最大限度地适应战争特点、战场形势变化？

美第8集团军右翼崩溃的消息，越过花岗岩峭壁和阴郁的山谷，传到了东边的美陆战第1师。该师正伸展在一条曲折的道路上，道路由柳潭里穿过下碣隅里和古土里，一直延伸到南面60多公里外的真兴里。雷蒙德·默里中校指挥的第5陆战团一直作为美陆战第1师的先头部队，在其后跟进的是霍默·利兹伯格上校（后晋升为中将）的第7陆战团。[②]

侵朝美军在适应志愿军这个"难以遗忘"的对手方面，并不失机警与敏锐。

---

① 《建国以来毛泽东文稿》第一册，中央文献出版社 1987 年版，第 689 页。

② 李奇微：《朝鲜战争》，军事科学出版社 1983 年版，第 84 页。

阻止美军在想象力上更贴近朝鲜战场的最大阻碍，无疑源自麦克阿瑟的固执、偏见、私利。

美军评价麦克阿瑟说，既然在朝鲜清川江畔与志愿军的作战是他可能指挥的最后一个战役，这个老兵简直不能容忍看到他光辉的军事生涯以不光彩的失败告终。

麦克阿瑟不是不能接受失败，而是不能接受这样一种不可能失败的失败。在遭受打击之后，这个战场上的老兵，还在等待。

按照美陆战第1师师长史密斯的说法，在美第8集团军的进攻全面崩溃、美陆战第1师在柳潭里地区伤亡逐渐增加的情况下，美第10军仍然没有给出明确的命令：是继续前进还是后撤？

战场上，等待有时候就意味着死亡。

在此情况下，史密斯作为一名良将的素质发挥了关键性作用。他独自决定调整美陆战第1师西进的作战方案，命令"位于柳潭里的陆战第7团转向朝南攻击，负责打通从柳潭里通向下碣隅里的后撤道路，确保与下碣隅里间联系的畅通。陆战第5团则坚守柳潭里进入防御状态，保持阵地的稳定"。[①]

战场上，上级命令之外的灵活性，决定着能否顺应流动的战争态势。随后，美陆战第1师师长史密斯命令第5陆战团、第7陆战团配合坚守柳潭里。根据这一命令，柳潭里防线的西部和北部由第5陆战团负责，东部和南部由第7陆战团负责。

在此之前，第7陆战团团长利兹伯格上校奉史密斯的指示，为消灭柳潭里南侧的志愿军，打通连接下碣隅里的补给道路，已经命令第1营营长戴维斯中校救援南侧的C连，换下德洞山口的F连，控制补给道路。在11月28日上午10时15分，第1营营长戴维斯中校以A、B连发起进攻，经过5个小时激战，同C连会合。第1营在救出C连和40名伤员后，于21时10分撤

---

① www.chosinreservoir.com/. Extracts from a letter of 16 december 1950 from the commanding general, 1st marine division, to the commandant of the marine corps.

◎ 在柳潭里的美军陆战第 1 师被志愿军包围、后
勤补给遭到切断后，美军采取空投方式补给

回柳潭里。

　　黄昏，美陆战第 1 师已被完全分割在柳潭里、德洞山口、下碣隅里、古土里和真兴里地区，处于被歼灭的不利态势。

　　全天，美第 7 陆战团团长利兹伯格试图打通柳潭里与下碣隅里之间通道的行动，最终都以失败告终。

　　11 月 27 日，美陆战第 1 师第 1 汽车运输营运载补给品抵达柳潭里，为第 5 陆战团、第 7 陆战团补充物资。但是在 11 月 28 日，柳潭里至下碣隅里的公路被切断，对柳潭里第 5 陆战团、第 7 陆战团的补给只能通过空投方式进行。

　　英国战史学家罗伯特·奥内尔在《清长之战》中评价说：11 月 28 日白天，美军都在设法打通被截断的各部队阵地。美军指挥官们意识到，遇上了"极其强硬的对手"。

　　美国空军的文件也记载：中国军队是亚洲的一支游击军队，来自农民的士兵每天只吃很少一点口粮就能作长途行军。他们的士兵在中国的多年内战中，已经习惯于夜间行军、作战和昼间隐蔽了。中国军队善于偷偷摸摸地行动，受过高强度的训练，而且生活简朴，是"联合国军"地面和空中部队很难对付的敌手。

　　曾经战无不胜的美陆战第 1 师此刻终于明白，再无继续推进的可能，剩下的事情就是如何突出重围了。

　　神话终于破灭，麦克阿瑟从想象的胜利之巅跌落到惨痛的现实深渊。

　　晚上，麦克阿瑟在东京召开紧急作战会议。

　　在前线的高级指挥官沃克和阿尔蒙德被仓促地从朝鲜召回东京。会议从 11 月 28 日 21 时 30 分进行到 11 月 29 日 1 时 20 分。当时，由于西线美第

8集团军比东线美第10军的处境更为危险，会议讨论的首要议题是"第10军能采取什么行动去支援第8集团军"。会上，"联合国军"司令部情报部部长赖特建议：派遣美第3师向西越过太白山脉，与美第8集团军一起，进攻正在沃克右翼行动的中国军队。阿尔蒙德反对赖特的建议，"指出地图上标明的跨越太白山脉的公路实际上是不存在的，并且恶劣的冬季气候和在两支部队之间间隙地可能有大量中国部队，将使任何此类救援性远征变成一次纯粹靠碰运气的赌博，搞得不好，将会葬送掉整个第3师。然而如果第3师越过太白山脉到达了山的西侧，第8集团军保障该师的行动，他就同意这项计划。沃克没有作出这种承诺，麦克阿瑟也没有立即作出向西进攻的决定。在此之后，麦克阿瑟曾下令，从第3师派出一支特遣部队打通与第8集团军右翼的联系。但这个命令随后又撤消了"。①

美军参联会对西线美第8集团军与东线美第10军之间的间隙非常担心，认为随着东线美第10军的收缩，间隙还会扩大，这将为志愿军提供向南穿插前进的更大空间。但是，命悬一线的东线美军，也只能暂时将这种担忧放置在一边，决定先将美陆战第1师和美第7师的部队从长津水库地区解救出来，以后东西线再密切协同，阻止志愿军从它们中间穿过或者对它们分别实施迂回包围。

东京的这次会议上，麦克阿瑟最后决定在朝鲜半岛最窄的蜂腰部——元山、阳德、成川、顺川、肃川一线组织防御，并立即给部队下达撤退的命令。

麦克阿瑟同时声明，在过去的4天里，已经同20万以上的中国正规军进行了交战。他们在中国东北地区集结强大的兵力，不断投入前线。因而，美军面临着全新的战争。

麦克阿瑟的声明充满戏剧性，这恰好说明他的精神已经与实际的战场脱

---

① [美]詹姆斯·F.施纳贝尔：《朝鲜战争中的美国陆军》第2卷，国防大学出版社1990年版，第304页。

离开。这位美军战区统帅的声音已经不再那么坚强，多少带有一些慌乱、怯弱的杂音。

对于美军的撤退，志愿军战士编了个笑话——"麦克阿瑟的地理常识"：

> 美军：朝鲜人民军、中国志愿军向我们猛攻，情况紧急，得赶快往后退。
>
> 麦克阿瑟：你妈的，死也不能后退！我们要往南前进，要快！
>
> 美军：往南是后退，我的将军。
>
> 麦克阿瑟：笨蛋！地球是圆的，我们去抄他们的后路。

战场这个舞台，对演员有着特殊的要求。

拿破仑在谈到统帅的素质时说："一个统帅的首要素质就是应有一个冷静的头脑，他能接受正确的印象，他从不因为好消息或坏消息而感到紧张或烦恼。有某些人，由于受到体质和精神的天赋所限，对于任何事物都会产生幻象，他们是不适宜指挥军队或指导战争的"。

一个战区内只应该有一个司令官，而且，一个独立战区的司令官绝不能没有相当程度的独立性。

但是，这种独立性必须受政治束缚，战争没有自己的逻辑。

麦克阿瑟自始至终都不愿接受战争的政治制约。后来，他在回忆录中仍坚持说，他从来没有产生会在朝鲜战败的思想。

在白宫召开的美国国家安全委员会会议认为："麦克阿瑟将军面临一个新情况。我们应确保他理解发给他的指示。他好像以为他必须占领朝鲜东北部。也许我们应该告诉他，联合国和美国的观点是，他没有必要占领那一地区。我们希望结束这一冲突。我们无法在朝鲜击败中国人，他们可以比我们投入得多。我们应该对在满洲采取空中行动予以十分仔细的考虑。如果这么做对挽救我们的军队至关重要，那就必须这么做。如果我们进入满洲，就很难停下来，就很容易扩大冲突。如果我们在满洲取得成功，俄国人很可能加入进来，援助他们的中国盟友，而不顾与我们发生战争，结果我们就会陷得很深。很重要的一步是，我们要找到一条我们能守住的战线并守住它。这样做有助于顺应我们盟国的观点，向他们表示我们没有侵略，我们在等待中共的下一步行动。我们应该知道麦克阿瑟认为他能守住哪条线，然后我们就在联合国施压，把事情向前推进。我们会考虑北朝鲜一个区域的问题。我们不应说我们必须向前推进，我们应守住这条线，尽快把它转交给大韩民国。"①

会议的主要参与者都认为，朝鲜战局到了一个转折点。

美军参联会主席布雷德利认为，朝鲜出现的新的转折是非常严重的，但是，并不像报纸报道的那样是一场空前的浩劫。他强调，麦克阿瑟的部队有受到来自中国东北地区机场的飞机攻击的危险，但又提出反对授权麦克阿瑟去轰炸那些机场。国防部部长马歇尔认为，需要采取更加审慎的态度，无论是美国，还是联合国，都不要卷入一场与中国的全面战争。在对付这种新的而且是非常危险的行动时，美国最基本的一条是严格地在联合国范围内行事，而不要顾及由此产生的困难。国务卿艾奇逊一如既往地认为，在探讨朝鲜问题时，要始终记在心上的是，美国真正的对手是在朝鲜和其他地方的争端背后的力量，即苏联人。但是，中国人对"联合国部队"的进攻，把美国推到了全面战争的边缘。

杜鲁门的阅历、经验及所处的历史阶段，使他考虑问题时更需要在全局中寻求平衡，显得犹豫不决。毛泽东在处理战略问题时充满锐气，善于在不平衡的发展进程中，采取果决的手段。

在美陆战第 1 师举行的记者招待会上，师长史密斯辩称，"撤退"行动不能称为"撤退"，也不能称为"退却"，而是朝"相反方向的进攻"。对此，美国海军陆战队战史学家蒙德罗斯认为，这确实不是撤退，而是无可奈何的蠕动，更谈不上是什么向另一个方向进攻。美陆战第 1 师作战处参谋约瑟

---

① 陶文钊：《美国对华政策文件集(1949—1972)》第 1 卷(下册)，世界知识出版社 2003 年版，第 520 页。

夫·瓦恩科夫上校接到拟制撤退计划的命令时，惊叹地说：我必须去找一本参谋手册。我从未想到陆战队会参与后退或撤退行动。

在面临灭顶之灾的情况下，史密斯保持了良好的心态与指挥才能。

20世纪30年代，史密斯曾在马歇尔任副校长的本宁堡步兵学校学习。能够被选派到这所著名的军校学习，这足以说明史密斯的优秀。第二次世界大战中美军战功卓著的将领，譬如布雷德利、史迪威等人，当时都是该校默默无闻的教员。与同时代众多的美军将领一样，史密斯对"铮铮铁骨"的马歇尔充满崇拜之情，也深受马歇尔思想的影响。

马歇尔曾告诫走向战场的指挥官们："你们必须在战争中率领士兵共同忍受艰难困苦，表现出超出常人想象的英勇顽强和百折不挠的精神。你们必须在士兵饥肠辘辘、疲惫不堪、焦虑不安和极度危险的情况下激励他们。只有具备主动的领导性格，加上良好的身体素质，才能在这种条件下发挥作

◎ 志愿军第27军战士冒着零下30多摄氏度严寒，在冰天雪地的柳潭里战场抗击美军

用。""真正的伟大将领能够克服一切困难。战斗、战役无非是一系列有待克服的困难而已。缺少装备、缺少粮秣、缺少这个、缺少那个，统统都不过是借口。一个真正的将领无论环境如何艰苦，都能够展现才华，反败为胜。"

在美军加紧准备撤退时，志愿军第 27 军也在加紧后续预备力量的调遣，准备全歼柳潭里美军。

美军加紧攻击志愿军坚守的 1240 高地、1282 高地，数十架飞机轮番轰炸，投掷大量燃烧弹，阵地变成火海。

志愿军第 27 军第 79 师第 235 团第 2 营、第 3 营，在天寒地冻、构筑工事极其困难的情况下，挖雪坑做掩体，啃冻土豆当饭菜，顽强地坚守阵地，打退美军多次进攻。

生命中不屈的意志，成为战争中最难以攻克的防线。

美军向 1167 高地以西志愿军第 236 团的阵地反击 4 次，向 1240 高地志愿军第 235 团的阵地反击 2 次，均被击退。

11 月 28 日 9 时，美军空降兵 100 余人向 1167 高地反击，被击溃。

20 时，志愿军第 79 师调整部署：第 236 团（附山炮连）接替第 235 团坚守的 1240 高地、1282 高地。师指挥部率第 235 团、第 237 团、炮兵团至松落洞一带，准备由西南向东攻击。师指挥部位于北松落洞。第 237 团位于松落洞以南、大路以北，以 1 个排守备 1402.9 高地。第 235 团派 1 个连进至西中里。炮兵团位于小西洞。当晚整理部队，未进行攻击。

23 时，第 236 团第 2 营第 6 连奉命坚守 1240 高地。

上级要求坚决守住，做到"寸土不让，有人在，即有阵地在"。全连共 134 人。3 个排中，第 2 排战斗力较强，有排级干部 11 名。主要武器：六〇炮 3 门、轻机枪 6 挺、冲锋枪 25 支。作业工具有铁锹 40 把、镐 8 支。

接到任务后，连长王绍云带领连、排干部观察地形，确立阵地编成。决定以 1240 高地右侧为主要阵地，由第 3 排坚守。左侧的开阔地由第 1 排坚守，并负责打击由公路攻击的美军。第 2 排为二梯队，位于连后侧待命。

根据敌情及地形特点，第 6 连迅速组织修筑防御工事。在工具短缺的情况下，全体干部战士轮流不息地抓紧修筑。王绍云鼓励大家说："这时多流汗，战时少流血。"雪夜，天气极寒。全连耗时近 5 小时，完成约 80 厘米深的单人掩体和部分有盖火力阵地及观察指挥所，并进行了简单伪装。但是，工事之间缺乏交通沟联络，导致战斗过程中运动困难。

王绍云在时间短促、工具缺乏的情况下，决定利用战斗间隙构筑工事，成了赢得这场防御战的关键。

从 11 月 29 日上午 7 时开始，美军以猛烈炮火轰击志愿军阵地，打伤第 6 连勤杂人员 5 名。接着，在志愿军阵地上投掷烟幕弹，掩护 40 余人向第 1 排、第 3 排的阵地发起冲击，在距志愿军主阵地不足百米时，遭受志愿军炮火打击后退去。随之，美军召唤空军对志愿军阵地轰炸 10 余次，主要工事、火力阵地都被不同程度摧毁。美机离开后，志愿军又加紧抢修工事。

下午 2 时许，经过充分准备之后，美军集中约 1 个排兵力，重点向第 3 排坚守的主阵地发起进攻。密集的炮火从阵地前沿向纵深渐次移动，隐蔽在简单工事里的战士们握紧手榴弹等待着美军到来。当美军沿着密林爬到距阵地 50 余米时，志愿军的火力方才根据原定射击计划突然开火。7 班在连副指导员的带领下从阵地右侧向美军猛扑，杀伤 20 余人，但是在出击过程中，由于队形拥挤，遭美军火力严重杀伤，全班最后仅剩 3 人。此时，冒着美军飞机猛烈扫射出击的第 2 排，也遭受损失，全排建制被打乱，仅 4 班完整。在随后的战斗中，该班仅剩 2 人。

下午 4 时许，美军又连续发起第 3、第 4 次冲击，重点仍在第 3 排防守的主阵地方向，尤其是针对志愿军火力阵地。在美军更加猛烈的炮火与空军轰炸之下，第 6 连火力阵地皆被摧毁，这使得随后的阵地防御战非常困难。在战后检讨中发现，第 6 连的火力阵地设置有弱点。譬如，炮兵阵地离主阵地太近，位置暴露，缺乏严密的伪装及预备阵地的准备，致使火力阵地被美军发现、封锁后没法转移。此后的战斗，仅靠步枪、手榴弹与美军艰苦作战。最终，第 6 连在友邻第 4 连、第 5 连配合下守住了阵地。

志愿军第 27 军在 11 月 29 日决定：第 79 师继续坚守阵地，钳制美军，并做好攻击准备，师指挥所移至松落洞；第94师迅速向柳潭里方向开进，随时准备加入战斗；军后勤部抓紧给第80师补充弹药、给养，给第79师适当补充，同时，做好第94师加入战斗的保障准备。

美军认为：志愿军在柳潭里附近，连续3天全力进攻，付出巨大代价，但仅仅攻占了几个据点；此后，在柳潭里附近的进攻逐渐减弱。估计战斗力已经耗尽，等待补充。

在战争中，防御是较强的作战形式。尤其是进攻方超过作战顶点后，实力上的衰减更容易被对手发觉。

柳潭里攻守双方的相持，逐渐演变成一场消耗战。美军虽然被孤立在柳潭里，地面补给断绝，但空中补给依然畅通无阻。相反，志愿军第27军由于补给能力有限，后勤保障上明显弱于对手。

志愿军第27军第79师的锋芒渐退。

志愿军在战略上不怕拖，但由于后勤补给弱，战役上怕拖。因为持续攻击力不强，志愿军在战役、战术上需要速决。对美军作战，志愿军在战役和战术思想上主要是求得速战速决，战斗越迅速解决，对志愿军越有利，越容易扩大战果，亦能做到收获大、伤亡少。

围而不攻、战不速决、对峙胶着，都不利于志愿军取得战果。

继续对美军围困，志愿军的困难也会增多。

孤立美军，诱其西援，争取在运动中歼敌。

关键是要围得住，要有援可打。在无援可打的情况下，志愿军不得不从围点打援转为就地攻坚。

志愿军不愿在与美军的相持中，错失有利的进攻机会，决心对围困之敌发起决定性攻击。

21时，志愿军第9兵团下令，将第20军第59师划归第27军指挥。第27军决定以第80师、第81师1个团继续聚歼新兴里美军，以第79师、第94师、第59师共计3个师歼灭柳潭里美军。如果新兴里的战斗结束，就将第81师的部队也投入柳潭里战斗。

新兴里战斗结束之后，东线的美第 10 军全线动摇。此时，西线的美第 8 集团军正向肃川、顺川退却。

美第 10 军孤悬朝鲜半岛东北一隅，而且兵力分散。

美陆战第 1 师在长津湖地区陷入志愿军的分割包围之中，随时都有全军覆没的危险。因此，美第 10 军不得不重新研究原来的北进计划。

在位于下碣隅里的美陆战第 1 师指挥所，美第 10 军军长阿尔蒙德、美陆战第 1 师师长史密斯和美第 7 师师长巴大维举行作战会议。

阿尔蒙德命令所有部队，立即按照原定计划，向咸兴、兴南地区实施总退却。他要求美陆战第 1 师马上将柳潭里的部队收缩至下碣隅里，然后在美第 3 师的策应下，向南突围。"阿尔蒙德特别强调了部队的机动速度，授予史密斯少将以可炸毁一切影响撤退的装备的权限，同时商定空中补给事宜"。①

就像几天前催逼史密斯加速推进那样，阿尔蒙德又催促他加快撤退速度。"阿尔蒙德将军授权史密斯可以丢弃一切妨碍后撤速度的装备，但是，史密斯不打算扔掉他可能需要的任何东西。他说，后撤的速度完全取决于后送伤员的速度。史密斯想杀出一条退路，因此，他需要全部装备。况且，他也想将大部分装备带回去。这些打算，他都实现了。他把沿途负伤的人用卡车载运出去，只丢下了那些在柳潭里战斗中被打死的人员。撤退以前，为在那里阵亡的八十五名官兵举行了战场葬礼。"②

美陆战第 1 师师长史密斯制订的撤退计划是：以第 5 陆战团在柳潭里地区殿后掩护，首先突破柳潭里的志愿军包围，撤至下碣隅里；尔后，分阶段突破下碣隅里和古土里的志愿军包围，撤至咸兴附近。

在美陆战第 1 师下达撤退命令前，为强化柳潭里地区作战的协同配合，美陆战第 1 师第 5 陆战团、第 7 陆战团的团长共同制定了 1—50 号作战命令。

---

① 固城、齐丰、龚黎：《朝鲜战争》第 1 卷，黑龙江朝鲜民族出版社 1988 年版，第 333 页。

② 李奇微：《朝鲜战争》，军事科学出版社 1983 年版，第 86 页。

其要点是，将柳潭里的所有部队配置到南侧的阻击阵地，阻止志愿军向北进攻；为突破志愿军的包围圈，决定首先打通补给线。

柳潭里美军用推土机抢修运输机跑道，12月1日即交付使用。因遭受志愿军火力袭击，这个简易机场仅使用2次。美陆战第1师后勤部门拟制了柳潭里和德洞山伤员的抢运、后送计划，准备了后送、收容工具，并规定轻伤员不得乘车。

11月30日19时，美陆战第1师正式下达撤退命令："批准1—50号联合作战命令。第5陆战团、第7陆战团共同撤至下碣隅里，并做好继续南移准备。撤退时炸毁一切不能搬运的装备"。①

根据这一命令，美第5陆战团团长默里中校和第7陆战团团长利兹伯格上校，立即着手制订突破柳潭里包围圈的基本计划。部分美军沿山地进攻德洞通路，营救美第7陆战团第2营F连，并控制该地，一直坚持到美军主力通过。包括伤员在内的汽车梯队，沿公路转移。按照这一计划，两人还共同制定了2—50号作战命令，并得到师长史密斯同意。

志愿军第27军第79师仍守备柳潭里以北及西北、东北一线阵地。该师自11月27日18时开始在柳潭里方向作战，除了给美军以较大杀伤外，无大俘获。主要原因是第236团、第237团未能完成迂回攻占柳潭里西山及困水里东山的任务，在战术上未能割裂美军。柳潭里地区的美陆战第1师第5陆战团、第7陆战团，退缩于小德、柳潭里、闲下里附近高地固守。

鉴于东面对新兴里美军的作战即将结束，志愿军第27军决定第94师加入柳潭里方面的作战。

入夜后，志愿军第27军争取时间，竭尽全力做好后勤保障上的准备。第2后勤分部前送粮食、弹药的汽车达到50余辆。第27军后勤部立即组织干部带车，直送各师。其中，粮食5万斤，分送第79师、第80师和第27军直属部队，另送第79师手榴弹3000枚、炸药500公斤。第79师的弹药

189

① 固城、齐丰、龚黎：《朝鲜战争》第1卷，黑龙江朝鲜民族出版社1988年版，第334页。

所进至松落洞与小西洞之间，救护所进至西木里。

1950年12月1日，日本《朝日新闻》以"美陆战第1师孤立在长津湖地区"为标题报道："美陆战第1师，（11月）30日被中国军队包围，孤立在长津湖地区"。

在寒冷的长津湖畔，美军"王牌师"被围的消息，无疑具有极大的新闻价值。

美军参谋长联席会议电告麦克阿瑟：美第10军的收缩行动，将相应地促使阿尔蒙德和沃克的部队之间的空隙进一步扩大，从而为中国人以强大的部队从美第8集团军和美第10军之间向南运动提供更多的天赐良机。美军参联会认为，当务之急是把美陆战第1师和第7师的部队从长津水库地区解救出来。①

进至清津、惠山镇等地的美军和南朝鲜军开始向咸兴后撤，驻社仓里的美军和南朝鲜军也于12月2日开始南撤。

新兴里的美军被歼后，美陆战第1师加快了从柳潭里撤退的行动。美陆战第1师第5陆战团、第7陆战团下达联合作战命令，要点如下：第7陆战团第1营于12月1日夜沿公路东侧高地发起进攻，同驻德洞通路的F连换防，尔后控制该地域；第5陆战团第3营，边占领公路两侧制高点，边向南前进，以掩护后续部队；第5陆战团第1营、第2营和第7陆战团第3营，由长津湖西南端至1542高地占领收容阵地，收容退却的部队分阶段

◎ "向另一个方向进攻"，美军陆战第1师开始从柳潭里逃窜

---

① ［美］詹姆斯·F.施纳贝尔：《朝鲜战争中的美国陆军》第2卷，国防大学出版社1990年版，第312页。

撤退；第 11 炮兵团第 4 营在转移之前，将 155 毫米炮弹全部打光，尔后担任后卫移动；所有剩余兵力编成 9 个临时排，2 个排增援第 7 陆战团，3 个排增援第 5 陆战团，4 个排归麦克雷诺少校指挥，掩护汽车梯队翼侧；汽车梯队跟随第 5 陆战团第 3 营，只收容重伤员，阵亡者只保存遗物，尸体就地埋葬。

12 月 1 日 8 时，驻柳潭里美军在空中力量掩护下开始突围。

志愿军第 27 军决心歼灭南窜的美军于运动中，基本意图是歼美军于柳潭里地区，于是决定：

第 59 师扼守困水里以南的 1419.2 高地及其附近阵地，阻敌南窜；并以最大努力坚守西兴里、死鹰岭一线阵地，坚决割裂柳潭里与下碣隅里美军，不让其会合。

第 79 师主力从柳潭里以西的山区穿插至闲下里后，过河攻占 1542 高地，截歼窜敌。该师第 236 团由柳潭里正面出击。

第 94 师从柳潭里以东，经梅香里以西渡江，向 1449 高地攻击，得手后继而向南攻击，求得与第 59 师第 175 团会合，聚歼窜敌于困水里地区。

在围歼美军的部署中，困水里及附近高地是堵击美军南逃的必争点。

志愿军第 27 军第 94 师从 11 月 24 日由厚昌江口南调，11 月 30 日凌晨 1 时，进入独别隅里地区。当日，志愿军第 27 军指挥部即令该师第 281 团，接替第 81 师在大、小汉垈和广大里一带的防务，阻击美第 7 师。第 94 师指挥所率 2 个团在 12 月 1 日凌晨 2 时进至西木里地区，准备投入柳潭里地区的作战。

11 时，志愿军第 27 军命令第 94 师阻止柳潭里的美军南逃。该师决定：第 280 团过旧邑里江，攻占 1446 高地、1469 高地。第 282 团在后跟进。1446 高地、1469 高地位于美军控制的困水里东侧，若攻占后向南发展，可以加强对德洞山、死鹰岭的控制；向西南方向发展，则可以在柳潭里至下碣隅里公路上截击南窜之敌。

志愿军第 94 师的成败，直接关系到能否继续将美军封闭在柳潭里。

一面是美军在求生的强烈愿望下鱼死网破，欲拼命杀出一条生路；另一面是志愿军第 9 兵团不愿失去稍纵即逝的有利战机。

对于一路奔波的志愿军第 94 师而言，在与美军短兵相接前已经伤痕累累。由于没能及时穿上棉鞋，第 94 师冻伤 2400 多人。在临江，该师分配到担架员 400 多名，战斗后走失不少，最后只剩下 20 多名。带来的直接恶果是，在战场上，志愿军伤员未能得到及时救治而冻死，增加了伤亡。

志愿军第 94 师加入柳潭里方向战斗前，该师后勤处及弹药所、粮秣所、救护所进至承地以南，但负责载运物资的马车、驮马掉了队。第 27 军后勤部立即通知第 79 师后勤处，就近调拨给第 94 师部分弹药。当晚，第 2 后勤分部派汽车运送手榴弹 4000 枚、各种炮弹 3523 发、各种枪弹 164360 发、给养 32200 斤，至第 79 师、第 94 师、第 81 师。

志愿军第 94 师第 280 团拟定的作战方案是，沿旧邑里江大桥向困水里方向发展，第 1 营攻占 1446 高地，第 2 营攻占 1469 高地，第 3 营为团预备队在后跟进。由于侦察有误，以为旧邑里江大桥可以通行，而桥面附近水深难以通过。事实上，桥下冰面完全可以通行。由于旧邑里江南岸及困水里方向均被美军占领，志愿军作战行动延误。

随后的战斗中，第 94 师由于在困水里方向行动耽误，失去了封闭美军、关门打狗的机会。

11 时，驻柳潭里的美军以猛烈炮火向志愿军轰击，11 时 40 分开始过江，陆续朝困水里方向撤退。

志愿军第 79 师第 236 团在 11 时 30 分，由柳潭里正面出击，遇到美军掩护部队，进攻受阻。

13 时，柳潭里的美军主力全部撤至旧邑里江以南。

正面围歼柳潭里美军的行动，演绎成一场在崇山峻岭间追杀与逃亡的较量。

美陆战第 1 师在心理、精神上没有崩溃，仍然能持续抵抗，逐渐适应不利的态势，遭受突发性打击造成的恐惧逐渐降低，力图通过发挥武器、后勤、火力上的优势，逆转不利局面。

在较量的第一阶段，志愿军利用战场上的突然性，使美军陷入短暂的混乱、无序之中，作战力量发挥受到短暂遏制，曾出现歼灭美陆战第 1 师的最好时机。

但是，寒冷和补给、装备方面的短板使这个难得的时机逐渐丧失。

第一阶段未能完全歼灭对手，志愿军在前期利用突然性出击带来的作战优势渐渐消失。

相持性的战斗，变成了双方物质比拼的消耗战。

志愿军战争体系中内在的弱点，逐步在战斗中显现出来。寒冷、补给、救护等一系列平时看不见的战斗因素，都成为志愿军在战场上的脆弱环节。

战斗期间，志愿军第 27 军第 79 师第 236 团第 3 营机枪连的炊事员李仁寨，挑着满满两桶饭，给远在 10 余里之外的柳潭里阵地送。在走下山坡时，他忽然发现松树底下躺着一个志愿军战士，满身的泥和血都冻成了冰，全身僵直，看样子已经死去了。但是，李仁寨不放心，用手去摸他的心窝，还稍微发热，嘴里也微微地喘着气，可是不会说话了。李仁寨把饭送到阵地后，又将这个战士送到包扎所抢救了过来。原来，这名伤员是因腿部负伤不能走，在夜间部队转移时被遗漏了。

柳潭里南侧，志愿军第 20 军第 59 师第 176 团第 2 营担任阻击柳潭里美军南逃的任务。仅在山上待了两天，就有战士冻得吃不下东西。炊事员在山下煮的滚烫的地蛋（土豆），挑上山来就变成了冰地蛋，冻得梆硬。

美第 5 陆战团第 1 营在长津湖西南端、第 2 营在 1270 高地，第 7 陆战团第 3 营在 1542 高地，形成 5 公里长的撤退队形。

12 月 1 日，夜幕降临。约瑟夫·欧文上校回忆起这个夜晚，仍是心有余悸："狂风怒吼，带来刺骨的寒冷。我们停下来避风的时候，只能静静地站着一动不动。因为我们要保持肃静，我们不敢搓或者拍打我们的手掌，不敢跺脚来让自己保持温暖。寒冷一点点侵蚀着我们的脚趾和手指，最后进入身体，行军流下来的汗水已经凝结在皮肤上。时间是那样的漫长。我们在

◎ 逃窜路上，满是绝望表情的美军陆战第 1 师士兵

无边的黑暗中艰苦地跋涉。结冰的路面时上时下、时缓时急，仿佛绵伸到某个未知的地方。我们只能看见前一个人的后背，一个佝偻的身躯被一件破烂的皮大衣包裹着。"①

12 月 2 日，双方的战斗处于胶着状态。

12 月 2 日凌晨 2 时，志愿军第 27 军第 94 师第 280 团第 1 营渡江后，向困水里西北高地攻击，于 5 时攻击受挫，伤亡较大。第 280 团令第 1 营撤至困水里以东，沿江向 1446 高地前进。该营误听命令，将部队撤回柳潭里北山。第 2 营于凌晨 2 时 30 分开始攻击，由于伤亡过大，于 4 时停止攻击后绕道至 1446 高地以东。5 时，第 3 营到达 1469 高地以北。

志愿军第 79 师第 237 团于 12 月 1 日 14 时 30 分占领 1425.5 高地，并在 23 时 40 分过江；12 月 2 日凌晨 1 时，攻占 1276.5 高地，毙、俘美军 20余人。12 月 2 日拂晓，美军向该团发动数次反击，前沿阵地复为美军所占。

位于柳潭里西南的 1400 高地与毗邻的 1542 高地，构成柳潭里西侧的屏障。从柳潭里南窜的美军占领这两个高地，掩护大部队撤退。

根据战场情况，志愿军第 79 师迅速调整作战方案，除第 236 团继续从正面对美陆战第 1 师进行压迫外，令第 235 团、第 237 团迂回西南方向进攻，意在截断美军后撤的道路。

第 235 团第 9 连在攻占 1542 高地时，创造了模范战例。

1542 高地南北长 300 余米。西侧松林密布，地形陡峭，厚厚的积雪使

---

① ［美］B.L. 克拉姆利：《由海制陆：美国海军陆战队作战全史》，海洋出版社 2016 年版，第92 页。

得从这里进攻更加困难。东北侧松林稀疏，视野开阔，瞰制着从柳潭里通向下碣隅里的公路。1542高地也是美军的重点方向。

12月2日凌晨2时40分，第9连接到夺取1542高地的命令，3时就集结正在构筑防空洞的部队开始行动。在接敌行动中，由于翻山越岭，战士体力消耗很大，途中几次暂停恢复体力。战后检讨时，都认为这是确保部队战斗力的重要原因。在地形复杂的山地作战，保持体力就是保持战斗力。尤其在天气极端寒冷、基本补给都难以保障的情况下，重视战士体力恢复、注意建制完整性，都为以后迅猛攻击打下了基础。

进攻中，该连也汲取了兄弟连队攻击柳潭里北山时正面攻击、炮火分散、后续力量不足的教训。在进攻方向选择上，以迅猛、突然的动作，重点攻击1542高地美军侧背（西侧），使其措手不及。

正式发起攻击前，第9连严密组织火力，将2门步兵炮、2门迫击炮和2门六○炮架在正面，与两侧的攻击部队构成前三角。各种炮在统一指挥下

◎ 志愿军向逃出柳潭里的美军发动进攻

突然开火，对美军形成有效压制。据战后报告，有一发炮弹将 14 个正在烤罐头吃的美军全部炸死，死去的美军都头朝外，形成一个圆圈。炮火展开后不久，第 9 连 2 个排即从两翼迂回，迅速接近美军阵地。利用山顶自然石壁工事进行防守的美军，在这突如其来的攻击中失去了抵抗。其中，既有美军全线动摇、准备后撤，坚守之心不强的因素，也有志愿军战士动作的突然性带来的冲击。6 时 20 分，志愿军第 79 师第 235 团第 9 连先后攻占 1542 高地、1400 高地。

5 时，志愿军第 27 军命令第 94 师第 282 团配合第 79 师第 236 团，攻歼困水里美军。志愿军第 282 团过江后位于 1446 高地附近，但由于通信联络不畅，未能按时行动。至此，志愿军第 79 师攻占困水里以西高地，第 94 师主力攻占困水里以东高地，对南窜的美军形成夹击。

9 时，志愿军第 27 军又调整部署，要求第 94 师第 280 团配合第 20 军第 59 师攻歼驻西兴里的美军，第 282 团向第 280 团靠拢，占领 1367.5 高地。第 280 团因电话不通，延迟至 10 时，方进至德洞山。第 282 团在 13 时进至 1367.5 高地。

由于没有准确掌握驻柳潭里美军的逃窜情况，志愿军第 27 军第 94 师第 280 团错失歼敌机会。因为掌握情况不及时，困水里美军逃窜时，第 94 师第 280 团、第 282 团未能对其进行截击。主要原因在于通信联络手段落后，电话时常中断，影响上级机关随时指挥部队，以至于影响到对美军的包围。

战后，志愿军第 94 师在总结中说：战术思想仍是守旧的，已经不适合现代化大规模作战的要求了。对复杂情况解决不了，不敢大胆地向美军侧后穿插，而采用正面向敌进攻的战术，导致失去战机、伤亡过大。白天战斗时，对美军的火力有顾虑。

但是，在柳潭里外围高地争夺战中，也有白天对美军作战的经典战斗。迟至 12 月 2 日晨，随着志愿军夺取困水里西侧的 1400 高地、1542 高地，残敌 30 余人退守 1400 高地与 1276.5 高地（志愿军第 27 军第 79 师第 237 团已占）之间山地，仍加紧修筑工事，斗志犹存。为彻底肃清困水里西侧的美军，8时，第79师令第235团第3营副教导员迟浩田（三级人民英雄）、副连长辛殿良（一级人民英雄）指挥第7连第3排消灭这股残敌。

柳潭里之战开始不久，第3排第7班、第9班即因冻伤减员严重并入其他排，仅第8班完整。随后，又从第8连组建2个班归第3排建制。当时该排的火力，主要是轻机枪3挺、冲锋枪18支、步枪8支、手榴弹每人8—10枚。接到任务后，第3营即组织2挺重机枪、1门步兵炮、2门迫击炮和2门六〇炮加强第3排的火力。

领受战斗任务之后，迟浩田没有仓促发起进攻，而是进行了充分的战斗准备，与班、排干部仔细察看地形，研究攻击部署，尤其是对火力协同进行了周密安排。

10时，战斗开始。首先以炮火对美军阵地集中轰击，2发炮弹就摧毁了美军方形掩体。第3排各班迅速展开战斗队形，乘美军从散兵坑逃出时，用重机枪予以杀伤。在炮火延伸，给美军以压制，守军混乱之时，第7班以突然、勇猛的动作沿高地左侧接敌，第8班则从右侧抢占歼敌的有利高地，迫敌放弃阵地四散溃逃。为防止美军反扑，迟浩田当即令第8班原地坚守，命第7班、第9班尾追，六〇炮继续掩护攻击。至11时30分，完全夺取阵地，控制了困水里以西山地。

这次战斗规模虽小，但表现出志愿军在白天积极进攻的斗志，敢于大胆突击，炮火组织严密，是步炮协同的经典战斗。

在抗美援朝战争运动战阶段，不少有利战机之所以失去，步炮协同不好、火力运用不充分是重要原因。

12月2日13时，中央军委电示志愿军首长和第9兵团首长："望宋（时轮）陶（勇）注意争取于今明两晚基本上解决被我包围之陆一师等部最为有利。在未解决战斗前，望切实注意加强黄草岭南北之阻援与阻止突围之敌力量。"[①]

16时30分，志愿军第27军命令第94师第280团、第282团坚守阵地，

---

① 中央军委致彭德怀等志愿军首长和宋时轮、陶勇电，1950年12月2日13时。

准备抵御美军的反击。

12 月 3 日，柳潭里地区通夜下雪。凌晨 1 时，毛泽东再次致电志愿军首长和第 9 兵团首长，对东线作战作具体指示："我九兵团数日作战，已取得很大胜利，不但在下碣隅里地区将陆战第一团及其他数部增援队基本歼灭，而且在新兴里地区将美七师一个多团完全消灭。敌方在数日内可能增援的部队，只有两个李承晚师和美七师一个多团。如我军能将这些增援队各个歼灭，在朝鲜战局上将起很大变化。因此，（一）请宋（时轮）覃（健）考虑，将二十六军迅速南调，执行打援任务。（二）对柳潭里地区之敌，除歼灭其一部外，暂时保留一大部，围而不歼，让其日夜呼援，这样便可吸引援敌一定到来，使我有援可打。如果柳潭里地区之敌被我过早歼灭则援敌一定不来了，他们将集中咸兴一带，阻我南进，对我下一次作战不利。以上意见是否可行，请宋覃就当面情况统筹决定为盼。"①

因新兴里、新垈里的战斗拖延了时间，志愿军第 27 军第 81 师的力量被吸住，未能适时投入第 79 师的作战方向，围攻柳潭里美军。第 79 师在战后总结中认为，导致美军突围的主要原因在于：对它的近战火器了解不够。美军不轻易缴枪，捉俘虏时，美军跟我们摔跤。美军射击是机枪扫射的，配合比较准确，但炮火又是分散的，战车的作用不大。志愿军冲锋的距离太远，并喊叫。美军能发扬短促火力的优势。志愿军打仗时大分散（按地区）、小拥挤，准备过程中开火太晚，总要求抓活的。指挥上总是下决心、给任务，办法很少。美军的通信联络好，排级单位都有对讲机。

日本学者则认为，美陆战第 1 师成功突围的战术原因，在于能逐次夺取公路两侧的制高点，有序掩护部队后退。在日本自卫队的教材中，关于山地作战也写道：夺取主要道路上的山口及其他隘路，对控制道路的高地的攻、防都具有重大的意义。部队在山地行动中必须注意适时占领前方和侧方的要点，并在其掩护下前进。

---

① 《毛泽东军事文集》第 6 卷，军事科学出版社、中央文献出版社 1993 年版，第 231 页。

第六章 死鹰岭阻击

下碣隅里通向柳潭里的 22 公里长的公路，穿行在曲折的崇山峻岭中。公路两侧起伏的山地对擅长山地作战的志愿军而言，不难寻找有利的阻击阵地。

从东往西，公路沿线附近的高地有：1124.9 高地、1224.4 高地、1519 高地、1419.2 高地、1367.5 高地、1276.5 高地、1542 高地。

死鹰岭位于 1519 高地，成为控制下碣隅里与柳潭里的要点。当时，志愿军用"敌人咽喉中一颗致命的钉子"来比喻死鹰岭的重要性。此外，位于死鹰岭西侧的 1419.2 高地为进出柳潭里的门户，东侧的西兴里是控制下碣隅里的又一门户。这三个要点，以死鹰岭为核心，形成了控制美陆战第 1 师后撤通路的咽喉。

冬天严寒，是死鹰岭的显著特点。在此生活的朝鲜人说："小草不重生，老人怕寒年。"

23 ›› 计划之外的战斗

一场围绕死鹰岭阵地得失的小规模战斗，最终演变成为直接关系作战双方在长津湖地区争夺主动权，并影响进退得失全局的关键性之战。这远远超出了志愿军第 9 兵团与美第 10 军的计划范围。

在志愿军方面，第 20 军第 59 师原定的作战计划是：第 176 团及配属该师的第 89 师第 267 团，隐蔽集结于小德、闲上里、雪寒岭、广城、新浦里地区，从西、南、东方向对柳潭里的美军形成包围之势。第 267 团 2 个营负责在雪寒岭以东构筑坚固阵地，阻击美军西进。第 176 团 1 个营在闲上里地区，坚决阻击柳潭里的美军向西南转进。第 59 师主力进入广城以东，抢占新兴里、西兴里两侧阵地，切断下碣隅里与柳潭里的联系，逼近下碣隅里，协助第 20 军第 58 师围歼下碣隅里的美军。虽然第 59 师也预计在新兴里与西兴里之间有作战行动，但仅仅是过渡性质。排兵布阵的重点分别在柳潭里、下碣隅里。

死鹰岭之战的残酷与艰巨，都不在志愿军第 20 军第 59 师的计划考虑范围之内。

在柳潭里与下碣隅里之间 20 多公里的山道上，美陆战第 1 师采取稳妥、慎重的态度，控制重要据点。譬如在德洞山口一带，留下第 7 陆战团 F 连据守，但师长史密斯也没有预计到德洞山口争夺战会如此残酷。

按照史密斯谨慎的风格，如果事先预计到死鹰岭的极端重要性，他是不会冒险仅预留 1 个连来据守生死要点的。

不难理解史密斯在指挥上遇到的矛盾，既要西进，又要控制节奏。为此，史密斯不时爆发与美第 10 军军长阿尔蒙德的冲突，努力在执行命令和违抗命令之间寻找妥协与平衡。

死鹰岭，正是作战双方在计划中都忽略，作战价值被低估，但随着作战进程，重要性不断上升的必争之地。

对于志愿军第 20 军来说，死鹰岭好比是"喉咙中的骨头"。而对美军来讲，死鹰岭开始仅是运送后勤物资的补给线，最后却逐渐演变成"事关生死与荣誉的通道"。

死鹰岭，注定有一场恶战。

第 20 军，前身是由坚持 3 年闽东游击战争的红军游击队改编而成的新四军第1师和第6师，是粟裕指挥多年的老部队，解放战争中整编为华东野战军第1纵队，以擅长野战尤其是纵深穿插著称，在宿北、鲁南、莱芜、孟良崮、豫东、淮海等战役中，总是担任最艰苦、最关键的作战任务。

这种敢打硬仗、英勇顽强的作风，在著名将领叶飞担任1纵司令员时就非常突出。叶飞指挥作战非常严格，下达命令时常说："完不成任务，杀你的头！"打起仗来，1纵上上下下"谁也不敢懈怠，谁也不敢打滑头仗"，执行命令毫不含糊。

第20军第59师师长戴克林，英勇善战，意志坚定。他是湖北黄安（今红安）人，先后参加过鄂豫皖革命根据地及川陕革命根据地反"围剿"、反"围攻"，长征中翻雪山、过草地；此后，随西路军征战河西，战斗中身负重伤，在失去联系后，靠乞讨回到延安。抗日战争、解放战争时期，戴克林在主力部队先后担任团长、师参谋长、副师长。

这种革命资历，实则是血水里泡出来的。

根据计划，美第7陆战团第2营在下碣隅里与第1陆战团第3营完成防务交接后，即赶往柳潭里。1950年11月27日12时，美第7陆战团令第2营F连前出死鹰岭。因汽车不足，第2营营部和火器连、师部后续人员和勤务部队，仍停留在下碣隅里。

F连从下碣隅里出发，顺利到达柳潭里与下碣隅里之间补给线上的要冲——德洞山口，并占领控制德洞山口的制高点死鹰岭。死鹰岭旁侧的1419.2高地，则由第7陆战团第1营C连防守。

1419.2高地为出入柳潭里的门户，也是美军突围时的必争之地。

史密斯于沿途各地撒胡椒面似的分兵据守要地。在洋溢着乐观情绪的侵朝美军高级军官群体中，史密斯的这一做法，无疑是"瞎子王国里的独眼龙"。

11月27日23时30分，志愿军第20军第59师第175团进至困水里与新兴里之间，并切断该地公路。24时，第59师第177团进至新兴里与西兴里之间。死鹰岭正位于新兴里与西兴里之间。

这是一个可以写入经典的战例。

一场惨烈的战斗悄然而至。

24 >> 雪在燃烧

1950 年 11 月 28 日凌晨 2 时 30 分,志愿军第 20 军第 59 师以优势兵力向美第 7 陆战团 C 连、F 连发起进攻。

志愿军第 59 师首先以第 175 团第 3 营实施攻击,由于过早丧失了战斗力,未能攻克。据守 1419.2 高地的美第 7 陆战团 C 连在激战中因遭炮击,失掉全部通信工具,在孤立状态下坚持战斗,等待柳潭里方面的美军救援。

死鹰岭战斗,一开始就显露出死亡的本性。

深夜,死鹰岭周围的山坡上,闪着一堆堆火光。这是据守死鹰岭的美军 F 连士兵在烤火取暖。他们完全没有料想到,大雪之夜会有突然而至的战斗。

担任攻取死鹰岭任务的,是志愿军第 59 师第 177 团第 1 营。该营第 1 连突击组组长夏文祥,带着战友踏过深及膝盖的积雪猛扑山头。山顶的美军士兵在遭到突袭后,没有组织有效的反击,而是迅速向后溃退,在东南半山腰,利用自动火器组成火网,形成相持局面。战斗中,由于山上被大雪覆盖,遭受突然袭击的美军士兵往往装死不动,躲到雨布下面,乘机逃走。

随后,双方在此进行互有攻守的战斗,死鹰岭也是得失几次。

对于这一晚的战绩,双方各执一词。志愿军方面认为,在整夜的战斗中,美军 F 连死伤 40 人,战斗力减少到 2 个排。美军方面则认为:据守死鹰岭的 F 连,在通夜的血战中,击毙志愿军 450 人,打退了志愿军的进攻。但该连也阵亡 20 人,负伤 54 人。①

---

① 固城、齐丰、龚黎:《朝鲜战争》第 1 卷,黑龙江朝鲜民族出版社 1988 年版,第 331 页。

战后，首攻死鹰岭的志愿军第 177 团第 1 营第 1 连荣立集体一等功。

11 月 28 日凌晨 3 时，第 20 军第 59 师第 176 团由丰流里、袂物侧里地区归建，进至西中里、闲上里以南一线。第 176 团的行军路线，从长津湖东北绕行至长津湖西南，兜了一大圈。第 176 团的行动充满困惑，有不少令人难解之处。

第 59 师配属第 27 军，该师第 176 团却不参与第 80 师、第 81 师对新兴里美军的攻击，而是长途跋涉到柳潭里，意图是加强柳潭里方向的进攻力量。但从战斗实际进程看，第 176 团归建后，作用发挥得不明显。在众多有关长津湖战役的总结中，第 176 团近乎被遗忘了，既无显赫战迹，也无失败教训。第 176 团没有受领过完整的战斗任务，仅是辅助第 175 团进攻 1419.2 高地，但打得很坚决。不是该团的战斗精神出现了问题，而是由于后勤补给缺乏、气候严寒，已经难以有效地投入战斗。

战前，第 59 师师长戴克林亲自带领第 176 团的营、团干部勘察地形。在气温已降到零下 30 多摄氏度的山头上，大家冻得直哆嗦。

这时，戴克林掏出大半支香烟，划了一根火柴点燃，深深地吸了一口，吐出的香烟味把大家的烟瘾撩发了。

第 176 团团长朱全林直接说：“把香烟屁股让给我！”

戴克林笑笑说：“再抽几口，就给你过瘾。”

戴克林又吸了几口。这时，朱全林就要动手抢：“好啦，该给我吸啦！”

急得戴克林说：“哪有这么大的烟屁股！”

后来，在追杀美军过程中，志愿军缴获了一箱“骆驼”牌香烟，让这些“老烟枪”们过足了瘾。

以我之长，击敌之短。缺乏机械化运动能力的志愿军第 9 兵团，战士们的双腿、精神、意志，创造了突然性。

最大限度地创造突然性，是战争中制胜的重要手段。突然性能够使战斗力的对比发生决定性变化。在出敌不意的时间和地点，以对手意想不到的方法实施突击，可以达成突然性。然而，作战双方实力上的差距，将志愿军第

9兵团在战场上创造的突然性极大地消减了。

至11月28日拂晓，志愿军第20军第59师第175团、第177团，先后占领并控制新兴里的死鹰岭（1519高地）、西兴里、德洞山（1652.6高地），以及困水里以南公路两侧的1520高地、1367.5高地、1542高地。美军为打破被分割包围的状态，恢复相互间的联系，对志愿军发起反击。拂晓后，柳潭里的美军约2个营兵力配以飞机、坦克，数度向志愿军第175团据守的1419.2高地反击。志愿军因整日消耗、伤亡较重，阵地于黄昏被美军所占。

6时30分，防守德洞山的美陆战第1师第7陆战团F连的手榴弹消耗殆尽，迫击炮弹仅剩10发，向师后勤申请紧急补充。10时30分，该连得到空中补给。

在死鹰岭争夺战中，美陆战第1师先后3次向F连空投弹药、药品等。

死鹰岭战斗出现短暂的间隙时，在死鹰岭东侧的西兴里战斗开始进入白热化。在11月27日零下30多摄氏度的风雪午夜，志愿军第20军第59师第177团第2营副营长周文江率领第5连执行阻击任务，当晚即从死鹰岭下翻山越岭，穿过密林，于天亮时到达西兴里。

西兴里位于长津湖西岸，也是美陆战第1师进退必经的要道。

志愿军刚到西兴里不久，他们就发现从下碣隅里方向开来一辆执行侦察任务的吉普车。撞入志愿军第2营阵地的4名美军很快被俘。

11月28日9时，下碣隅里美军200余人，在10辆坦克、4架飞机与火炮配合下，向志愿军第177团据守的1374高地反击。美军炮火猛烈地扑向志愿军第5连防守的阵地，平均每2尺就有一个弹坑。阵地上烟雾弥漫，几尺之外就看不清了，高大的松树被炸断，周围的几个山头都烧成一片乌黑。

面对美军的密集炮火，周文江能组织的"重火力"就是六〇炮和重机枪。

战斗最激烈时，志愿军第177团第2营教导员王兴纪奔跑在全营阵地上，不断地鼓舞士气。他还亲自带着一个排进行反击作战。当时提出的要求是"人在阵地在"，"打到一人一枪，也绝不丢失阵地"。

11月28日晚，志愿军第2营第5连召开党支委会，研究部队的组织、思想情况，迅速调整建制、指定干部，动员再战，提出的战斗口号是"坚决保持 5 连的光荣"，"熬过困难，胜利就是我们的"！

毛泽东说，军队的基础在士兵。

战争不是一张张带有红、蓝箭头和矩形框的地图，而是由一群疲惫、干渴、脚底肿痛、肩膀酸痛的士兵来遂行的。再宏大的战争篇章也是由无数的战斗细节构成，再艰巨的战争重负也是由无数鲜活的生命个体承载。

战后，王兴纪被评为战斗英雄，成为志愿军政治工作者的一面光辉旗帜。周文江也被评为战斗英雄。

周文江，江苏省泰州姜堰区东台乡人，1944 年 2 月入伍，1945 年 2 月入党，先后获得华东二级、三级人民英雄奖章。参加人民军队 2 个月后，他就因在突击战斗中率先冲进敌军碉堡而名扬全团。在攻打如皋的战斗中，突击班战士大多牺牲。关键时刻，周文江挺身而出，架起梯子爬上城头，用大刀砍下敌连长的驳壳枪，为全连打开了突破口。宿北战役晓店子外围战中，周文江率领一个班，插入敌人的心脏，消灭敌军一个排。

志愿军第 20 军司令部在《咸镜南道战役初步总结》中说，第 177 团第 2 营"坚守西兴里、死鹰岭地区七天七夜，阵地始终在手中，营副周文江到最后还组织重机枪，以火力大量杀伤敌人"。①

除了优秀的士兵，还需要有优秀的基层战斗组织。班、排、连等基层战斗组织的活力，决定了一支军队的战斗力。

第 5 连是志愿军优秀连队的代表。解放战争时期，该连在淮海战役中参加了瑶湾外围战、双山反击战、张庄追击战，以及夏庄、朱小庄外围攻击战，魏老窑之战等至要战斗。战斗任务艰苦繁重，5 连伤亡、补充的数字很大。淮海战役开始时，全连有 75 人，战斗中伤亡 110 人；战斗过程中总计补充了 128 人，其中即补即打的"解放战士"就有 92 人。在这样大的伤亡、战斗骨干锐减以及惊人的补俘数量下，5 连在大小战斗中依然士气旺盛、情

---

① 《抹不去的记忆——周文江战斗回忆录》，第 189 页。

绪饱满、部队巩固。

坚强有力的政治工作，造就了连队战斗力的奇迹。

美军屡攻受挫，不得不于 1950 年 11 月 28 日 15 时返回下碣隅里。

死鹰岭阵地曾一度失守，志愿军第 177 团于 11 月 28 日晚组织坚决的反击，重新夺回阵地。

阵地的失去不意味着失败，至少还应包括心理上的被击垮、意志上的被征服。交战双方都不缺乏韧性，也都不缺乏意志力。真正对手之间的较量，胜与败的最终进程中，远非一两个回合就能使对手离开战场。

11 月 28 日晚上，激战通宵。关于战斗情况，美军有关史料记载："F 连伤兵痛苦呻吟，一片惨状。天亮时，该连已有 5 人阵亡，29 人负伤。连长巴伯上尉和副连长麦卡锡中尉均受伤，但坚守了阵地。这时，柳潭里防守部队却平静地度过了一个夜晚，正为营救 F 连和打通补给线研究计划。但是兵力不足，第 7 陆战团团长利兹伯格上校决定，从所属各分队抽调部分兵力，组成混编部队，由第 3 营营长莫里斯少校直接指挥，准备在第二天发起进攻。"①

继 11 月 28 日之后，美陆战第 1 师后勤部门先后于 11 月 29 日、11 月 30 日又对防守德洞山的第 7 陆战团 F 连实施空投。空投物资包括迫击炮弹、手榴弹、野战口粮、药品、毛毯和担架等。

美军 F 连的减员率达 47%，棉帐篷收容不了所有的伤员，不得不将部分鸭绒睡袋里的伤员置于雪洞，轮流到棉帐篷内取暖。有的伤病员因血浆、注射液上冻，得不到及时抢救而死亡。

11 月 29 日拂晓，志愿军第 175 团第 2 营抢占 1419.2 高地、1520 高地。

莫里斯特遣队开始向德洞山口前进，然而刚走出 300 米，便遇到志愿军阻击。不久，莫里斯接到侦察机的无线电通知：前方有志愿军部队。这时，利兹伯格也收到报告，立即改变原定计划，下令莫里斯撤回柳潭里。营救 F

---

① 固城、齐丰、龚黎：《朝鲜战争》第 1 卷，黑龙江朝鲜民族出版社 1988 年版，第 332 页。

◎ 坚守死鹰岭的志愿军第 20 军战士

连的第二次行动失败。

志愿军第 20 军第 59 师第 175 团的阵地上,美军 200 余人在 40 多辆坦克配合下发起攻击,均被击退。志愿军第 176 团以 1 个加强营控制了松落洞,确保闲上里。

位于死鹰岭下的美军 200 余人,不断向志愿军据守的死鹰岭及 1374 高地反击,均被击退。

在当天的死鹰岭战斗中,志愿军第 59 师第 177 团第 3 营第 7 连第 5 班班长张希瑞,带领 3 人小组发挥孤胆英雄的精神,不惧十倍于己美军的进攻,成功抢占德洞山主峰左侧的山头。战后,张希瑞荣获二级战斗英雄荣誉称号。

11 月 30 日,除困水里及死鹰岭美军不断向志愿军坚守的 1519 高地及 1374 高地反击外,柳潭里的美军也倾全力向南突围。1419.2 高地、1276.5 高地受到美军 1 个营以上兵力以及飞机、坦克等整日攻击轰炸,最终,1419.2 高地被美军占领。

18 时,志愿军组织反击,但未能夺回该高地。至此,1419.2 高地以北、公路以东山地均为美军所占。

志愿军第 20 军决定:第 59 师竭尽全力巩固既有阵地,大量杀伤南窜的美军,并设法歼灭逃敌一部。同时,建议第 27 军第 81 师派 2 个团由荷坪里过江,控制文川里、长兴里南北一线阵地,向南与第 59 师打通联系;第 79 师由闲下里向东出击。

入夜,志愿军第 20 军第 59 师第 177 团再次组织 1 个连的兵力,向美军 F 连发动进攻,还是未能奏效。这和美军战后总结中的描述相一致,该总结称:"F 连独力据守从下碣隅里的师部到柳潭里的第五团和第七团所在地之间的一个隘口,完全被孤立在阵地之中,守了五天五夜。在这期间,这个连被大约两个营的中共军重重包围。第一晚,他们的阵地遭到猛攻并有一角被突破,但是在天明前又重新夺回。第二晚,敌军以和前晚约略相同的路线及兵力攻击,也再度被击退。第三晚,虽然 F 连已经有许多伤亡,但是中共军的攻击也显得软弱无力。接下来的两天中,虽然在 F 连阵地的目视距离内可以看到有大量中共军的活动,但是却没有采取任何攻击行动。"

25 ›› 竭尽全力

志愿军第 20 军第 59 师第 175 团据守死鹰岭阵地,遭美军飞机、坦克数度攻击,全力反击后均将其击溃,但部队伤亡较大。与此同时,第 176 团确保广城,第 177 团坚守死鹰岭、新兴里、西兴里一线阵地。

晚上,志愿军第 20 军第 59 师第 175 团组织 5 个连夺回 1419.2 高地,但是在攻占后没能巩固阵地,近两小时后又丢失了。战后检讨时认为,第 59 师对 1419.2 主阵地的观念不够明确,师里没有派人检查和督促。尤其是以 5 个连将阵地夺回后,对于如何坚守,指示不具体。第 175 团在该阵地只放了 4 个班,其余兵力转移,插向公路、山沟去堵击美军坦克,最终导致1419.2 高地得而复失。

这直接对阻击美军逃窜的后续行动产生了不利影响。

1950 年 12 月 2 日黎明后，美第 5 陆战团第 1 营发起进攻，于 11 时 25 分成功地同德洞通路的 F 连会合。F 连在 5 天 5 夜的连续战斗里，死伤严重，7 名军官中就有 6 名受伤。

◎ 志愿军第 20 军第 59 师为防美军南逃北援，占领阻击阵地

12 时 30 分，志愿军第 9 兵团电令第 27 军第 80 师、第 81 师，于 12 月 2 日晚在泗水里附近通过长津湖（湖面已结冰），赶往长津湖西岸的荷坪里，控制文川里、长兴里地区，夺取 1210.9 高地、1224.4 高地、1267.1 高地、1178.4 高地，向第 20 军第 59 师靠拢，组成阻击美陆战第 1 师的最后屏障，防备美军突围。

当时，志愿军第 81 师刚结束歼灭新兴里美军的战斗，还位于长津湖东岸。志愿军第 27 军立即令第 81 师主力穿过长津湖。

美陆战第 1 师在大量飞机轰炸、扫射及坦克配合下，全力向南突围。

13 时，美军攻占德洞山 1652.6 高地；14 时 20 分，又完全控制 1357.4 高地以北的全部高地。15 时，先由第 5 陆战团第 3 营沿公路两侧高地发起进攻，继而由第 7 陆战团第 1 营沿 1419 高地、1520 高地发动攻击。23 时，美军小部队从死鹰岭以北的小路，经长兴里逃往泗水里。

整夜大雪。

12 月 3 日凌晨 2 时，美第 5 陆战团第 3 营突破包围，前出到德洞通路前方 1 公里处。该营损失惨重，I

◎ 西兴里阻击战中，志愿军俘虏的美军陆战第 1 师士兵

连只剩 20 人，G 连和 H 连也减员到仅有两个排，便转入防御，直至黎明。此时，美第 5 陆战团团长默里为援救第 3 营，紧急派出由美第 7 陆战团第 2 营 D 连和 E 连组成的混编部队，但当夜未能抵达第 3 营阵地。后方的美军 3 个营也通宵展开激战。

志愿军第 27 军第 81 师率第 241 团、第 243 团穿过长津湖湖面，经荷坪里、文川里、长兴里到达西兴里、璋项里，阻击美军东窜。

12 月 3 日黎明时分，美第 5 陆战团第 3 营重新发动进攻，至 14 时 34 分，与志愿军阻击部队相持。美第 7 陆战团第 1 营从东侧突破德洞通路。截止到 12 月 4 日黎明，美第 5 陆战团第 3 营由 437 人减少到 194 人。

根据中央军委和志愿军首长关于集中全力"加紧歼灭被围之敌"的指示，鉴于东线美军拼命突围南撤的情况，志愿军第 9 兵团首长决定采取围追堵截的战术，全力以赴，歼灭长津湖地区的美军。命令第 26 军由长津湖以北的文岳里、袂物里地区南下，接替第 20 军攻击下碣隅里的任务；第 20 军第 60 师、第 58 师前出至黄草岭地区，第 89 师留一部于社仓里警戒，师主力前出至黄草岭以南的上通里、下通里地区，阻止美军南逃北援。

◎ 在西兴里阻击战中英勇牺牲的志愿军第 20 军某连政治指导员朱良玉

根据志愿军第 9 兵团的部署，第 27 军令第 59 师坚决扼守西兴里、死鹰岭阵地，阻击柳潭里的美军与下碣隅里的美军会合。

美陆战第 1 师第 5 陆战团、第 7 陆战团在密集的空中和地面火力支援下，猛攻志愿军第 59 师阵地，企图夺路逃窜。志愿军第 59 师顽强坚守死鹰岭一线高地，堵击美军。

在志愿军的猛烈进攻之下，柳潭里、困水里的美陆战第 1 师四面受困，伤亡严重，急于突围，摆脱困境。

美军在 50 余架飞机掩护下，以坦克群为先导，倾全力突围，猛攻志愿军坚守的死鹰岭、璋项里、西兴里一线阵地。下碣隅里美军也以一部向西攻击，接应柳潭里的美军。坚守死鹰岭的志愿军第 20 军第 59 师第 177 团第 1 营、第 3 营，已经消耗

◎ 志愿军缴获的美军陆战第 1 师装备

殆尽，由守卫西兴里的第 2 营抽调一个排去增援。

战斗过程中，死鹰岭阵地上的志愿军战士们，脚冻在雪地里无法动弹，就用嘴咬开手榴弹盖子，奋力将手榴弹投向敌群。虽有杀伤，但也不能阻挡大股美军逃亡，只能眼睁睁看着美军东窜。

志愿军第 59 师虽腹背受敌，仍顽强战斗，与美军展开激战，终因连日作战、弹药不济，冻伤及战斗减员较大。

长津湖战后不久，东北军区后勤部组织工作组，到战场了解后勤保障情况，总结经验教训。后勤部政治部宣传部干事谢宁来到长津湖战场，这名经历过辽沈、平津、海南等诸多战役的老兵，为战争的艰难而感叹："部队供应极其困难，煮好的粥饭送到阵地上即已冻成冰块，但战士们还是如获珍宝，把粥饭砸成小冰块，有计划地食用。为供应部队作战，后勤机关分队的同志不分男女老弱，全部出动参加抢运。他们冒着零下二三十摄氏度的严寒，爬到死鹰岭的北端和雪寒岭的西端，去背粮食和急救药品。有两处最陡峭的地段，下坡时只能把粮食和药箱绑在身上往下滑。有的刮破了衣服，有的刺破了皮肉，和冰雪、汗水粘在一起，像针扎一样的疼……"[1]

1950 年 12 月 4 日中午时分，志愿军第 20 军第 59 师报告：美军占领死

---

① 《解放军档案》2009 年第 3 期。

鹰岭。

但是，美军仍被阻于西兴里附近。志愿军第 27 军即令第 81 师第 243 团部署于西兴里一线阵地，正面阻击东窜的美军，配合第 94 师、第 59 师、第 79 师歼敌。

14 时，由柳潭里向南突围的美军，在成批的飞机、坦克配合及下碣隅里美军策应对攻下，于西兴里突破志愿军第 59 师第 177 团第 2 营侧翼阵地，修复被毁桥梁后逃窜而去。当日黄昏，志愿军第 2 营奉命全部撤至门岩里地区。

死鹰岭公路以南的 1520 高地上，双方战斗仍在激烈进行。志愿军第 59 师由于伤亡及冻伤严重无力出击，但是当晚，志愿军第 81 师在对美陆战第 1 师残部的阻击中仍有斩获。该师第 243 团第 1 营第 1 连连长黄万丰，率部主动出击，歼灭美军 60 余人，缴获坦克 3 辆、榴弹炮 16 门。12 月 5 日早晨，美军派出 20 多架飞机对志愿军第 1 连阵地进行集中轰炸，企图接应残部突围。激战终日，志愿军第 1 连先后击退敌多次进攻，杀伤美军 140 余人。

几十年后，时任志愿军第 20 军第 59 师政委的何振声在悼念师长戴克林的文章中，仍为阵地被美军突破而深感遗憾："在六天六夜的战斗中，老戴始终扣住 1419.2 高地和死鹰岭 1519 高地这两个要点，指挥部队与敌反复争夺，阵地多次失而复得，紧紧卡住了敌人退路。但战役预备队不能及时赶到，部队濒临弹尽粮绝，加上天寒地冻，战士脚都冻坏了，连路也走不动，最后只好眼睁睁地看着残敌从公路上跑掉，他们是机械化四个轮子啊！"

在以后的作战中，志愿军第 9 兵团对突围逃跑的美陆战第 1 师，以及向南撤退的美军其他部队，都曾实施过全力追击。但是，志愿军官兵以两条腿难以追上机械化和摩托化的美军，即便追上也难以将其歼灭。如果追击过远，遇美军反扑时易陷被动。志愿军司令员彭德怀后来也指出："在朝鲜战场敌有大量飞机、坦克和美英军的机械化部队，而我军无飞机和战车配合作战，只靠徒步追击实有困难，追击效果亦不大。"[1]

---

[1] 《彭德怀军事文选》，中央文献出版社 1988 年版，第 425 页。

1950 年 12 月 4 日 19 时，从柳潭里撤退南下的美陆战第 1 师先头部队到达下碣隅里。

22 时，志愿军第 27 军令第 59 师巩固占领公路以南阵地，同时令第 81 师第 243 团控制西兴里、璋项里阵地，从正面堵击美军。志愿军第 243 团进至指定位置，对逃窜的美军展开冲击，截断美军队伍，迫使美军大部退回西兴里地域。

12 月 4 日，志愿军第 59 师转向公路以南部署：第 175 团坚守 1357.4 高地，第 176 团坚守死鹰岭以南高地，第 177 团坚守西兴里以南高地。

志愿军第 177 团第 2 营坚守阵地多日，美军曾反复攻击数十次。在战后的总结中，志愿军第 59 师认为，第 177 团对死鹰岭的美军本来是可以歼灭的，执行命令是好的，但由于对情况不明而错失机遇。

12 月 4 日 14 时，志愿军第 27 军命令第 94 师第 280 团配属第 81 师指挥。第 94 师指挥第 282 团沿公路向死鹰岭、西兴里方向前进，于 12 月 5 日凌晨 3 时到达死鹰岭。

在突破德洞通路后，美陆战第 1 师担任后尾收容任务的第 7 陆战团第 3 营进抵下碣隅里。美军先头部队和后尾部队，分别经过 59 小时和 79 小时，结束了柳潭里地区的突围战斗，而路程只有 21 公里。[1] 美军中校培普莱特说："（美国）海军陆战队用了 70 个小时近 3 天的时间，走完了 21 公里的路，这绝不是一次漫步，而是从死神的怀抱里逃出来的挣扎。这在（美国）海军陆战队的历史上是绝无仅有的。"[2] 美陆战第 1 师的损失大都发生在此期间。

美军车队向德洞山后撤时，沿途不断收容伤员。因为伤员过多、车辆满载，汽车发动机罩和牵引车挡泥板上都趴满了伤员。

12 月 4 日 18 时 30 分，志愿军第 27 军第 81 师第 243 团第 3 营，由长兴里以西山地进至长兴里、璋项里之间，第 9 连控制璋项里、西兴里之间公

① 固城、齐丰、龚黎：《朝鲜战争》第 1 卷，黑龙江朝鲜民族出版社 1988 年版，第 336 页。
② 百旅之杰编委会：《百旅之杰》，杭州出版社 1999 年版，第 446 页。

路以北高地，其他部队部署在璋项里东北方向。20时，志愿军侦察到西兴里没有美军。24时，志愿军第243团第1营占领预定阵地。12月5日凌晨3时，志愿军第3连控制公路两侧高地，阻止美军东窜，杀伤其一部。5时，美军又西返西兴里。11时10分，美军攻占志愿军第8连阵地。

12月4日晚，志愿军第27军第79师按预定方向出击。该师第235团于24时进至西兴里、璋项里一带，师指挥所率第237团在20时进至西兴里以西。24时，美军已大部东窜。

12月4日24时，彭德怀上报中央军委："东西两战场（美军），受严重打击，有退平壤、元山线构筑防线可能，亦有退守三八线旧防线可能。（志愿军）本晚派三个师，一向顺川，一向肃川，一向成川以南挺进，威胁平壤，试探敌企图。如敌守平壤，拟以一个军附人民军一至二个师（待商决），由北而南佯攻平壤；集中五个军首先消灭成川、江东、三登、遂安、谷山、新溪地区之敌。在攻击三登、江东之敌得手后，即以一个军控制江东，保障主力南进后路侧翼之安全。主力南进威胁汉城时，可能调动平壤之敌南撤。乘敌南撤，在运动中追击、侧击。四个军位置遂安地区，机动作战。拟以人民军第五军团方虎山部队攻占阳德（敌约一个营）后，活动于元山、咸兴间（请与金日成商决），吸引东北线之敌南退。宋（时轮）兵团歼击被围之敌后，相机进占咸兴。如敌暂以重兵据守该城时，以一个军位于咸兴以北，主力进至社仓里东南及校馆里以南地区。我西线主力围攻平壤或南越三八线，威胁汉城时，咸兴之敌可能南撤。乘其移动时，寻机歼击。如敌放弃平壤、元山线时，我即追越三八线，相机进攻汉城。"

经连续激战，从柳潭里逃窜的美军遭志愿军层层阻击，伤亡惨重，在50余架飞机掩护下，于12月4日20时夺路与下碣隅里美军会合。至此，志愿军在新兴里、柳潭里地区的进攻作战结束。

时任志愿军第20军副军长廖政国，后来在谈到该军所属几个师的作战任务和作战经过时说："59师的任务是切断柳潭里和下碣隅里敌人之间的联系，既要阻敌东逃，又要防敌西援，还要配合友邻27军攻击柳潭里之敌。

这个师在死鹰岭、西兴里、1419.2 高地，和敌人打得十分激烈。在死鹰岭，敌人落下的炮弹，平均每平方公尺就有 2 发。我们的部队最后打得弹尽粮绝，加上大批冻伤，只能看着敌人逃跑。"①

———————

① 《铁军骁将》，1992 年自印本，第 229 页。

第七章　下碣隅里围歼

位于长津湖最南端的下碣隅里，向北分出两条路，一条通向长津湖东侧的新兴里、新垈里、内洞峙地区，另一条通往长津湖西侧的死鹰岭、西兴里、柳潭里。向南的道路直通兴南港。在美陆战第 1 师狭长而脆弱的进攻路线上，下碣隅里是北上救援与南下退守的必经之地。

作为美军的后勤补给基地，下碣隅里直接担负柳潭里美第 5 陆战团、第 7 陆战团的补给；同时，还修建了简易的运输机机场，并准备有大量床位，可以收容伤病员。

下碣隅里无疑是美陆战第 1 师进退攻守的"命门"。

26 ›› 请求批准牺牲

美陆战第 1 师占领柳潭里后，补给线过长，因此，美第 10 军在"圣诞节攻势"之前，决定将美陆战第 1 师的后方分界线设在下碣隅里南侧。但是，美陆战第 1 师师长史密斯仍坚持由该师负责真兴里至柳潭里补给线的防卫，将 1 个加强陆战团的兵力分散配置在补给线各点。

截至 1950 年 11 月 23 日，美军在下碣隅里储存了大量作战补给物资，包括粮食、燃料、弹药等。

美陆战第 1 师驻守下碣隅里的作战兵力包括：第 1 陆战团第 3 营（营长里奇中校）、第 7 陆战团第 2 营营部和机炮连（营长罗克伍德中校）、第 11 炮兵团第 2 营 D 连和第 3 营 H 连、陆战第 1 师前线指挥所及师直属部队。

相比驻柳潭里美军的兵力集中、战斗力强，下碣隅里美军无疑是美陆战第 1 师作战链条中最脆弱而又最重要的环节。

在朝鲜战争结束后，日本陆战史研究普及会的专家认为，美陆战第 1 师"最大的弱点是下碣隅里。在这样的状态下，如果中国军队最初将主力完全放在下碣隅里，夺取它将是极其容易的，还可以获得大量物资，迅速削弱第 1 陆战师的战斗力，同时也会增大自己的战斗力，占领飞机跑道，并最后占领位于柳潭里的（美军）2 个团战斗群退路上的要点，这样就可能使第 5、第 7 两个团战斗群的突围变得极为困难"。

对于久经战阵、作战经验丰富的志愿军第 9 兵团司令员宋时轮来说，选择下碣隅里作为攻击点是当然之举。但是，由于战场情报缺乏、敌情不甚明晰，当时并未意识到下碣隅里是围歼美陆战第 1 师的"急所"。

美陆战第 1 师军官的素质也相当优良，战场嗅觉很敏锐，当柳潭里战斗爆发后，立即判断志愿军必将攻击下碣隅里。这与新兴里美第 7 师先遣队的迟钝形成鲜明对比。

在位于兴南的美陆战第 1 师指挥部的师长史密斯，高度关注着长津湖地区作战情况的发展，并亲自部署下碣隅里的警戒、防御。面对四处受到志愿军凌厉攻击的困境，虽然暂时还不能对该师的状况作出精确评估，但职业军人的敏感，使他迅速作出关键性的判断：确保补给"枢纽"下碣隅里的安全与稳定，这将直接关系到美陆战第 1 师未来的命运结局。如果不打通各受困点的交通联络，在志愿军没完没了的攻击下，很有可能全师覆没。

美陆战第 1 师在攻占古土里后，不仅立即命令工兵修建通往真兴里的道路，使 M26 "潘兴"式坦克能够通行，还修建了可供轻型飞机起降的小型机场。11 月 23 日，在下碣隅里开设补给分站，存储大量物资，在以后的战斗中发挥了巨大作用。

11 月 24 日，志愿军第 20 军第 58 师向大南里、丙武里集结，准备围歼下碣隅里的美军。20 时，根据志愿军第 9 兵团的部署，第 58 师进至北洞岭、门岩里、东开洞之间隐蔽集结，以小部队分割、监视下碣隅里以北的美军，主力集中攻歼下碣隅里及附近的美军。该师计划得手后，分兵歼击溃散的残敌，并打扫战场。主力则将集结在下碣隅里以西山地，准备再战。

攻克下碣隅里，在作战计划中被毫不犹豫地确定下来。

东白山是志愿军第 58 师开进路线上的一座大山。在拟订作战方案时，计划通过东白山进入作战地区。当时，使用的是日本侵朝军队在大正十四年（1925 年）测绘的地图，上面标绘有穿越东白山的小路。但是，从地图上不能判定东白山的通行程度。因此，廖政国专门要求志愿军第 20 军侦察营前往实地查明情况。急迫之下，侦察营没有到东白山附近调查，只是问了问在新德里（距东白山 10 多公里）附近的居民，听说日本军队曾经走过，就立即报告："东白山可以通过。"

可是，志愿军第 58 师的先头部队第 172 团到达山脚时，积雪没腰，白茫茫一片，山险林密，哪还能找到山间小路的痕迹？根本无法通过。

原定于 11 月 26 日夜发起攻击的时间就得推迟。这下子，第 58 师上上下下全震惊了。不能按时发起攻击，是严重违反军纪呀！

彭德怀军纪严明，志愿军每一位官兵对此都十分清楚。在 1950 年 11 月 13 日召开的志愿军党委扩大会议上，因为第 38 军推迟了进攻时间，彭德怀严厉批评军长梁兴初说："我彭德怀别的本事没有，斩马谡的本事还是有的！"[1] 当时，整个会场空气凝固，紧张得就要爆炸。

军纪，就是一支军队的生命。

第 58 师师长黄朝天立即令第 172 团参谋长刘锡文率突击队急行军，绕道仓里、三垈坪、水铁里，并要求他们必须于 11 月 26 日晨赶到下碣隅里。70 多公里的山道，路滑，情况又不熟，任务十分艰巨。

---

[1]　任桂兰、李宗儒：《统领万岁军》，中国青年版社 2004 年版，第 235 页。

关键时刻，一支部队的作风、传统、精神发挥了作用。志愿军第 58 师的老底子是廖政国任教导旅旅长时的第 1 团、第 2 团，抗战时期，在苏中地区各部队中就很有名气，有"打不死的老一团，跑不死的老二团"之说。第 1 团能打恶仗，第 2 团脚板硬，能长途行军，可以说是打得、跑得、饿得。

刘锡文，多年带领"老一团"完成了不少艰巨的战斗任务。后来，当延期发起战斗的命令下达时，刘锡文率部已经走了 50 多公里，完全可以按原计划发动进攻。

长津湖战役结束后，为了弄清情况，副军长廖政国还专门派了侦察参谋宋昌彪带一个班再到东白山实地侦察，一共去了三次，证实确实无法在冬季通行部队。① 后来，在战役总结会上，廖政国说："什么叫实地勘察？就是要以脚着地实实在在地考察！""打仗是要死人的，任何环节都粗枝大叶不得！"②

廖政国，河南息县人，独臂，年轻的华东野战军骁将。

粟裕评价廖政国说：很有特色，头脑很聪明，能打仗，作风顽强。对部队非常熟悉，对基层干部甚至士兵的情况都摸得透透的。打起仗来机动灵活，很有办法。③

1950 年 11 月 26 日，志愿军第 9 兵团指示所属各部，于 11 月 28 日拂晓前完成攻击准备。第 20 军第 58 师集结于大南里、丙武里、龙水洞、旧邑面地区，计划在战斗发起后，首先攻占上坪里、富盛里，切断下碣隅里以北通道，清除下碣隅里外围的美军，尔后歼灭下碣隅里的美军。该师第 172 团负责攻占上坪里、富盛里、松平里、上碣隅里。第 173 团在水铁里、红门里集结，配合攻占下碣隅里。第 174 团攻占富盛里后，再配合攻占下碣隅里。

志愿军第 20 军第 58 师计划于 11 月 27 日 17 时，对下碣隅里的美陆战

① 《铁军骁将》，1992 年自印本，第 233 页。
② 王昊：《传奇人生——我所知道的独臂将军廖政国》，浙江人民出版社 2005 年版，第 286 页。
③ 《铁军骁将》，1992 年自印本，第 1 页。

第 1 师前线指挥所及第 1 陆战团第 3 营、第 7 陆战团第 2 营发起攻击。

11 月 27 日 17 时，根据既定作战计划，志愿军第 58 师第 172 团由东及东南向下碣隅里发起攻击。第 173 团除以 1 个营控制 1124.7 高地外，主力向东下里的美军飞机场攻击。第 174 团以 1 个营插至水曲里以切断南援、北溃的美军，另 2 个营由下碣隅里正南方向攻击。

23 时，志愿军第 20 军第 58 师政委朱启祥、参谋长胡乾秀率第 172 团全部及第 174 团 1 个营，渡过水深过膝的长潭江。第 173 团进至水铁里，及以西、以北的 1124.9 高地。第 174 团另 2 个营进至红门里及 1280.1 高地、1276 高地。

在战斗中，志愿军第 172 团占领下碣隅里以东的全部山地，毙伤美军800 余人。第 173 团攻占机场大部与东下里以西地区。

美军以坦克实施猛烈反击。志愿军第 58 师无反坦克武器，弹药缺乏，伤亡较重，故而未能解决战斗，形成僵局。

11 月 28 日凌晨 5 时 45 分，志愿军撤出战斗，在下碣隅里东南一线山地构筑工事。

当日拂晓，下碣隅里美军开始从志愿军的突袭中清醒过来，迅速组织全面反击。美军在 50 余架飞机投掷大量汽油弹和火箭弹的配合下，对志愿军发动数次进攻。

11 月 28 日 22 时 30 分，志愿军第 58 师主力发起进攻。第一次攻击下碣隅里时，第 58 师指定第 174 团第 2 营直取曲水里，切断下碣隅里以北的道路。但是，该营走错路后自行休息。

下碣隅里美军的防线，仅配置第 1 陆战团第 3 营的 2 个步兵连以及其他战斗和勤务支援分队，防守兵力不足。11 月 28 日的战斗中，南侧的美第 1陆战团第 3 营 H 连和 I 连，集中火力击退了志愿军的进攻梯队，但是在 11月 29 日凌晨 3 时，H 连的右翼又被志愿军突破。防守东侧高地的美军第 10战斗工兵队 D 连的阵地也被突破，美军撤至高地下麓。由于该高地失陷，下碣隅里美军的整个防御阵地受到威胁，随时都有可能陷落。美第 1 陆战团第 3 营营长里奇决定，将 50 名勤务及行政人员组成的新编分队增派到前沿，弥补兵员不足。

从兵力上看，志愿军第 58 师是以一个师对付美军三四个营，有优势，但火力上敌强我弱，压不倒美军。"进攻作战火力不能压倒敌人，是难以歼灭敌人的。尽管 58 师曾一度攻入下碣隅里，但在纵深遇到敌人坦克集团围成一圈组成的火力点。这是我们以往从未碰到过的新情况，我们又没有足够和有效的反坦克武器，因此部队伤亡很大。58 师最后也是弹尽粮绝，伤亡过重而停止了对下碣隅里敌人的攻击。"[①]

时任志愿军第 20 军军长张翼翔回忆说："按照宋（时轮）司令员的指示，我军主力在这次战役初期担负围歼下碣隅里之敌，当时战场形势对我很有利，可就是打不下来。为什么呢？因为当时没有空中优势，运输条件差，重武器无法前送，重机枪又不能用了。火力不够是打不下来的直接原因，第 20 军作战的'重武器'就是手榴弹"。[②]

在战后总结中，志愿军第 20 军第 58 师认为，仓促战斗是失利的重要因素。例如，对当面情况的估计与掌握不足，对任务的预计也不够。当时有两种作战方案：一是在南兴洞、柳潭里打击美军，二是在旧镇以南、下碣隅里打击美军。但是，仅对第一方案的布置、执行较有准备，而对第二方案没有准备。因事先准备工作不足，作战急，对当面情况没有掌握住，所以，部队到达进攻位置和投入战斗都比较乱。

志愿军第 20 军第 58 师第 172 团第 3 连连长杨根思，是闻名全军的特级战斗英雄。1950 年 11 月 29 日，营指挥员向他下达的命令是："不许敌人爬上 1071 高地寸步，坚决把敌人消灭在小高岭阵地之前。"东南方向的小高岭是 1071 高地的屏障。1071 高地扼制公路，是美军南撤的必经之地；并且在这个高地上，用步枪就可以直接对下碣隅里美军进行瞄准射击。美军多次以

---

① 《铁军骁将》，1992 年自印本，第 230 页。

② 《宋时轮传》，军事科学出版社 2007 年版，第 284 页。

飞机、火炮对 1071 高地狂轰滥炸，进行高强度的火力压制。

　　杨根思率第 3 连第 3 排守在小高岭，连续打退数倍于己的美军 8 次进攻。战至上午 10 时，当美军发起第 9 次进攻时，阵地上的弹药已经打光了，只剩两名伤员，增援部队尚在途中。40 多名美军士兵已爬上山顶。在此紧要关头，杨根思抱起仅有的一个炸药包，拉燃导火索，冲入敌群，与美军同归于尽，以生命和鲜血守住了阵地。

　　1951 年 5 月，志愿军颁布命令：授予第 3 连"杨根思连"荣誉称号。战后，朝鲜在下碣隅里树立杨根思烈士纪念碑。

　　杨根思是江苏泰兴人，1922 年 11 月出生，童年时即开始给地主当雇工，以后又流落上海、苏州等地当苦工；1944 年 2 月参加新四军，1945 年 11 月加入中国共产党；参加人民军队后，成长、进步很快，屡立战功，1945 年 6 月在浙西孝丰战役中被评为"战斗模范"，1946 年 10 月在鲁南郭里集战斗中，以勇猛的阵地爆破壮举被誉为"爆破大王"。

　　1947 年，鲁南战役攻打齐村时，进攻国民党军碉堡受阻。紧急关头，

◎ 志愿军第 20 军军长张翼翔（前排右）为"杨根思连"授旗

杨根思向副团长报告："杨根思请求批准牺牲!"副团长问为什么？杨根思回答：为了完成战斗任务。战斗结束后，杨根思荣立大功，被评为"华东一级战斗英雄"。

杨根思从苦工成长为著名战斗英雄的事迹，是近现代史上中华民族开始觉醒、崛起的真实写照。

志愿军的士兵们，来源于千千万万普通的百姓，在中国共产党领导下，在以气壮山河的勇气战胜强敌过程中建立了不朽的业绩。我军著名政治工作领导者甘泗淇曾有过"英雄之问"：我们的英雄有的是放羊的、当长工的、手粗的、不识字的，在旧社会里有什么英雄当呢？但是在中国共产党领导下，人民成为创造历史的主人，千千万万普通的士兵，成长为改造历史的英雄。

志愿军第 58 师作风硬、战斗力强，英雄模范辈出，创造的经典之战也多。人们往往可以看到，在人民军队历史上，一支部队能打胜仗、打硬仗，不仅有指挥艺术高超的司令员，还有善做思想政治工作的优秀政委。

朱启祥是志愿军第 58 师政委，有儒将之称。

1951 年著名的华川阻击战中，在没有上级命令、没有工事、没有炮火支援、没有友邻部队的情况下，志愿军第 58 师主动担当阻击重任。在下定决心的关键时刻，政委朱启祥坚定不移地说：天塌下来也要顶住！

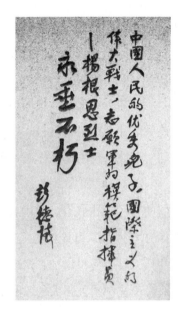

◎ 彭德怀为杨根思烈士纪念碑撰写的碑文

◎ 杨根思烈士

第七章 下碣隅里围歼

"联合国军"在朝鲜西线战场"崩盘",无疑使下碣隅里美军不能有任何闪失。从美方披露的史料来看,当时,美军高层为挽救朝鲜战场上的败势,在寻求停战的同时,甚至已考虑使用原子弹的问题。

美陆军参谋长柯林斯与麦克阿瑟、乔伊、斯特拉特迈耶举行会谈,就应该采取什么措施来对付志愿军进行了充分的讨论。作为讨论的主要议题,他们对可能出现的局面作出三种假设。

第一种情况:志愿军继续进行全面进攻,美国禁止麦克阿瑟发动对中国的空中攻击;不对中国大陆实施封锁;不向朝鲜战场派遣蒋介石的军队;1951 年 4 月,可能派给麦克阿瑟 4 个国民警卫队师,在此之前,"联合国军"的兵力不会大量增加;或许会在北朝鲜投掷原子弹。麦克阿瑟言辞激烈地反对说,在中国人强大的攻势下,仍旧对他的部队设置此等限制,实际上等于一种投降。在这种条件下,停战是政治问题,也许有用,但从军事观点来看,则确实无此必要。无论如何,他的部队将被迫撤出朝鲜。因此,美国不应该在这样的前提下仓促寻求停战。

第二种情况:志愿军继续进攻,美国对中国实施有效的海上封锁,允许对中国大陆进行空中侦察和轰炸行动,最大限度地使用国民党台湾当局的部队,一旦战术条件成熟,就使用原子弹等武器。麦克阿瑟认为,有了这些前提条件,他就可以下令尽可能地把在朝鲜坚守的阵地向北设置。在这种情况下,他将命令从陆路运送阿尔蒙德属下的美第 10 军至釜山,与美第 8 集团军一起作战。

第三种情况:志愿军同意不越过三八线。麦克阿瑟认为,在此情况下,"联合国军"应该接受停战。

1071 高地附近的阵地,由志愿军第 20 军第 58 师第 174 团第 4 连及第 6 连第 14 班防守,主要任务是阻止下碣隅里美军南逃。

1950 年 11 月 29 日下午,下碣隅里方向的美军以坦克为先导,伴随约 1 个连的步兵,试图冲过 1071 高地通道,打通与古土里的联系。在战斗中,志愿军近距离击伤美军坦克两辆,成功地阻止了美军南下。

与此同时，来自古土里的美军也一直竭力北上，试图打通救援通道。上坪里位于由古土里通往下碣隅里的交通要道。扼守上坪里的任务，由志愿军第174团第6连担任。该连部署在公路两侧，构成钳形防线。

◎ 下碣隅里战斗中被志愿军击落的美军飞机（新华社记者黎枫摄）

黄昏时分，驻古土里的美第1陆战团第3营G连和英第41特遣队以两辆重型坦克为前锋，后面跟着汽车与大量步兵，朝下碣隅里方向出击。

早已等候在阵地上的志愿军第6连，先用火箭筒射击坦克，但火箭弹未能穿透重型坦克的装甲，滑落在地下。任四威和蒋银舟冒着生命危险，将炸药插进坦克的履带，又被震落下来。战士高金和孤胆出击，爬上坦克，掏出手榴弹准备从射击孔塞进去时，中弹光荣牺牲。美军坦克冲进了下碣隅里。后来，志愿军第6连连长改变战法，要求大家"集中火力，攻击敌汽车和步兵，割断与坦克的联系"。战斗中，志愿军击毁美军汽车一辆，阻塞了道路，给美军步兵以大量杀伤。

志愿军第58师在连续两天作战后，战斗力迅速下降，难以与美军持久相持。

11月30日拂晓，美军向下碣隅里东南角的1071高地，发起一次又一次猛烈冲击。志愿军第20

◎ 下碣隅里战斗中向志愿军投降的美军陆战第1师士兵（新华社记者黎枫摄）

军第 58 师第 172 团第 3 连据守该高地。由于弹药不济，阵地不久失守。

晚上，志愿军第 20 军第 58 师第 174 团第 6 连奉命协同第 2 连、第 3 连再次攻击下碣隅里美军。出发前，连党支部号召："打好出国第一个攻击战，发扬猛与硬的战斗作风，为朝鲜人民报仇！争取立功的时候到了！"美军占领了靠近下碣隅里

◎下碣隅里战斗中，志愿军战士缴获美军陆战第 1 师步话机

的发电厂。天黑后，美军利用发电厂居高临下的优势，不停地向志愿军扼守的山口进行轰击，试图封锁进入下碣隅里的道路。志愿军第 6 连灵活地穿过封锁地带，绕道侧攻下碣隅里火车站。战斗中，志愿军曾经占领下碣隅里火车站，与美军形成短暂对峙，尔后撤出。

27 ›› 第二梯队呢？第二梯队为什么不上？为什么？

志愿军第 9 兵团决定：第 26 军（欠 1 个师）全部接替第 20 军，担任攻歼下碣隅里的作战任务，于 12 月 2 日前到达并换防。志愿军第 20 军第 58 师、第 60 师坚守古土里阵地，在黄草岭一线阻击美军 5 至 7 天。

作为第二梯队的志愿军第 26 军被寄予厚望，成为改变战场局面、化优势为胜势的关键。

第 26 军，前身是由抗战时期鲁中军区部队整编而成的华东野战军第 8 纵队，在华野部队中素以攻坚见长，先后参加莱芜、孟良崮、豫东、淮海、渡江等重大战役。8 纵擅长以炸药包爆破，进行城市攻坚战。这种爆破作战

的攻坚战法，在解放战争中还被推广到其他野战军。在太原战役发起之前，毛泽东在给攻城部队的指示中强调："攻城方法，望你们采用山东部队新使用者。既迅速，伤亡又少，又节约弹药。即在火力掩护下，用少数人或一人，携带少量炸药，置城根炸成一个洞，再炸成更大之洞，第三次炸即可成功。""此法王建安说已告诉你们参谋长，你们可以使用。"① 可见 8 纵声名远播。

志愿军第 9 兵团在入朝作战之初，由于运输力量不足，决定第 26 军暂时停留在厚昌江口地区，担任兵团预备队兼志愿军总预备队。当时，第 26 军"基本情况是冬季衣着已基本补齐，求战歼敌思想情绪很高，人员建制充实，虽然兼程连续行军，部队较疲劳，各种工作渐呈松弛和部分人员掉队，但远较兄弟部队 20、27 军当时情况为优越"。②

志愿军第 26 军军长是张仁初。

腊子口之战，是张仁初的成名之作。1955 年，在北京中南海怀仁堂举行的授衔仪式上，毛泽东曾握着张仁初的手说："你就是攻打腊子口的张仁初营长吧。这一仗打得好，谢谢你。"③

腊子口是中央红军长征北上途中最险峻的关口，也是进入甘南的咽喉，在国民党军已派重兵把守的情况下，就是"刀山也得上"！多少年后，张仁初回忆起当时的情形，仍然豪情不改地说。

战争年代，一个军人的成色、分量，取决于参加过多少经典的战役、战斗，取决于多少次在前线冲锋陷阵。前线，战斗最为激烈、残酷，也最能深刻检验、衡量生命的价值与本色。敢打大仗、硬仗、恶仗，是解放军指挥员的特色。抗战时期的山东战场上，有三位战将颇为著名："梁大牙"（梁兴

---

① 转引自李治亭：《能攻善守　无往不胜：中国人民解放军第二十六军征战纪实》，解放军文艺出版社 2008 年版，第 3 页。

② 张铚秀：《阵中实录》，军事科学出版社 2000 年版，第 448 页。

③ 李治亭：《能攻善守　无往不胜：中国人民解放军第二十六军征战纪实》，解放军文艺出版社 2008 年版，第 25 页。

初）、"张疯子"（张仁初）、"毛猴子"（贺东生）。

张仁初，湖北黄安（今红安）张家湾村人，一代名将。他性格豪爽，在枪林弹雨中出生入死，负伤11次。张仁初在1927年11月参加黄麻起义，开始了不平凡的革命生涯，参加过我军战史上众多经典之战，如直罗镇战役、东征战役和西征战役，平型关战斗，广阳、午城、井沟、薛公岭等战斗，莱芜、孟良崮、洛阳、豫东、淮海等重大战役。

军令如山，张仁初从来没有畏惧过！

1950年11月25日，志愿军第26军奉命以两日行军兼程急进，抵达长津湖以南地区集结待命。11月28日，根据志愿军第9兵团的命令，改为集结于长津湖以南的袂物里、德实里、巨武所里、岑洞之间地区；志愿军第26军第78师留在厚昌江口以东的富山洞，大、小罗竹洞地区，迎击可能由惠山镇西犯的美第7师主力，保证志愿军作战侧后的安全。

随后，志愿军第9兵团指示第26军，为加强阻击打援力量，决令该军全力（除第78师）攻歼下碣隅里的美军，12月2日夜接替防务完毕，12月3日19时发起攻击。

由于道路条件差，志愿军第26军的行军任务难以按计划完成。"因部队全都在一条公路上运动，车辆多，道路狭窄，部队推进速度很慢，我们的车子也被压住不能前进，50里走了几个小时才到。"[1]

12月2日，按照志愿军第9兵团的部署，第20军重新调整了作战计划，准备集中第58师、第60师主力对付突围的美军，阻击由南北援的美军及可能攻占古土里的美军。第58师以1个团占领古土里东北及小马垈里、化被里以南阵地。第60师以1个营占领门岘及东南的1887高地、东面的1081高地、东北的1000高地，以1个团占领祥在洞、水南里，以1个团占领隐峰里、水万庄以南阵地。

13时30分，古土里的美军向志愿军第20军第60师第180团据守的

① 张铚秀：《阵中实录》，军事科学出版社2000年版，第153页。

1328 高地发起攻击。

14 时，志愿军第 9 兵团司令员宋时轮"直接打电话给黄朝天，命令五十八师将攻歼下碣隅里之敌的任务交给二十六军，当晚南调，与六十师一起进到古土水（里）、黄草岭地区阻敌南逃北援，时间 3 至 5 天。""宋时轮说：哪个部队打下下碣隅里都是志愿军的胜利，不准发牛脾气，一定要把阵地交接好，还要把下碣隅里敌人的特点、周围的地形、两次攻打的经验教训向接防部队交待清楚。"①

战争年代，任务就是荣誉。一支部队，没有急难险重的任务，就没有地位，几天不打硬仗就不过瘾。因此，宋时轮担心黄朝天不愿将手中的重任交出去。

按照计划，志愿军第 26 军本应于 12 月 4 日晚即负责古土里以北的防务，但直到 12 月 5 日晚，第 26 军才接防。

19 时，志愿军第 26 军"认为兵团作战方针及使用我军是完全正确的，在军本身充满对完成任务之信心，决心坚强，唯与部队距离较远（100—140 华里），难于按时发起攻击，故即电请兵团延于（12 月）4 日攻击，当（即）获兵团首长同意。是时，军正召集师干会议，即当面授予各师任务。军决心集中全力（欠 78 师），首求完成严密的包围，续而由敌侧后发起总的会攻，求一举歼灭该敌"。②

志愿军第 26 军的作战部署是：第 76 师首先夺取 1439 高地及山德寺西南高地，由正东及东南方向攻击。第 77 师首先夺取笠峰，由正西、西南方向攻击，如果该方向攻击不利，即以一个团扫清长津江以西的美军，师主力则首先夺取福高峙，由正北、东北方向攻击美军。第 88 师（欠第 264 团）主力由下碣隅里东南、正南方向，首先进占 1400 高地、1140 高地，控制松亭里，除一部分向南警戒外，主力则由南向北攻击。限于 12 月 4 日凌晨 2

① 《百旅之杰》编委会：《百旅之杰》，杭州出版社 1999 年版，第 459、460 页。

② 张铚秀：《阵中实录》，军事科学出版社 2000 年版，第 449 页。

时前夺占上述阵地，17 时前完成攻击准备，总攻于 19 时发起。为更好地完成任务，除告各师立即派出得力干部，前往调查前进道路及接防攻击区域、联系友军了解情况外，并令各师在 12 月 2 日连续前进一段时间，以便适时赶到攻击位置。①

山德寺的位置尤其重要，正好位于柳潭里通往下碣隅里机场的要道上。在志愿军第 26 军接防前，山德寺由志愿军第 20 军第 58 师第 174 团第 6 连驻守。第 174 团给该连的指示是："这是艰巨的任务，你们要像铁钉一样，钉在山德寺。"到山德寺后，第 6 连连长率领各排排长熟悉、察看地形，划分防区；连党支部书记主持召开支委扩大会，研究合并建制的方案；连副指导员组织部队休息，全连饱饱地吃了一顿"什锦饭"，喝足了开水。全连 60 多人，编为两个排，守备的阵地很宽阔，不久，即与从柳潭里逃窜而出的美军围绕争夺制高点发生战斗。美军先后多次采取炮火攻击、佯攻夺点、迂回攻击等办法，试图夺取志愿军的阵地，均无果。在坚守两昼夜后，志愿军第 6 连主动撤出战斗。后来，该连获得"一等功臣连"的荣誉称号。

志愿军第 26 军第 88 师因顾虑部队疲劳，未能立即行动。

志愿军的援兵仍然在路上，而美军后撤的速度加快了。

12 月 3 日 16 时，美第 10 军军长阿尔蒙德下达第 22 号作战指示："命令陆战第 1 师把伤员送后方，并立即行动，尽快沿下碣隅里至咸兴轴线撤退。"

阿尔蒙德飞抵下碣隅里，同美陆战第 1 师师长史密斯就撤退问题召开会议，同意史密斯的建议，即"在不影响护送伤员的前提下，决心撤走全部装备"。从下碣隅里突围的计划立即着手执行。史密斯同意参谋人员提出的，即使给志愿军以沿下碣隅里南侧补给线展开大部队的时间，也要保障部队休息和重新编组的建议；同时，把突围战斗开始的时间定为 12 月 6 日。之所以作出这个决定，与美陆战第 1 师指挥部的削弱有直接关系。以该师副师长为首的人事处处长、军需处处长和军需处助理等人受伤或被派遣而缺位，参

---

① 张铚秀：《阵中实录》，军事科学出版社 2000 年版，第 449 页。

谋人员也不足，给制订撤退计划带来很多困难。

美陆战第 1 师从下碣隅里向南的攻击过程中，除了驾驶员及车载武器的操作手外，所有能行走者都下车步行，并且随时准备担负步兵的战斗任务。

战地记者马加列德·希金斯，生动地描述了逃跑途中美陆战第 1 师的悲惨情况："我在下碣隅里见到这些被打得焦头烂额的官兵时，曾想，他们究竟还有没有力量再经受最后的一击而突围出去呢？官兵们的衣服破烂不堪，他们的脸也被刺骨的寒风吹肿，流着血。手套破了，线开了。帽子也没有了，有的耳朵被冻成紫色。还有的脚冻伤穿不上鞋子，光着脚走到医生的帐篷里……第 5 团团长默里中校，像落魄的亡灵一样，与指挥第 5 团成功地进行仁川登陆时相比，完全判若两人了"。

麦克阿瑟曾说："一支军队的被歼灭，在 10 次中有 9 次是因其补给线被切断。"美陆战第 1 师最终之所以能避免全军覆没的命运，在被包围状态下仍具有比较强的作战能力，高效运转的后勤保障是相当重要的因素。

虽然地面通道被堵，但美军由于拥有制空优势，补给线仍然畅通。美陆战第 1 师被志愿军第 9 兵团拦腰截断、分割包围后，前后为该师空运补给、作战物资 10 余次，为连续突围奠定了物质基础。该师在北进时，占领要点后立即抢修简易机场。以第 7 陆战团为例，11 月 10 日，该团占领古土里，到 11 月 13 日为止，在古土里修建了轻型飞机跑道。11 月 19 日，由于开通了山口的道路，美陆战第 1 师将拥有 5 台大型推土机的 1 个工兵连运往下碣隅里，进一步建设运输机用的跑道。①

驻柳潭里的美陆战第 1 师第 5 陆战团、第 7 陆战团逃至下碣隅里后，进行了充分的突围前准备。美第 10 军调集飞机，为美陆战第 1 师紧急空运伤员、补充作战物资。第 5 陆战团、第 7 陆战团自柳潭里向下碣隅里撤退时，美陆战第 1 师后勤部门即对所需物资作了估算，并在空投场附近展开野战仓库，就地分发物资。

---

① 日本陆战史研究普及会：《朝鲜战争》（中部），国防大学出版社 1990 年版，第 222 页。

长津湖地区处于山地,"地无三尺平",修建机场受地形限制,因此,仅靠机降前送物资,不能保障美军的全部需要。美陆战第1师常采用空投方式。空投主要由空军的C-119型、C-47型和海军的R4D型(即C-47型)运输机实施,补充的物资有火炮、弹药、油料、给养、电话线等。

驻下碣隅里美陆战第1师后勤部门,共收容伤病员5000余人。以美空军、海军的运输机为主,直升机协助后送。虽然空运能力极其有限,但除后送伤员之外,还外运尸体137具。对此,美第10军司令部对师长史密斯提出批评。史密斯则坚持认为,再艰难也不应将遗体留下,一定要把遗体带走。

同时,美陆战第1师急令真兴里以南的部队全力北援,接应主力突围。美第1陆战航空兵联队也倾巢出动,不分昼夜地轰炸、扫射公路沿线所有目标,为美陆战第1师扫除障碍,全力掩护该师南逃。

12月4日拂晓前,志愿军第26军前线指挥所抵达新兴里,第76师到达指定位置,并接替志愿军第20军第58师的防务。第77师由于对道路情况调查不清,停留在高别隅里、西木里地区。第88师因在12月2日夜未能执行命令行动,拟在12月3日之前进至新堡里、新兴里,但部队运动至通智水里,天即大亮。该师第262团第3营在血津里以南遭空袭,伤亡80余人,仅师里的干部乘吉普车到达新兴里。12月4日,该师基本失去组织控制。

因志愿军第26军预定参加攻击的部队大部分未能准时到达指定位置,按照原定计划发起攻击已不可能。"当日除76师外,根据整个攻击部署尚欠两个师(七个团)"①,因而,只好请示志愿军第9兵团改在12月5日发起攻击。

志愿军第26军司令部由于组织上的漏洞,无法向上级报告,只能译收上级发来的电报,致使与志愿军第9兵团中断联络24小时,与各师(除第88师)亦中断联络24至36小时。

---

① 张铚秀:《阵中实录》,军事科学出版社2000年版,第454页。

组织上的漏洞，不仅在通信上有，干部配备上也有。由于急着入朝作战，当时，第26军"没有参谋长，政治部主任也未到职；76师没师长，只有一个副师长；77师师长也是刚刚提的；88师是别的军配属"。① 这些都会直接影响指挥作战的准确性。

毛泽东对朝鲜战场东线的战事极为关注。12月4日13时，毛泽东致电彭德怀、邓华、朴一禹以及宋时轮、陶勇、覃健："伪首伪三两师因火车甚少其主力由步行撤退，何时到咸兴尚难定。敌已下令由下碣隅里以飞机撤走被围之美军五七两团，望宋陶覃迅速控制下碣隅里飞机场不使敌军撤走，并对五七两团之南退部队予以歼灭，只留下其在柳潭里地区之固守部队围而不歼，以利钓鱼。请宋陶覃将黄草岭、古土水（里）、下碣隅里、困水里至柳潭里一带详细敌我情况，防敌飞走部署及打援部署电告为盼。"②

18时，彭德怀在给毛泽东、高岗和宋时轮的电报中所述经验主要是："一、在敌我技术装备极端悬殊的情况下，力避在固定阵地作战。要使用长期手段调动敌人，乘其立足未稳，火力未展开时，予以猛攻。二、充分利用夜间战斗。战斗发起，力争黄昏开始，拂晓解决。三、要渗入敌后方，首先打掉其火力阵地与指挥所，威胁敌战役供应线。"③

根据战场上的状况，志愿军第9兵团调整部署：第20军以部分力量包围古土里的美军作为诱饵，吸引美军的援军。主力部队先行抢占黄草岭及其附近有利阵地，阻敌打援。在第26军南下进攻时，发起对古土里美军的全面进攻。志愿军第20军第89师主力进至上、下通里附近，在运动中截歼美军，适时闭阻长津湖地区美军的退路，配合主力作战。

22时5分，志愿军第9兵团首长宋时轮、陶勇、覃健把以上作战部署上报毛泽东：

---

① 叶雨蒙：《东线祭殇》，解放军文艺出版社2007年版，第203页。
② 《毛泽东军事文集》第6卷，军事科学出版社、中央文献出版社1993年版，第233页。
③ 转引自《毛泽东军事文集》第6卷，军事科学出版社、中央文献出版社1993年版，第238页。

第 26 军主力围歼下碣隅里之敌后南下，向咸兴方向进攻。第 27 军在结束柳潭里战斗后取道社仓里、黑水里、剑山里、丰松里、岭城里，向地境攻进；另以 1 个团出五老里，割裂敌人，配合主力作战。

下碣隅里敌工事较强，数量亦大，第 26 军主力决于今明两天晚歼击该敌，并用炮火控制机场及开阔地区，得手后即南下向咸兴攻进。

第 20 军主力（第 58 师、第 60 师）除以小部队包围古土里外，主力进至黄草岭及附近阵地阻敌打援。第 89 师主力进到上、下通里附近，从黄草岭截击美军，适时闭锁美军退路，以配合主力作战。第 59 师伤亡过大，待整补后才能使用。第 20 军待第 26 军向南进攻时，即集中兵力攻歼古土里之敌。①

◎ 1950 年 12 月 7 日，向南逃窜的美军陆战第 1 师离开下碣隅里，在撤离前毁弃不能带走的补给品

当晚，美陆战第 1 师后勤部门下令销毁剩余物资。该命令规定：部队指挥官各自负责本作战地域内剩余装备、物资的处理，师野战仓库（所）的剩余装备、物资由指定分队销毁。军人小卖部的物资，除糖果、饼干等分发给士兵外，均全部销毁。

12 月 5 日 7 时，毛泽东致电彭德怀等人："宋陶覃十二月四日二十二时五分电部署意见很好，望即执行。除歼灭被围之敌及准备打援外，如能以一个军的主力再歼灭社仓里地区美三师的两个团，则意义极大。"②

根据志愿军第 9 兵团的部署，第 26 军急速南进，计划于 12 月 5 日晚对下碣隅里的美军进行围歼。第 26 军命令第 88 师师长、政委，率部迅速前进

---

① 宋时轮、陶勇、覃健致毛泽东并彭德怀等志愿军首长、高岗等东北军区首长电，1950 年 12 月 4 日 22 时 5 分。

② 《毛泽东军事文集》第 6 卷，军事科学出版社、中央文献出版社 1993 年版，第 237 页。

至攻击位置。但是，由于行军路线调查不明，12月5日凌晨2时，第88师误进至赤浦洞、细水的山路，师、团干部又未能组织部队继续兼程前进，却私自变更计划，部队停于该线宿营。第77师则仍未查明血邑江里的情况，误认为不能通过，又加上积极性不强，又为柳潭里以南尚有美军的传说所迷惑。该师私自率第229团、第230团慌忙变更部署，以第229团进至赤浦洞，并控制赤浦洞以南至福高崎一线高地；师指挥所、第230团到达袂物里地区、通智水里一线；令第231团仍留原地（血邑江里以北）待命。至12月5日拂晓，第229团前卫部队才到达新兴里及以南地区。此时，各营与团、团领导与团指挥所均失去联系。

攻击发起时间已经一延再延。

计划中向下碣隅里的攻击迟迟没有开始。

在志愿军第9兵团司令部，宋时轮大声询问作战参谋：

第二梯队呢？第二梯队为什么不上？为什么？

作战参谋回答：第二梯队还没有到位。

下碣隅里是"死地"，不可久留。

此时，美陆战第1师的下碣隅里突围战斗计划，以25—50号联合作战命令形式下达。其要点如下：整个师沿古土里、真兴里、咸兴轴线，向咸兴、兴南附近撤退；第5陆战团（配属第1陆战团第3营）于12月5日12时前，接替下碣隅里的防御任务，掩护第7陆战团移动，尔后尾随第7陆战团向咸兴、兴南附近撤退，但在古土里、咸兴之间，作为师预备队行动；第7陆战团在12月6日沿古土里、真兴里、麻田洞轴线撤退；第1陆战团继续控制古土里、真兴里，掩护师主力进入古土里，在古土里、咸兴之间，掩护师后方部队；美陆战第1师的剩余人员临时编成第31营，配属第7陆战团；师部其余人员和后勤部队，徒步跟随汽车梯队撤退，并遂行警戒任务。

志愿军第9兵团仍死死咬住美陆战第1师，要求各部队克服天寒地冻、断粮冻饿、弹药不足、疲劳减员等困难，发扬不怕艰难困苦、不怕流血牺牲、连续作战的作风，对南逃的美军展开围追堵截。

此时，志愿军第 20 军的冻伤大量增加(占到战斗部队的 40%以上)，"以第 58 师 12 月 5 日之材料为例，该师第 172 团 8 个排、第 173 团 11 个排、第 174 团最多仅 17 个排的兵力，再加上连日冻饿，以致影响战力，故敌向南突围时，未能予以歼灭大部"。① 尔后，第 20 军艰难地进至黄草岭南北地区，依托已占领的阵地，层层截击南逃的美军，并阻击美军北援。

由于行军耽误了时间，志愿军第 26 军于 12 月 5 日晚发起攻击已经不可能，故又电请第 9 兵团再延一天。另外，令第 77 师以一个团控制福高峙，并进至水曲里了解、观察地形，准备组织反击；另一个团抵长津湖西岸，以便由西向东攻击。第 88 师未赶到第 26 军指定的位置，而是进至白岩里、青坞即宿营。

志愿军第 26 军"入朝时部队背的装备、粮食较重，路难走而急，夜间走路，白天防空，部队疲劳，有的部队走了 7 天、10 天，部队情况起了变化。全军掉队落伍者 5000 余人，使战斗机构管理混乱。部队疲劳，不能做饭吃，进入战斗后部队仍无米下锅。(第 9)兵团(12 月)3 日命令发起战斗，延至(12 月)5、6 日，对部队、敌人、道路情况不了解即仓促参战，部队还未到齐敌人已开始突围，这样锐军变成了疲劳之师，主动围歼敌人变为仓促应战。部队无准备就拉上去打，攻击未形成总攻，而是各自为战，被动应战"。②

此外，志愿军第 26 军"给养困难，补给线太长，当地人少粮少，就地筹借困难，又加担架运输困难，甚至断炊(4—6 日，8—10 日)，两天中由于冻饿，而使部队失去战斗力"。③ 对冬季作战中的行政管理未能严格强调，未接受友军的经验，行军时未严格执行部队带粮，以致部队冻饿减员极为严重："战役开始部队吃光携带之给养后，断粮饿饭，后方供应不上，主观上未尽最大努力，迫使向当地筹借也为数极少，严重影响

---

① 《铁军骁将》，1992 年自印本，第 233 页。

② 《谢有法将军文辑》，国防大学出版社 2000 年版，第 223 页。

③ 张铚秀：《阵中实录》，军事科学出版社 2000 年版，第 457 页。

作战。"①

12月5日夜，志愿军第26军根据地形、敌情、部队状况，以及第77师未能全部进入长津湖以西地区，决定调整攻击下碣隅里的方案，准备在12月6日晚实施进攻，并作如下补充部署："美陆一师师部、11团全部及新兴里逃敌一部，坦克50辆，分别据守下碣隅里、京下里、水曲里、花九意里及外围山地，军决心以76、77师主力及88师一部，（12月）6日晚对该敌发起攻击，力求当夜全歼该敌。76师从东南攻下碣隅里，分一部从该地东北、正东积极佯动，待主力突破时坚决压下，插入敌阵；77师以一个团从长津里西，攻击京下里，另一个团由北攻击水曲里，得手后除一部逼近花九意里，主力协同76师攻击下碣隅里；88师由笠峰由南向北协同77师攻击京下里，另以一个团位于松亭里构筑坚守阵地，负责阻援及防敌南逃；待下碣隅里、京下里敌歼灭后，76师主力回攻花九意里"。②

28 ›› 失去的机遇

1950年12月6日，下碣隅里突围与反突围战斗开始。

这天黎明，美陆战第1师第7陆战团团长利兹伯格，下达了该团40—50号作战命令。其要点是："第2营沿作战公路发起进攻，为后续部队开路。以指挥部和汽车梯队为中心，右侧为第1营，左侧为第31营，后侧由第3营互相掩护，往南进发。"该团从凌晨4时30分开始，按此命令发起进攻。

拂晓，美第7陆战团第2营开始攻击志愿军第26军第76师第228团的阵地，意图突围南逃。志愿军第228团第9连在坚守独秀峰的战斗中，连续打退美军第2营和30多辆坦克的冲击。最后，该连干部全部壮烈牺牲，战

---

① 张铚秀：《阵中实录》，军事科学出版社2000年版，第459页。

② 张铚秀：《阵中实录》，军事科学出版社2000年版，第451页。

士陈继业指挥仅剩的 13 名战士坚持战斗。15 时，因第 88 师未赶到，第 228 团力量单薄，致使美军突破阵地。

时任志愿军第 26 军副军长的张铚秀在回忆录中说："77 师、78 师又未能执行军命令，按时赶进指定地点，故不能发起战斗，直至（12 月）6 日，敌逃窜，我出击攻击时全部尚欠四个团还未赶到，故攻击时间不得不一延再延。直至（12 月）6 日未完成包围攻击任务，控制敌南逃的要地松亭里、笠峰无人控制，给敌以南进的良机，也形成了 76 师一面作战，228 团被钳制，致攻击兵力量单薄，77 师、88 师仓促的投入战斗，故协同配合不力，造成零打碎打，师炮兵则全未参战，敌情、地形掌握不够，形成了打糊涂仗。"①

12 月 6 日 16 时 30 分，美军大举突围。

志愿军第 26 军下令部队出击：第 76 师以第 226 团两个营由独秀峰向西、一个营由山德寺向西，第 227 团由东北向西南。该师当夜出击的兵力分散，火力组织不严，无大战果，但美军被压缩于上碣隅里、京下里地区。

志愿军第 77 师接令后，以第 229 团向下碣隅里、第 230 团由江西向东南攻击。第 229 团因未展开，沿公路进至水曲里（实际上是下碣隅里）北端。先头部队第 2 营一个连遭美军火力杀伤后，全营仓促投入攻击，因组织不严、战术指挥有误，攻击受挫。尔后，又使用第 1 营、第 3 营展开攻击，因营里干部阵亡，部队失去指挥。第 1 营及第 3 营一个连虽插至村西南大桥美军侧后，但攻击也受挫。

据美军战史记载，在 12 月 6 日从下碣隅里出逃的过程中，战斗相当激烈，双方的生死之战持续一整夜：当晚 22 时，前进到下碣隅里以南 5 公里处时，志愿军的进攻更加猛烈，美军前进受挫。公路两侧的美第 1 营和第 31 营，击退志愿军一次又一次的进攻。由于第 31 营损失过重，美第 7 陆战团团长利兹伯格命令掩护汽车梯队后侧的第 3 营，兼负第 31 营的任务。因此，美第 3 营同时掩护汽车梯队的左侧和后侧，继续前进。美第 3 营和美

---

① 张铚秀：《阵中实录》，军事科学出版社 2000 年版，第 454 页。

◎ 从下碣隅里向古土里南逃的美军陆战第 1 师官兵在路边休息

第 7 陆战团汽车梯队同时陷入苦战，战斗一直持续到黎明，副团长多塞特受伤，第 3 营营长哈里斯阵亡。美第 3 营、美第 7 陆战团指挥部和汽车梯队陷入这一危机后，公路右侧的美第 1 营立即从东坡下山，同汽车梯队会合；美第 2 营则于凌晨 2 时击退志愿军的拦截部队，继续前进。12 月 7 日黎明，美军先头部队抵达古土里。美陆战第 1 师指挥部与汽车梯队，共编为两个梯队。第 1 梯队尾随美第 7 陆战团，从 16 时开始前进；第 2 梯队从 24 时开始行动。美军越前进一步，志愿军的进攻越猛烈。

12 月 7 日晨，志愿军第 26 军判断美军仍会继续突围，命令第 88 师确保独秀峰、笠峰阵地，其余各部队不能撤离得过远。如果美军南逃，正面应坚决阻击，并从东北、正西方向，不顾一切地坚决出击，歼灭美军于下碣隅里、松亭里之间地区。

志愿军第 26 军第 77 师第 230 团第 2 营进攻京下里北山美军，连续发起 4 次攻击，但因美军火力猛烈、部队伤亡过半而终止进攻。该团第 7 连在攻击下碣隅里机场时，遭美军火力袭击，全部牺牲。

◎ 匆忙向南逃窜的美军陆战第 1 师官兵拥堵在路上

　　志愿军第 26 军第 88 师第 262 团及第 263 团一部由于临时占领阵地,部队尚未完全展开就遭美军突破。第 26 军曾经在 12 月 4 日黄昏,命令第 88 师应于 12 月 5 日拂晓,以 1 个团经青坞到达富盛里担任阻援任务,另以 1 个团包围松亭里,并相机占领有利阵地。但是,该师由于行军路线出错,未能按时进到赤浦洞、佃水、高峰一线。在错失战机后,该师又未能积极行动。直至 12 月 7 日拂晓,部队才进至松亭里、富盛里以南阵地。

　　12 月 7 日 10 时,美陆战第 1 师后勤第 1 梯队突围至古土里,历时 18 小时,平均每小时不足 1 公里。在此过程中,该梯队遭志愿军猛烈攻击,数辆汽车被击毁,道路堵塞,一度停止前进。

　　志愿军第 26 军对下碣隅里的美陆战第 1 师残部发起攻击,歼灭一部,击毁车辆、坦克共 30 余辆。志愿军第 20 军依托已占领阵地,对南逃的美军层层阻击,但部队连日冻饿,体力虚弱,战斗部队冻伤减员达 40% 以上,严重影响了战斗力。

通信上的原因影响了志愿军作战指挥。比如，第88师的通信工具全部掉队，战斗中与第26军失去联系，部队失去指挥，直到下碣隅里美军逃跑后才赶上部队。志愿军的电台时常出故障；电话久架不通，经常断线；报话机也不灵。

时任志愿军第26军副军长张铚秀评价说："这次战斗根据当时的情况，我是完全有把握有决心有信心来歼灭这股敌人的，但是为什么一个歼灭战变成了一个消耗战，敌人未被歼。在战术上来说对美军作战特点认识不足，也缺乏思想准备，因此还有些麻木和惧怕敌人的思想，只看到敌人外强的一面，未看到敌人的致命弱点，故在指挥上不大胆，不果断"。[1]

---

[1] 张铚秀：《阵中实录》，军事科学出版社2000年版，第446页。

第八章 古土里堵截

"这是一次漫长而曲折的撤退,一路上战斗不断,似乎是在一寸一寸地向后挪动。当先头部队抵达这条道路最南端的村庄真兴里时,末尾的部队还在北面十英里外的古土里"。[①]

古土里,是志愿军堵截美军北援南逃的阵地。

29 ›› 特遣队覆没

战前,志愿军第 20 军第 60 师的阵地在社仓里。

1950 年 11 月 24 日凌晨 5 时,志愿军第 20 军第 60 师已进入伏击位置,假如美军不前进,则做向南出击的准备。

7 时,彭德怀、邓华、朴一禹和洪学智在给志愿军第 9 兵团并中央军委的电报中,提出的作战部署是:"一、你们应以一个师于二十六日晚围歼社仓里、黑水里之伪二十六团,得手后即向黄草岭以南之上下通攻击前进,确实占领该线,阻击北援之敌;另以一个师由社仓里向黄草岭、堡后庄攻击前进,歼灭美陆一师师指,得手后向古土水(里)攻击前进,协同主力围歼古

---

① [美] 李奇微:《朝鲜战争》,军事科学出版社 1983 年版,第 86 页。

土水（里）、柳潭里地区之美五七两团全部。二、提议二十六军向图上之长津及其以东集结，准备围歼可能西援之美七师，并准备向利民洞、丰山带美军进攻。"①

15 时，志愿军第 9 兵团指示：第 20 军第 60 师改为执行原定第 59 师的任务，第 89 师指挥第 59 师 1 个团接替第 60 师的任务，第 58 师的任务不变。

20 时，志愿军第 9 兵团作出的作战部署是：第 20 军第 60 师立即隐蔽开进新德里、社仓里两侧，如果美军先头部队进至新德里（离开社仓里），即从东西夹击歼灭之。必要时，留少数警戒部队于社仓里附近，主力东移天坪里、楼居洞地区隐蔽集结，并迅速查明真兴里和堡后庄两侧的地形、道路及敌情。

美陆战第 1 师的预备队第 1 陆战团将指挥所设在古土里，守卫真兴里至下碣隅里的补给线。该处还配置有美第 7 师第 31 团第 2 营和侦察连等部队。

志愿军第 20 军第 60 师进至新德里以东的北洞岭、马岱岭、楼居洞，计划攻占古土里以北的富盛里、上坪里，卡断美军退路，主要任务是阻止美军北援。

11 月 27 日，志愿军第 20 军第 60 师集结于新德里、马岱岭、加利洞、新下里、楼居洞、水底洞。

当晚，志愿军第 60 师师长彭飞率第 178 团全部、第 179 团 1 个营，经长津江，进至乾磁开

◎ 长津湖战役中准备发起进攻的志愿军战士

及以东的小民泰里、化被里和 1182.1 高地、1236.5 高地、1268 高地。

① 转引自《毛泽东军事文集》第 6 卷，军事科学出版社、中央文献出版社 1993 年版，第 216 页。

11月28日拂晓，志愿军第20军第60师第179团2个营进至下马垡里及1325高地，并派出1个连在古土里以南，配合第20军侦察营破袭真兴里以北的公路，另2个营进至大小安洞、万丰里一线作为该师预备队。

从以后的作战情况推测，第179团的部署又作了变更，沿途部署于北至富盛里、南至下马垡里一线，与公路东侧的第178团形成呼应、夹击之势。

11时，美陆战第1师师长史密斯命令第1陆战团团长普勒，打通从古土里通往下碣隅里的补给线。

13时30分，美第1陆战团第2营D连朝下碣隅里方向开进。该连抵达古土里以北的小民泰里、乾磁开一线阵地时，受到志愿军第20军第60师第178团阻击。D连处在前有志愿军第60师第178团阻击，后有第179团卡断退路的境地。在战斗中，D连发现志愿军的兵力不断增强，面临被包围的不利处境。团长普勒接到这一情况报告后，立即命令部队撤回古土里。17时35分，D连突破志愿军第179团阻击，回到原出发地。

古土里的美军数次攻击志愿军第20军第60师，均被击退。

11月29日，美第1陆战团团长普勒的作战意图十分明确：继续突破志愿军的古土里阻击阵地，打通补给线。在汲取D连失败教训基础上，组成特遣部队。主力由英第41特遣队、美第1陆战团第3营G连、美第7师第31团第1营B连和美陆战第1师司令部梯队混编，共约1000人，配有30辆坦克。英第41特遣队队长德勒斯代尔直接指挥。

9时45分，特遣队向下碣隅里前进。

19时15分，德勒斯代尔指挥的特遣队一部——前卫坦克营D连、美第1陆战团第3营G连抵达下碣隅里。

11月30日上午，在50多架飞机掩护下，特遣队试图打通从真兴里连接下碣隅里的补给线，救援下碣隅里美军。

对于火力薄弱的志愿军来说，离开袋形阵地、处在运动中的美军要比坚守阵地防御的美军好对付得多。志愿军第20军第60师第178团、第179团4次击退美军进攻。

11 时，志愿军第 60 师第 178 团、第 179 团展开猛烈反击。经 4 小时战斗，志愿军虽伤亡重大，但已将美军切成数段，并展开政治攻势。

13 时，美第 1 陆战团紧急增派清晨才到达古土里集结的坦克营 E 连等部队，前去增援德勒斯代尔特遣队以扭转战况。

16 时 15 分，德勒斯代尔特遣队抵达古土里以北 6 公里处时，遇到了出发以来最为激烈的战斗，前进一时受阻。

17 时，美军先头部队进到志愿军第 179 团坚守的 1478.5 高地时，第 179 团第 1 营、第 2 营及第 178 团第 1 营、第 3 营全面出击。

德勒斯代尔特遣队的坦克用机枪和火炮为步兵开路，但是在志愿军的火力阻击下，步兵无法跟上坦克，各行军梯队被前后分隔，"这支失去了装甲车辆掩护的特遣队立刻被经验丰富的中国人分割成了许多小块，陷入混战中"。包围分割地点在乾磁开南北的 1236.5 高地、1182 高地以西地区。

随着夜幕降临，志愿军擅长夜战的优势得以充分发挥，进攻更加猛烈。被分割的美军只能构筑简单的防御工事。

在德勒斯代尔特遣队向北进攻的同时，下碣隅里的美军也向南发起攻击，企图南北对攻，打开通往古土里的通道。

11 月 30 日午夜之后，志愿军派出被俘的美军劝降。而德勒斯代尔特遣队的麦克劳林少校仍幻想着天亮以后飞机会来救援，企图拖延到早晨。12 月 1 日凌晨 4 时 30 分，志愿军将包围圈压缩到冲击发起线。志愿军第 179 团发出最后通牒，限被围特遣队在 5 分钟内投降。5 分钟时间一到，志愿军第 179 团立刻发起攻击。遭到猛烈攻击后，德勒斯代尔特遣队残部的抵抗决心和待援希望全部瓦解，在麦克劳林少校率领下，全体投降。

30 >> 防敌北援

12 月 1 日凌晨 1 时 30 分，志愿军第 20 军第 60 师第 180 团第 2 营以 1

个排突袭古土里的美军，歼灭 50 余人。凌晨 4 时，志愿军第 20 军第 58 师攻击下碣隅里未奏效，撤出战斗。除留一部坚守阵地外，主力配合第 60 师攻击北援的美军并做好战斗准备。

彭德怀电令东线的志愿军第 9 兵团司令员宋时轮："西线已大捷，望集中全力歼灭被围之敌。"① 宋时轮等第 9 兵团首长致电彭德怀、邓华："就目前情况看，大量敌人西进的可能性日渐减少。特建议厚昌只留置一个主力团，该师（指第 78 师）率两个团即开前方参战。"② 17 时，彭德怀、邓华回电，同意第 9 兵团的部署，并指示："西线已大捷。你们当前被围之敌伤亡将半……望集全力歼截被围之敌。但廿六军未到前，对敌北援阻击部署切不可稍忽。"③

21 时，美军运输队的 50 余辆汽车经过志愿军第 180 团阵地时被击溃，逃至古土里。

毛泽东在 12 月 2 日来电："庆祝我九兵团的两次歼敌大胜利。九兵团除应加紧歼灭被围之敌外，应准备与增援之敌作战。"④

◎ 长津湖战役中，志愿军战士匍匐在美军炮火下的阵地上

① 王焰主编：《彭德怀年谱》，人民出版社 1998 年版，第 452 页。
② 宋时轮、覃健致彭德怀、邓华电，1950 年 12 月 1 日 9 时。
③ 彭德怀等志愿军首长致宋时轮、覃健电，1950 年 12 月 1 日 17 时。
④ 转引自王焰主编：《彭德怀年谱》，人民出版社 1998 年版，第 452 页。

13 时，东线美军后撤的迹象更加明显。

中央军委电示志愿军首长和第 9 兵团首长："望宋（时轮）陶（勇）注意争取于今明两晚基本上解决被我包围之陆一师等部最为有利。在未解决战斗前，望切实注意加强黄草岭南北之阻援与阻止突围之敌力量。"①

14 时 30 分，志愿军第 9 兵团指示：第 26 军（欠 1 个师）全部攻歼下碣隅里的美军，于 12 月 2 日晚接替第 58 师、第 60 师的任务。第 58 师、第 60 师立即进至古土里及黄草岭南北一线，担任阻击美军南逃北援的任务。

志愿军第 26 军未能按计划进至下碣隅里。志愿军第 60 师留在小民泰里、化被里，除了将第 179 团 1 个连部署在乾磁开外，第 179 团（欠 1 个连）于 12 月 2 日晚进至大、小安洞一线，第 180 团进至在院里、黄草岭以南执行破路及阻敌北援南逃的任务。志愿军第 58 师原拟在 12 月 2 日晚南调，由于第 26 军至 12 月 6 日晚才接防，各部于 12 月 6 日晚调整部署完毕。

志愿军第 58 师、第 60 师均遭受美空军轰炸，部队消耗甚重。当时，志愿军第 20 军的后勤补给由第 4 后勤分部负责保障。供应跟不上，除了运力不足外，公路条件限制是主要原因。从江界向长津湖运输，雪寒岭山高路窄，一夜只能通过七八辆汽车。这也造成志愿军作战持续时间短，难以保持对美军的高强度冲击。

每次战斗，志愿军的物资准备都很勉强。战斗发起后，后续粮弹更难送上去。由于营养不良，志愿军官兵的体力受到很大削弱。粮弹带几天打几天，许多有利战机因供应困难而丢掉了。

眼睁睁地看着战机丧失、"猎物"逃脱，黄朝天说不出来地痛心。

志愿军第 58 师全面接替第 60 师的防务。第 60 师除第 180 团外，全部在东路阻击美军南窜北援。

247

---

① 中央军委致彭德怀等志愿军首长和宋时轮、陶勇电，1950 年 12 月 2 日 13 时。

31 >> 阻敌南逃，再次围歼

1950 年 12 月 6 日下午，美陆战第 1 师师长史密斯飞抵古土里，开设了指挥所，并在古土里设立新的无线电中继站。

从下碣隅里突围至古土里的"联合国军"，主要有美第 5 陆战团、第 7 陆战团、第 1 陆战团（欠第 1 营）、第 7 师第 31 团第 2 营、陆军暂编营等。

美第 1 陆战团团长普勒，判断美陆战第 1 师主力将带着许多伤员到达古土里环形阵地。从 12 月 6 日开始，他就下令扩建已有的轻型飞机跑道，至 12 月 8 日已加长到 530 米。

美陆战第 1 师主力到达后，古土里的兵力猛增到约 1.4 万人，车辆约 1400 辆，狭小的环形阵地充满了人员和车辆。当时，美军非常担心，如果志愿军在此时实施大规模进攻或炮击，必定会发生大的混乱。撤退，宜早不宜迟。

撤退，首先从空运后送伤员开始。12 月 7 日，后送约 200 人；12 月 8 日，坚持克服不利的暴风雪天气，向后送了 319 人；12 月 9 日，天气晴朗，全力后送 225 人。在送走全部重伤员后，随行的只剩下轻伤员，极大地减轻了美陆战第 1 师的负担。

双方交手后不久，宋时轮即发现美军机械化程度高、机动性强，但对道路、桥梁的依赖性也大。长津湖地区山道狭窄、桥梁众多，这无疑暴露了美军的弱点。

随即，宋时轮要求志愿军第 60 师，把下碣隅里—古土里—真兴里沿途的桥梁全部炸毁。没过多久，宋时轮惊讶地发现，对被毁坏的道路，美军工兵又重新修筑了迂回道路；对被毁坏的桥梁，又在很短的时间里再次修复。

架设在断崖上的水门桥，位于古土里以南约 6 公里处，直接卡着美军逃亡的"咽喉"。在当初进入长津湖地区时，美陆战第 1 师工兵参谋兼第 1 工兵营营长帕特里奇中校，为确保安全，专门命令对这座桥进行了加固，承重

◎ 美军陆战第 1 师官兵查看被志愿军炸毁的水门桥，这是从古土里通往咸兴的唯一通道

达到 50 吨。从 12 月 4 日开始，水门桥被志愿军第 60 师炸断 3 次。前 2 次，美军立即进行了抢修。第 3 次被炸断后，帕特里奇通过空中侦察判断，架设水门桥需要 4 套 M2 式钢桥，但考虑到空投中的损失，则需要空投 8 套。M2 式钢桥，是由钢架和木板组合而成的架桥器材，每套能架设 30—50 米长的桥，可通过 M4、M26 式坦克。

志愿军炸毁公路桥，坚守阵地。美军孤注一掷，一面在航空兵配合下猛攻夺路，一面紧急空运桥梁构件架桥，同时急调黄草岭、真兴里地区的美军部队北援接应。为确保空投成功，美陆战第 1 师后勤部门在兴南西南方向约 6 公里的连浦机场，进行了 M2 式钢桥的空投试验；还专门从日本请来美国陆军降落伞技术组，携带大型降落伞抵达连浦。

12 月 7 日上午 9 时 30 分至 12 时，美第 5 航空队先后出动 C–119 型运输机 8 架，空投 M2 式钢桥及组装部件。随后，由美第 7 陆战团辎重队运到现场，抢修完成水门桥。

这样的速度、技术，对志愿军来说确实是出乎意料。

志愿军第 20 军第 60 师准备攻击古土里南侧，切断古上里至真兴里的补给线。在古土里附近，部署有志愿军第 26 军第 76 师、第 77 师；而第 78 师位于古土里西南侧，威胁美军的补给线。

古土里至真兴里补给线中间的 1081 高地，是这条公路上最重要的地形。驻真兴里的美第 1 陆战团第 1 营及配属的 105 毫米榴弹炮炮兵连，迅速北上控制了该高地。同时，把真兴里地域的防御任务移交给美第 3 师。

为贯彻志愿军第 9 兵团的意图，第 26 军决心在下碣隅里完成歼灭美军的任务。19 时，志愿军第 26 军命令：第 76 师进抵古土里东南的水南里、古兴里、祥在洞、化被里。第 77 师沿河西抵达大小安洞、东洞、下马垡里、万丰里，相机控制 1325 高地、1348 高地。第 88 师抵达乾磁开及其东西地区。同时，电令于 12 月 3 日南下的第 78 师（欠第 223 团，仍留在厚昌江口以东地区），主力火速兼程南下参战。第 76 师因电话中断，派参谋传达命令，但时间已迟，12 月 8 日拂晓前未赶到指定位置。

12 月 8 日 7 时，古土里的美军在坦克、飞机配合下，开始向南突围。

◎ 美军陆战第 1 师官兵从修复的水门桥上逃往咸兴

◎ 美军航空兵持续不断地进行轰炸，掩护美军陆战第 1 师逃往古
土里以南

在院里、黄草岭一线阵地失守后，志愿军第 20 军第 58 师组织第 173 团、第 174 团经高龙向 1304 高地反击。当时已抵达下马垈里的志愿军第 26 军第 77 师，也以有生力量向高龙反击。同时，志愿军第 20 军第 60 师第 179 团进至门岘以北，配合向黄草岭反击，并加强真兴里与黄草岭之间的阻击力量。

9 时，志愿军第 20 军要求下马垈里以南的第 26 军第 77 师第 231 团一个营，协助第 20 军第 58 师控制高龙及 1350 高地，但该团未及时执行命令，致使美军在 11 时占领高龙及 1350 高地，从而失去了歼灭据守古土里美军的机会。

志愿军第 58 师第 173 团、第 174 团原拟反击 1304 高地，可是，由于山路难行、部队冻饿行动迟缓，直到 12 月 9 日拂晓才抵达高城庄，而未能及时发动攻击。

志愿军第 9 兵团已竭尽全力。

美陆战第 1 师在大量航空兵支援下，继续向南突围，在古土里以南的山路上，被志愿军第 58 师第 172 团 2 个连阻截。

15 时，美军占领志愿军第 58 师第 172 团坚守的 1350 高地及黄草岭、高龙等阵地。第 172 团经过一天的顽强阻击，伤亡巨大。全团仅剩下 20 余人，由团长率领，在 12 月 8 日晚，仍于高龙以北的小高地坚持战斗。同日，真兴里的美军在坦克、飞机掩护配合下向北增援，被志愿军第 60 师第 180 团阻于门岘以南、堡后庄以北地区。

志愿军第 172 团 2 个连于零下 30 多摄氏度的严寒中顽强作战，与美军激战竟日，在人员冻伤、阵亡严重、只有 20 余人可以战斗的情况下，仍坚守阵地，歼灭美军 800 余人，使南逃的美军寸步难行。

黄昏前，志愿军第 20 军首长令第 26 军第 77 师协同第 20 军第 58 师夺取高龙。17 时，志愿军第 77 师令第 229 团 2 个营、第 230 团 1 个营，分别从高龙东西方向攻击。第 229 团因走错了路，当晚未到达指定位置。

夜间，气温骤降至零下 40 多摄氏度。坚守阵地的志愿军官兵衣着单薄，冻饿数日，体力严重下降。

能吃上饭，是真正的战斗力。战斗过程中，吃饭问题最让志愿军领导发火。火气最大的是廖政国。志愿军第 20 军后勤部部长喻求清也"怕"，有意识地"躲"。这天，廖政国亲自找上门，质问喻求清："兵没有饭吃，枪没有子弹，这个仗怎么打？"

强弩之末，不能穿鲁缟。

美军侥幸通过了古土里以南的隘路，继续向南逃窜，与由真兴里北援的美军，从南北两个方向夹击堡后庄的志愿军第 180 团阵地。志愿军第 180 团在第 179 团 1 个营的支援下，坚决阻击，与美军激战两日。最后，全团官兵因严寒大部分被冻伤，阵地被美军突破。

12 月 9 日，志愿军第 9 兵团副司令员陶勇指示，第 26 军第 77 师 1 个团归第 20 军第 58 师指挥，配合该师第 173 团及第 174 团夺取 1304 高地，并于凌晨 6 时进至黄草岭公路。

7 时，美军以坦克及飞机连续反击，志愿军即退至 1304 高地固守。12 时，该高地被美军占领。

12 月 10 日拂晓，根据志愿军第 26 军首长关于"不顾一切追歼敌人"

的命令，第 76 师全部到达古土里以南的水南里、古兴里地区。发现美军南逃后，志愿军第 76 师即命令第 226 团、第 227 团各以现有兵力（500 余人），夺取 1254.1 高地以阻击南逃美军。志愿军第 77 师负责攻歼古土里美军。该师第 231 团第 2 营在配合第 229 团夺取高龙的战斗中，俘获美军坦克 8 辆，毙伤美军 30 余人。由于第 229 团仅有不足百人能参加战斗，最终未能对古土里美军形成合围。

美军从南北两个方向倾尽全力，打通最后的逃亡通道。

志愿军第 60 师在黄草岭的作战特别困难。战斗中，志愿军第 20 军军长张翼翔接到报告，美军攻占 1081 高地时，志愿军第 60 师第 180 团第 2 连没有还击，几天几夜没有下来。后来派人上去一看，这个连的 100 多人已全部牺牲，都俯卧在冰雪堆起的工事旁边，仍紧握枪支，保持着战斗状态，许多战士的手冻在了枪栓上。

战后，志愿军第 20 军副军长廖政国说："我们的部队是打得英勇的、顽强的。这只要举出几点就可以说明。我们军有四位全国战斗英雄，在这一仗中就牺牲了两个，就是 58 师的杨根思和 60 师的毛杏表。第二是，我们军这一仗下来后，医院救治伤员一万七千余人，但其中冻伤的就有一万两千多。我们军在严寒地带作战，弹药奇缺，粮食断绝，衣着单薄。在这样的情况下，与装备齐全（美军的冬装是事前有充分准备的，每个士兵有一条鸭绒的'北极睡袋'）、火力特强的美军作战，我们部队指战员的主观能动性，可以说是发挥到了最高限度，但是终因缺少最低限度的物质条件，因此限制了我们取得更大的胜利。"①

12 月 10 日，志愿军第 26 军决定："如敌南逃，则包围出击歼灭之；如敌不逃，当晚则攻歼之"。当天中午，又因前沿部队掌握情况不利，"敌在 14 时南逃，15 时半得报告即令部队出击，动作又极迟缓，78 师未坚决执行军令，其（12 月）10 日进抵下碣隅里、松亭里线，以备参战命令（该师到

---

① 《铁军骁将》，1992 年自印本，第 231 页。

达下碣隅里以北），故除 231 团于黄草岭以南歼敌坦克 8 辆，76 师接敌后卫数人，余敌全部越黄草岭南逃"。①

古土里美军越过黄草岭，继续南逃。志愿军第 20 军第 89 师在真兴里以南的水洞、龙水洞地区主动出击，截击南逃的美军，击毙 300 余人，击毁汽车 30 余辆。除第 267 团在水洞打扫战场外，该师向龙水洞、河大里、芦草坪搜索前进，随后又于尾追逃敌过程中，缴获汽车 60 余辆，歼美军 200余人。

15 时，由古土里逃窜的美军从 1328 高地撤出。在古土里警戒的美军约1 个营也于 17 时全部撤走。当时，志愿军第 20 军因无力出击，仅组织第 60师第 178 团 80 余人，以及第 58 师一部向直洞方向尾追。

古土里美军南逃后，志愿军第 26 军决心继续追击。

志愿军第 26 军令第 78 师（欠第 233 团），统一指挥第 88 师第 264 团执行任务。其他部队则于原地休息两天。12 月 11 日晚至 12 月 12 日拂晓，志愿军第 78 师抵真兴里，12 月 13 日到达金姓洞、龙岩里一线，先头侦察部队截获美军一辆吉普车。当夜，该师一部攻击池塘及 180 高地，虽然开始时进展顺利，但因为美军火力较强，致使美军趁乱逃走。12 月 14 日拂晓，志愿军第 78 师撤出战斗，仅毙伤美军百余名。

12 月 14 日下午，志愿军第 26 军急电第 78 师立即进攻五老里。该师拟定在当晚以第 234 团、第 264 团实施攻击。18 时，进攻开始后，发现美军已经逃走。由于美军在逃离时已经将五老里以东成川江上的黄门桥破坏，志愿军第 78 师暂时集结于五老里西北、西南地区。当晚，志愿军第 264 团修复黄门桥后，继续追击南逃的美军。

12 月 15 日，美陆战第 1 师大部已由咸兴撤离。志愿军第 26 军第 78 师第 234 团及配属的第 264 团，当晚渡过成川江后继续追击。12 月 16 日凌晨3 时，志愿军第 234 团在凤贺里与美军后尾掩护部队发生遭遇战，至拂晓前，

---

① 张铚秀:《阵中实录》，军事科学出版社 2000 年版，第 453 页。

缴获坦克 1 辆、汽车 5 辆、重机枪 13 挺、无后坐力炮 3 门。天明后，因看管不力，除带回重机枪 3 挺外，其余武器又被美军反击后抢去。此战共毙伤美军 234 人。

12 月 16 日，美军南逃到西湖津。志愿军第 26 军命第 78 师以第 234 团第 1 营控制咸兴，第 232 团及第 234 团第 3 营继续追击。美陆战第 1 师为掩护重型装备撤离，"在本宫至西湖津以北，新兴里至咸兴里公路以南，咸镜铁路线以东地域组成了完整的防御体系"，"对此，第 26 军决心选敌一点，歼其一部，以求获得准确情况"。①

12 月 17 日，志愿军第 26 军继续追击，抵达上里一带。12 月 18 日夜，志愿军第 78 师攻击塘实里以东及以南高地，缴获重机枪、火箭筒各一。第 26 军令该师坚决攻歼驻本宫的美军，但因地形不利，未能完成任务。

12 月 24 日 16 时，美军从海上撤退，志愿军第 26 军于当晚 22 时进抵西湖津。

在围猎美陆战第 1 师的长津湖战役中，志愿军第 9 兵团曾成功地包围、阻击、分割美军，但未能全歼。战役初期，全线的攻击比较统一，协调配合得比较好，但是，随着进攻时间延长，志愿军后勤补给弱的缺点愈发明显。严寒之下，志愿军的伤亡加大，战斗力过早、过快削减，出现攻击统一性下降、战斗连续性不够等问题，致使溃乱之敌未得以全歼。

① 李治亭：《能攻善守　无往不胜：中国人民解放军第二十六军征战纪实》，解放军文艺出版社 2008 年版，第 409 页。

第九章　社仓里追击

1950 年 11 月 9 日，麦克阿瑟命令美第 3 师从日本登陆朝鲜，在北朝鲜南部地区作战，并准备在朝鲜战争胜利后，作为唯一的驻朝美军师执行占领任务。

11 月 23 日，美第 3 师先头部队进到社仓里。当时，志愿军第 20 军第 60 师进入新德里、小龙浦、武陵洞，对社仓里美军进行侦察。11 月 25 日，根据志愿军第 9 兵团的指示，志愿军第 20 军第 89 师第 265 团在社仓里以南、第 266 团在社仓里东南集结。

长津湖之战结束后，志愿军首长对东线战场指挥进行总结时认为，应在战役上威胁美军的侧后及主要供应线，造成美军被动应付并打乱其部署。在志愿军无空军、火力处于劣势的情况下，力求避免志愿军主力与美军作固定阵地攻击和固定阵地防御战。也就是说，东线在打法上应乘美军立足未稳，首先歼灭社仓里美军；得手后，向上下通、咸兴、永兴进攻，威胁美军东线的陆路交通与供应线。如果长津湖地区作战口子过大，就难免松散，后勤保障难以覆盖。

这一想法的实质就是避免正面强攻、直接硬拼或进行决战，把战斗行动减至最低限度；而采取一切手段，破坏美军的防御能力以至心理上的稳定和平衡。

11 月 27 日 22 时，志愿军第 20 军第 89 师进至独獐洞。该师第 265 团原计划经小德里直取社仓里，由于小德里附近的桥被美军控制，无法通过，故而除以 1 个连翻山直取该桥外，其余部队改经火蚁洞、三幕岭、三幕洞、箭防洞侧击社仓里。然而，因为山道狭窄、雪地积冰、山林被焚烧，所以在 11 月 28 日拂晓，第 265 团才进至箭防洞以东。

11 月 28 日凌晨 5 时，志愿军第 89 师第 266 团占领 793.7 高地以北地区，完成迫近美军的任务。第 266 团第 2 营第 4 连负责攻击 793.7 高地。第 265 团则没有按时发起战斗。第 2 营、第 3 营在天寒降雪的情况下，昼夜苦战，将美第 3 师第 7 团第 2 营大部歼灭。志愿军第 89 师第 267 团归建，该团原本在小德里以西的松落洞一线阻击美军。

11 月 29 日，志愿军第 89 师原计划攻歼社仓里美军，因情况有变，决定以 1 个营袭击社仓里援军，主力进至新德里地区进行纵深配置，阻击美军北援。

12 月 1 日，志愿军第 89 师第 265 团负责袭击援敌，部署于山幕洞、大小黑谷、大小春榆里。第 266 团集结在箭防洞、新德里两侧山地。

12 月 2 日，志愿军第 89 师在真兴里、南板幕洞、隐峰里、下通里一线，打击北援的美军。志愿军第 89 师除第 265 团位于社仓里、剑山岭警戒并整理部队外，第 266 团、第 267 团南下至真兴里、板幕洞、烟台峰、下通里地区，切断真兴里与东井里间美军的联系。

12 月 3 日，社仓里美军第 3 师第 7 团及独立第 56 团一部，被志愿军第 89 师攻击，14 时向东南方向逃窜。第 89 师迅速跟踪追击，至剑山岭截住美第 7 团第 2 营大部，毙伤 200 余名，俘虏 80 余名。志愿军第 89 师除留 1 个团位于丰松里、松亭地区，并派小部队在兴上里活动外，主力沿上下通以西山地展开，侧击该地南北运动之敌，待机正面闭锁道路。①

12 月 4 日 22 时 5 分，志愿军第 9 兵团首长宋时轮、陶勇、覃健致电毛泽东："困水里、新兴里、西兴里一线之敌，已于 12 月 2、3、4 日在 40 余

① 张小勇编：《陶勇将军著作集》，海潮出版社 1996 年版，第 193 页。

架飞机掩护下，拼命突围，一部昨晚突出下碣隅里外，我军堵住敌坦克 20 余辆、汽车 100 余台、步兵一部。第 27 军决于今晚歼灭敌步兵部队，得手后，主力休整两天，取道社仓里、黑水里、剑山岭、丰松里向兴山里攻击前进，该军现控制一个团，拟经庆兴里、新兴里之丰场出五老里，割裂敌人配合主力作战"。①

志愿军第 27 军伤亡甚重，有近万名伤员分散在山沟民舍，等待收容后送。此外，战场上美军遗弃的大批装备、物资未及收集，志愿军第 27 军剩余的大量弹药也分散堆放在战场附近。该军党委决定，立即整顿组织、合并建制、调整械弹。第 27 军副政委、参谋长率部分人员负责打扫战场，其余部队南下追歼逃敌。由于建制破坏严重，志愿军第 27 军重新合并建制，第 79 师的 2 个团合并编为 3 个步兵连，第 80 师的 3 个团编为 9 个步兵连，第 81 师的 3 个团编为 17 个步兵连，第 94 师的第 280 团、第 282 团为 7 个步兵连。事实上，每个连根本不能满编，大都仅在四五十人上下。

12 月 5 日，志愿军第 89 师尾追社仓里的美第 3 师第 7 团，截歼该敌 1 个营大部后，进至下通里以北地区。

12 月 6 日 6 时，志愿军第 89 师到达新丰里阻敌。水铁里一线阵地交第 81 师接防。

12 月 8 日 11 时，志愿军第 9 兵团命令第 27 军南移，经新德里、仓里、社仓里进至丰松里一带，并迅速向五老里攻击。当天，第 27 军第 79 师、第 80 师、第 81 师、第 94 师，先后沿新德里、社仓里公路开进。第 94 师第 281 团沿庆兴里、新兴向咸兴攻击前进。

南下过程中，志愿军第 27 军减员严重。从 12 月 3 日至 7 日，战斗伤亡 2297 人，冻伤后送 2157 人，每天遭美军空袭伤亡 40 余人。志愿军第 9 兵团司令员宋时轮在给毛泽东、彭德怀的电报中说：冻伤天天增加，无法停

---

① 宋时轮、陶勇、覃健致毛泽东并彭德怀等志愿军首长、高岗等东北军区首长电，1950 年 12 月 4 日 22 时 5 分。

止。主要原因是：白天黑夜都在野外，有洞无草，鞋子湿，作战连脚即冻成冰，脱袜子连皮就扒下来，即使棉皮鞋，一湿不能烤火，久不能干。战斗开始至今9天，没有吃热饭，喝凉水，山上吃雪，粮食供应不上，天天吃洋芋。有时冻成冰的就不能吃，战士看到流泪。普遍泻肚子、咳嗽，体力大减，更减少了抵抗力。12月9日，彭德怀在给宋时轮并毛泽东、高岗的电报中说："七十九师已处极端严重困难"，"除力促用一切办法加强运输接济外，望迅速解决当前战斗（如吃不消可放走一部）"，"围敌一部，打援计划，应即停止进行。从目前情形来看，即有敌北援，主观上亦不可能解决战斗"。

在第二次战役中，志愿军第27军战斗伤亡8339人，非战斗减员（主要是冻伤）10588人。第27军华东一级人民英雄齐进虎、刘洪斌，济南英雄李永江，华东二级人民英雄于守恒，华东三级人民英雄潘洪兴、纪庶祥、姜兆京、李聚法、刘兰藩、何玉兴，模范工作者阎维华，特等功臣贾学宽、刘照大等一批英模功臣牺牲。各团除火力分队尚较完整外，步兵连建制破坏得最为严重。

显然，志愿军当时已经极度疲劳，难以继续实施大的作战行动。此外，由于通信联络上时常出故障，造成指挥中断，对社仓里美军情况不明，也错过了几次有利的战机。

12月11日，由于美陆战第1师突破黄草岭阵地继续南逃，志愿军第9

◎ 志愿军第27军向据守咸兴地境村的美军发起进攻

兵团命令第 27 军朝地境方向加速追击。16 时，志愿军第 20 军第 89 师于水洞、龙水洞之间，主动出击由真兴里南逃的美军，击毁汽车 30 余辆，毙敌 300 余人。

12 月 14 日晚，志愿军第 27 军指挥部进至蒙东洞，第 79 师进至大兴里一带，第 81 师进至龙江里、稳谷里一带，第 80 师进至蒙东洞、丰松里、右介洞一带。

12 月 15 日，岭城里的美军东窜。当晚，志愿军第 27 军指挥部进至广洞。第 80 师沿公路以北，第 79 师由公路以南，向地境攻击前进。第 80 师抢占东峰、中峰一线，以及地境以北一线高地。第 79 师攻占地境以南一线高地。第 81 师向上间里进攻。是日，第 81 师第 242 团第 1 营，于新上里歼灭美第 3 师第 7 团 60 余人。志愿军第 81 师第 243 团攻占上间里，毙敌一部。

12 月 16 日，驻地境美军向中峰、东峰的志愿军第 80 师第 238 团阵地进攻，被志愿军杀伤。

12 月 17 日，驻咸兴美军南撤。19 时，志愿军第 27 军第 94 师第 281 团第 1 营进入咸兴，与第 81 师第 243 团第 2 营会合。此后，逃敌大部集结于兴南港、连浦以东，保持兴南港外围 5—7.5 公里的弧形滩头阵地，每日以飞机 20—30 架及海军炮火轰击咸兴、地境一带，掩护海上撤退。志愿军除以第 81 师第 243 团第 2 营控制咸兴，担负城市警备工作外，以各师侦察部队扰袭美军，并查明情况。

◎ 志愿军第 27 军先头部队占领咸兴发电厂

12 月 25 日拂晓，志愿军第 27 军第 79 师、第 80 师侦察部队进入西湖津。驻兴南港美军全部撤退完毕。至此，长津湖战役结束。

美军逃脱被全部围歼的命运之后，"联合国军"总司令麦克阿瑟终于松了口气，感慨地说："我

◎ 志愿军第 20 军第 59 师侦察连与朝鲜人民军海防部队在咸兴港会师（张崇岫摄）

自己感到我们曾经触到过并跳过了赤军所设的圈套，终于摆脱了这个圈套。拯救了成千上万名交给我照管的士兵的生命，此事所给予我的安全之感如此之深，以致过去我所受到的一切荣誉与它相比，都为之黯然失色。"①

对志愿军第 9 兵团在后勤保障极其困难的情况下仓促赴朝参战，与美陆战第 1 师血战的辉煌历史，聂荣臻曾带着遗憾，深情地回忆说："东线部队入朝仓促，准备不足，就更困难了，部队不仅吃不饱，而且冬装太薄，难以御寒，出现了大量非战斗减员。如果不是因为某些其他原因和后勤供应方面的困难，他们本来是可以在长津湖东部消灭美军陆战第一师的。"②

① 《麦克阿瑟回忆录》，上海译文出版社 1984 年版，第 283 页。
② 《聂荣臻回忆录》，解放军出版社 1986 年版，第 754 页。

32 »耸立在阵地的高傲

一个民族实现复兴的关键是确立自信心，民族自信心往往是通过一两次决定性会战确立的。历史上一个国家的崛起，无一不经历几场硬战的考验。著名军事家富勒认为，德意志民族崛起并能经受住后来的历史磨难，主要得益于1757年的鲁腾会战。对鲁腾会战的回忆支配了日耳曼的历史，再透过历史支配了日耳曼的心灵。德意志民族在这场会战中产生了民族团结力和优越感，进而成为欧洲第一个巨强。

长津湖之战，无疑是中华民族复兴史上的决定性会战。

战争是生死较量，碰撞出铿锵激越的黄钟大吕之声。

长津湖之战是一次不同民族精神、意志之间的较量。在四面被围的绝望中，美陆战第1师苦战突围，将海军陆战队坚韧顽强的传统发挥到极致。与此同时，缺衣少食、冻饿交加之下的志愿军第9兵团官兵，完全依靠不屈意志和顽强精神，与钢铁、烈火以及冰天雪地的恶劣天气搏杀。他们在无比惨烈、残酷的战斗中表现出令人难以想象的英勇与顽强，以堪称军人典范的行为赢得了胜利，也赢得了对手的尊重！

100多年积贫积弱的中国，第一次可以摆脱笼罩在心头的阴霾，不再被人欺侮，正如彭德怀所言："西方侵略者几百年来只要在东方一个海岸上架起几尊大炮就可霸占一个中国的时代是一去不复返了。"

中国军队在抗美援朝战争中敢于同世界最强国交锋，显示了一个崛起中的国家的强劲势头。抗美援朝战争重建了民族自尊，也赢得了国际尊重，鸦片战争以后长期失落的民族自信心得到了彻底恢复。

抗美援朝战争的胜利使中华民族找回了自信，成为实现伟大民族复兴的重要心理支撑点。

这场战争的胜利，也使中国人找回了曾经失去的血性。

这种血性，正如毛泽东所说："我们中华民族有同自己的敌人血战到底的气概，有在自力更生的基础上光复旧物的决心，有自立于世界民族之林的能力。"

精神、血性，是一场战争中最难攻克的高地。

战争是铸就英雄、塑造民族魂魄的舞台。

抗美援朝战争是以记录精神的不朽、血性的激荡而被载入中华民族史的一页！

在战争中最难以计算的因素就是精神。志愿军第 20 军第 59 师第 177 团第 6 连奉命坚守死鹰岭高地。该连 125 名官兵一个个身着薄薄的军装，持枪俯卧在战壕，保持着战斗姿态，全部冻死在死鹰岭高地上，仿佛一群随时准备跃然而起的冰雕……后来，战友们在上海籍战士宋阿毛身上发现一首绝笔诗："我爱亲人和祖国，更爱我的荣誉，我是一名光荣的志愿军战士。冰雪啊！我决不屈服于你，哪怕是冻死，我也要高傲地耸立在我的阵地上！"

生命冻住了，但对祖国的信仰没有冻住。

人性的深度，不是仅有惊天动地的伟业与不世之举才能度量的。在平凡人身上，也蕴藏着人性中伟大的品质。从这样的意义讲，抗美援朝战争不仅是伟大历史人物的舞台，也是平凡人物伟大品质展露的窗口。

血液经常是胜利的代价。

长津湖战场上，志愿军面临着天气、补给、武器等诸多方面的限制，唯一不受限制的就是革命英雄主义精神。

民族性格由战争铸造，战争映照出一个民族的血性。

在战场上，志愿军好像对美军炽热的火网无所畏惧，第一波倒下，第二波就跨过战友的躯体前进，还有第三波、第四波……继续跟进，坚持战斗到最后一个人。

英国牛津大学战略学家罗伯特·奥内尔在其著作中评价："中国从他们的胜利中一跃成为一个不能再被人轻视的世界大国！如果中国人没有于 1950 年 11 月在清长战场（长津湖战场）稳执牛耳，此后的世界历史进程就一定不一样。"①

---

① 《解放军报》2004 年 4 月 29 日。

战争向来都在物质和精神两个领域进行。美陆战第 1 师也许损失的物质有限，精神创伤却是深刻的。美国人把长津湖之战称作"陆战队历史上最为艰辛的磨难"。① 美国海军陆战队历史上，从未经历过如此悲惨的艰辛和困苦，这简直是一次地狱之旅。战后，美陆战第 1 师作战处处长鲍泽仍然怀着侥幸的心理说："幸亏中国人没有足够的后勤支援和通信设备，否则，陆战第 1 师绝不会逃离长津湖……我相信，长津湖的冰天雪地和中国军队不顾伤亡的狠命攻击，是每一个陆战队员心中永远也挥之不去的噩梦。陆战第 1 师不过是侥幸生还。"

长津湖之战对参加朝鲜战争美军士气和心理的打击非常巨大，迫使美军在战略上由战争初期的咄咄逼人、猖狂冒进，变得逐渐收敛、慎重起来，动摇了胜利的决心。美军刚入朝参战时，美国国内的民意支持率高达 81%。美军在第二次战役中遭受志愿军重击之后，民意支持率衰减至 39%，还不到战争初期的一半。美国著名杂志《新闻周刊》指出："这是自珍珠港事件以来美国军事上所遭受的最大打击，它也许会成为美国历史上最大的军事灾难。"②

33 ›› "应该由我负主要责任"

打仗难，评说功过是非也难。

宋时轮多次对秘书穆俊杰说：人的一生中，有成功，也有失误。正确看待一个人的历史，不仅要看他"过五关斩六将"的功绩，还要看"走麦城"的教训。

1950 年 12 月 11 日，仗，还没有结束。

---

① [美]约瑟夫·格登：《朝鲜战争——未透露的内情》，解放军出版社 1990 年版，第 465 页。

② 转引自赵学功：《朝鲜战争中的美国与中国》，山西高校联合出版社 1995 年版，第 108 页。

志愿军第9兵团司令员宋时轮，已经在检讨自己作战指挥上存在的问题和责任。在上呈的报告《第九兵团对东线作战的检讨》中，宋时轮的第一句话是这样写的："这次作战打得很不好，不仅未能全歼美陆一师及第七师，反遭巨大减员，严重缩小战力。"尔后，他逐一剖析了存在的问题及原因。在结尾，宋时轮怀着深刻的自责说："此次未能彻底完成上级给予的任务，应由职负主要责任"。

1950年12月15日，志愿军司令部、政治部向第9兵团发出贺电，祝贺战胜长津湖地区美军的胜利：

> 你们在冰天雪地、粮弹运输极端困难情况下，与敌苦战半月有余，终于熬过困难，打败了美国侵略军陆战一师及第七师，收复许多重要城镇，取得了很大胜利。这种坚强的战斗意志与大无畏的精神，值得全军学习。正由于东西两线的伟大胜利，基本上改变了朝鲜的局势，迅速地转入对敌反攻。①

1950年12月17日，毛泽东在给彭德怀、高岗和宋时轮、陶勇的电报中指出："九兵团此次在东线作战，在极困难条件之下，完成了巨大的战略任务。"② 毛泽东专门接见从抗美援朝前线回国的宋时轮时，再次指出："时轮同志，你在朝鲜干得不错。9兵团一入朝就啃了一块硬骨头，打了一个恶仗，一口吃掉美军一个团的兵力，完成了巨大的战略任务。"③

但是，宋时轮将战场上的胜利、荣誉留给了战友们。在他心中，有道过不去的坎，有种难以释怀的情结。1951年3月举行的总结会上，宋时轮又深刻分析了长津湖之战的经验教训、作战上存在的问题，并主动承担了责任：

---

① 齐德学主编：《抗美援朝战争史》第2卷，军事科学出版社2000年版，第127页。
② 《毛泽东军事文集》第6卷，军事科学出版社、中央文献出版社1993年版，第241页。
③ 《宋时轮传》，军事科学出版社2007年版，第337页。

"追究上述错误的责任，应该由我负主要责任。主要由于我个人的思想方法和作战指导上存在着这些毛病。"

"战役虽然在气候零下四十度，粮弹供应不上，发生饿死人冻死人，火炮大部拿不上去，弹药缺乏的极端困难的条件下作战，但是，如果兵团指导上不发生严重的错误，某些部队执行作战任务不发生或少发生较严重的毛病，则被分割了的敌人是可以消灭的。而且有可能提早几天消灭敌人，以减少我们冻饿伤亡的减员数量。因此，咸镜南道战役胜利的意义虽然很大，但我们对这次战役是组织与指挥得很不好，所以严重缩小了胜利的成果。"[1]

宋时轮性格坚毅，平生无论遇到任何艰难曲折，或是身处逆境，都坚贞不屈。十年动乱期间，他遭受批斗，被强行劳动改造，待遇由大军区级降为团级，也毫不屈服。1990 年 12 月 25 日，已 83 岁高龄的宋时轮作为中共中央顾问委员会常务委员，列席党的十三届七中全会开幕式，独自沿着北京人民大会堂的台阶而上。服务员赶紧上前搀扶，宋时轮却礼貌地把她推开，坚持自己走上去。

这就是宋时轮。

但是，1952 年 8 月下旬，在离开抗美援朝前线、离开牺牲在长津湖畔的战友时，宋时轮朝烈士们长眠的方向深深鞠了一躬，起身时已是泪流满面。[2]

---

① 1951 年 3 月，宋时轮在志愿军第 9 兵团党委扩大会上关于对咸镜南道作战的总结报告。
② 宋崇实：《虎将宋时轮》，军事科学出版社 2007 年版，第 164—165 页。

尾 声
等候美帝国主义打进中国，头发都等白了

当志愿军第 9 兵团"像赶鸭子一样，把美国侵略军赶下海去"的胜利消息传来时，陈毅高兴地拿着捷报，在地图上查找咸兴、元山等地。

终于，在 1958 年 2 月，陈毅有机会陪同周恩来总理访问朝鲜。在咸兴——美陆战第 1 师仓皇逃离之地，陈毅先后写下"人心向背定输赢，朝鲜战争举世闻。此番较量非小可，和平横空扫战云""三年恶战空前古"等诗句①，抒发豪情。

中国爱好和平，但从不乞求和平。

面对帝国主义的挑衅，1965 年 9 月 29 日，陈毅在北京人民大会堂举行的中外记者招待会上说："我们等候美帝国主义打进中国，已经等了 16 年。我的头发都等白了。或许我没有这种'幸运'能看到美帝国主义打进中国，我的儿子会看到，他们也会坚持打下去。"

"我的头发都等白了"，这是何等的豪情！

---

① 陈昊苏编：《陈毅诗词全集》，华夏出版社 1993 年版，第 362—363 页。

附一 长津湖战役战斗序列表

中国人民志愿军第 9 兵团（第 20 军、第 26 军、第 27 军）

司令员兼政治委员 宋时轮

副司令员 陶勇

参谋长 覃健

政治部主任 谢有法

副参谋长 王彬

第 20 军（第 58 师、第 59 师、第 60 师、第 89 师）

军长兼政治委员 张翼翔

副军长 廖政国

副政治委员 谭右铭

参谋长 俞炳辉

政治部主任 邱相田

第 26 军（第 76 师、第 77 师、第 78 师、第 88 师）

军长 张仁初

政治委员 李耀文

副军长 张铚秀

参谋长　冯鼎三

第 27 军（第 79 师、第 80 师、第 81 师、第 94 师）

军长　彭德清

政治委员　刘浩天

副军长　詹大南

副政治委员　曾如清

参谋长　李元

政治部主任　张文碧

美国第 10 军（美陆战第 1 师、美第 3 师、美第 7 师及南朝鲜第 1 军团）

军长　爱德华·阿尔蒙德

美陆战第 1 师师长　奥利弗·史密斯（Oliver prince smith）

第 1 陆战团团长　刘易斯·切斯特·普勒（Lewis chesty puller）

第 5 陆战团团长　雷蒙德·默里（Raymond L. murray）

第 7 陆战团团长　霍默·利兹柏格（Homer litzenberg）

第 11 炮兵团团长　詹姆斯·布鲁瓦尔（James H.brower）

附二

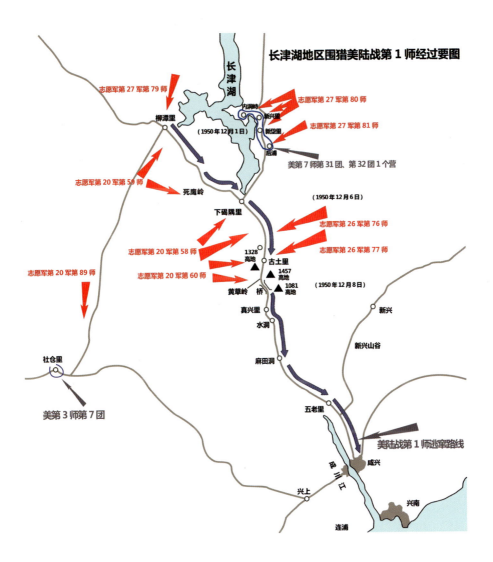

长津湖地区围猎美陆战第 1 师经过要图

长津湖

志愿军第 27 军第 79 师

志愿军第 27 军第 80 师

志愿军第 27 军第 81 师

柳潭里

内洞峙

新兴里

新垡里

后浦

（1950 年 12 月 1 日）

美第 7 师第 31 团、第 32 团 1 个营

志愿军第 20 军第 59 师

死鹰岭

（1950 年 12 月 6 日）

下碣隅里

志愿军第 26 军第 76 师

志愿军第 20 军第 58 师

1328
高地

古土里

志愿军第 26 军第 77 师

志愿军第 20 军第 89 师

志愿军第 20 军第 60 师

黄草岭

桥

1457
高地

1081
高地

（1950 年 12 月 8 日）

真兴里

新兴

水洞

新兴山谷

麻田洞

社仓里

五老里

美第 3 师第 7 团

美陆战第 1 师逃窜路线

咸兴

赴战江

兴上

兴南

连浦